高等院校**通识教育**新形态系列教材

U0734301

大学体育

（第2版）

主编／史立峰 孙志伟

人民邮电出版社

北京

图书在版编目（CIP）数据

大学体育 / 史立峰，孙志伟主编. -- 2版. -- 北京：
人民邮电出版社，2022.8（2023.8重印）
高等院校通识教育新形态系列教材
ISBN 978-7-115-59745-8

Ⅰ. ①大… Ⅱ. ①史… ②孙… Ⅲ. ①体育－高等学
校－教材 Ⅳ. ①G807.4

中国版本图书馆CIP数据核字(2022)第125060号

内 容 提 要

本书共有 18 章，分为上、中、下三篇，分别为竞技体育、健身体育和健康维护。本书在内容方面，以立德树人为目标，以实用为准则，囊括了基础性体育项目田径、足球、篮球等，民族传统体育运动代表项目五禽戏、八段锦、舞龙，以及具有特色的冰雪运动代表项目滑冰、滑雪、冰球等 18 个体育项目。其中，上篇介绍了体育竞赛、田径、乒乓球、羽毛球、篮球、足球、排球、网球运动。中篇介绍了健美操、健美、瑜伽、体育舞蹈、武术、跆拳道、民族传统体育、冰雪运动。下篇介绍了运动卫生与运动损伤。

本书既适合作为高等职业院校体育与健康公共课程的教材，又可以作为体育爱好者的参考书。

◆ 主　　编　史立峰　孙志伟
　　责任编辑　李媛媛
　　责任印制　王　郁　陈　犇
◆ 人民邮电出版社出版发行　　北京市丰台区成寿寺路 11 号
　　邮编　100164　　电子邮件　315@ptpress.com.cn
　　网址　https://www.ptpress.com.cn
　　河北京平诚乾印刷有限公司印刷
◆ 开本：787×1092　1/16
　　印张：13.75　　　　　　　　2022 年 8 月第 2 版
　　字数：321 千字　　　　　　2023 年 8 月河北第 2 次印刷

定价：49.80 元

读者服务热线：(010)81055256　印装质量热线：(010)81055316
反盗版热线：(010)81055315
广告经营许可证：京东市监广登字 20170147 号

本书编委会

前言

Preface

党的二十大报告要求："全面贯彻党的教育方针，落实立德树人根本任务，培养德智体美劳全面发展的社会主义建设者和接班人。"学校体育工作的基本任务是增进学生身心健康、增强学生体质；使学生掌握体育基本知识，培养学生体育运动能力和习惯；提高学生运动技术水平，为国家培养体育后备人才；对学生进行品德教育，增强其组织纪律性，培养学生的勇敢、顽强、进取精神。学校体育工作应当坚持普及与提高相结合、体育锻炼与安全卫生相结合的原则，积极开展多种形式的强身健体活动，重视继承和发扬民族传统体育，注意吸取国外学校体育的有益经验，积极开展体育科学研究工作。为此，我们总结多年的体育教学经验，依据《学校体育工作条例》《国家学生体质健康标准》编写了本书。

本书内容丰富，围绕竞技体育、健身体育、健康维护三个主题展开论述，带领大学生走向操场、走进大自然、走到阳光下，引导大学生积极参加体育锻炼，使大学生成长为新时代全面发展的高素质人才。

为丰富教学形式，本书配备了增强现实 App，帮助大学生在有趣的互动中提高对基础运动的感性认识，直观地了解体育运动规律，快速掌握体育运动要领。增强现实 App（Android 版本）的下载和使用步骤如下。

（1）扫描二维码，根据系统提示，选择"在浏览器中打开"。

（2）在打开的相应页面下载"大学体育"App。

（3）在手机桌面找到"大学体育"App，点击图标打开应用。

（4）在输入框中输入你的学校名称。

（5）点击"进入场景"，用手机扫描本书中带"AR"标记的图片，即可进入增强现实学习模式。

编　者
2023 年 2 月

目录

Contents

第1章 概论   **1**

1.1 健康概述   1

1.2 体育锻炼的意义   3

上篇 竞技体育

第2章 体育竞赛   **6**

2.1 体育竞赛的组织   6

2.2 体育竞赛的编排   7

第3章 田径   **12**

3.1 田径运动介绍   12

  3.1.1 田径运动的起源   12

  3.1.2 现代田径运动的发展   12

3.2 田赛   13

  3.2.1 铅球   13

  3.2.2 跳高   16

  3.2.3 跳远   20

  3.2.4 三级跳远   23

3.3 径赛   25

  3.3.1 跑   25

  3.3.2 接力跑   31

  3.3.3 跨栏跑   33

3.4 田径运动的竞赛规则   36

  3.4.1 田赛的竞赛规则   36

  3.4.2 径赛的竞赛规则   38

3.5 跳远课教学设计   40

  3.5.1 设计思路   40

  3.5.2 "蹲踞式跳远助跑起跳" 案例描述   41

第4章 乒乓球   **44**

4.1 乒乓球运动介绍   44

  4.1.1 乒乓球运动的起源   44

  4.1.2 乒乓球运动的发展   44

4.2 乒乓球运动的基础动作   45

  4.2.1 站位   45

  4.2.2 握拍   45

  4.2.3 基本姿势   46

  4.2.4 基本步法   47

  4.2.5 发球   47

  4.2.6 接发球   48

  4.2.7 攻球   49

  4.2.8 搓球   50

  4.2.9 推挡   52

4.3 乒乓球运动的战术要领   52

  4.3.1 对攻战术   52

  4.3.2 搓攻战术   52

  4.3.3 推攻战术   53

  4.3.4 削攻战术   53

  4.3.5 发球抢攻战术   53

  4.3.6 接发球战术   53

4.4 乒乓球运动的竞赛规则   54

  4.4.1 竞赛方法   54

目录

Contents

4.4.2 次序和方位	54
4.4.3 发球与击球	54
4.4.4 得分与失分	55
4.4.5 间歇	55

第 5 章　羽毛球　56

5.1 羽毛球运动介绍	56
5.1.1 羽毛球运动的起源	56
5.1.2 羽毛球运动的发展	56
5.2 羽毛球运动的基础动作	57
5.2.1 握拍	57
5.2.2 基本步法	57
5.2.3 发球	59
5.2.4 接发球	61
5.2.5 后场击球	62
5.2.6 前场击球	64
5.2.7 中场击球	66
5.3 羽毛球运动的战术要领	67
5.3.1 单打战术	67
5.3.2 双打战术	68
5.4 羽毛球运动的竞赛规则	68
5.4.1 计分方法	68
5.4.2 挑边	69
5.4.3 站位方式	69
5.4.4 赛中间歇方式	69
5.4.5 交换场区	69
5.4.6 重发球	70

5.4.7 常见的违例	70

第 6 章　篮球　71

6.1 篮球运动介绍	71
6.1.1 篮球运动的起源	71
6.1.2 篮球运动的发展	71
6.2 篮球运动的基础动作	72
6.2.1 移动	72
6.2.2 传球、接球	72
6.2.3 运球	74
6.2.4 投篮	75
6.2.5 抢篮板球	77
6.2.6 防守	78
6.3 篮球运动的战术要领	79
6.3.1 基础配合	79
6.3.2 快攻	80
6.3.3 防守快攻	81
6.3.4 人盯人防守战术	82
6.3.5 进攻人盯人防守战术	82
6.4 篮球运动的比赛规则	82
6.4.1 篮球比赛的概况	82
6.4.2 违例	83
6.4.3 犯规	84

第 7 章　足球　85

7.1 足球运动介绍	85
7.1.1 足球运动的起源	85

目录

Contents

7.1.2 足球运动的发展 85

7.2 足球运动的基础动作 86

7.2.1 踢球 86

7.2.2 运球 88

7.2.3 接球 89

7.2.4 抢断 92

7.2.5 头顶球 93

7.2.6 假动作 93

7.3 足球运动的战术要领 94

7.3.1 比赛阵形 94

7.3.2 局部配合进攻战术 95

7.3.3 局部配合防守战术 95

7.3.4 整体进攻战术 96

7.3.5 整体防守战术 96

7.4 足球运动的竞赛规则 97

7.4.1 运动员和裁判员 97

7.4.2 进球 97

7.4.3 任意球和点球 97

7.4.4 红牌和黄牌 98

7.4.5 暂停比赛和伤停补时 98

7.4.6 越位 98

第 8 章 排球 99

8.1 排球运动介绍 99

8.1.1 排球运动的起源 99

8.1.2 我国排球运动的发展 99

8.2 排球运动的基础动作 100

8.2.1 准备姿势 100

8.2.2 移动 100

8.2.3 发球 101

8.2.4 垫球 103

8.2.5 传球 105

8.2.6 扣球 106

8.2.7 拦网 107

8.3 排球运动的战术要领 108

8.3.1 阵容配备 109

8.3.2 进攻战术 109

8.3.3 防守战术 110

8.4 排球运动的比赛规则 110

8.4.1 发球犯规 110

8.4.2 击球时的犯规 111

8.4.3 位置错误 112

8.4.4 暂停和换人 112

8.4.5 自由防守队员的有关规定 112

8.5 排球课教学设计 112

8.5.1 设计思路 112

8.5.2 "排球的正面上手发球"
案例描述 113

第 9 章 网球 115

9.1 网球运动介绍 115

9.1.1 网球运动的起源 115

9.1.2 网球运动的分类 115

9.2 网球运动的基础动作 116

目录

Contents

9.2.1 基本步法 116
9.2.2 握拍 116
9.2.3 发球 117
9.2.4 接发球 118
9.2.5 截击球 118
9.2.6 底线正手击球 119
9.2.7 底线反手击球 120
9.3 网球运动的战术要领 121
9.3.1 单打战术 121
9.3.2 双打战术 122
9.4 网球运动的竞赛规则 122
9.4.1 选手要求 122
9.4.2 赛制 122

中篇 健身体育

第 10 章 健美操 124
10.1 健美操运动简介 124
10.1.1 健美操运动的起源 124
10.1.2 健美操运动的分类 124
10.2 健美操运动的基础动作 125
10.2.1 上肢动作 125
10.2.2 下肢动作 126
10.3 健美操运动的竞赛规则 130
10.3.1 总则 130
10.3.2 不安全动作 131
10.3.3 纪律与处罚 131

10.3.4 成套动作评分 132
10.3.5 特殊情况处理 133

第 11 章 健美 134
11.1 健美运动的原则 134
11.1.1 超负荷原则 134
11.1.2 循序渐进原则 134
11.1.3 均衡发展原则 134
11.1.4 持之以恒原则 135
11.2 肌肉健美的基础动作 135
11.2.1 颈部肌肉练习动作 135
11.2.2 胸部肌肉练习动作 135
11.2.3 背部肌肉练习动作 136
11.2.4 肩部肌肉练习动作 137
11.2.5 臂部肌肉练习动作 137
11.2.6 腹部肌肉练习动作 138
11.2.7 腿部肌肉练习动作 138

第 12 章 瑜伽 140
12.1 瑜伽的基础知识 140
12.1.1 练习瑜伽运动的基本
要求 140
12.1.2 瑜伽的呼吸法 141
12.2 瑜伽的基础动作 141

第 13 章 体育舞蹈 145
13.1 体育舞蹈简介 145

目录

Contents

13.1.1　体育舞蹈的起源与发展　145

13.1.2　体育舞蹈的种类　145

13.2　体育舞蹈的基础知识　147

13.2.1　舞程线　147

13.2.2　方位　147

13.2.3　角度　147

13.3　体育舞蹈的基础动作　148

13.3.1　标准握持　148

13.3.2　肢体动作　148

13.3.3　舞姿　149

13.3.4　舞步　149

13.4　体育舞蹈的竞赛规则　149

13.4.1　比赛着装　149

13.4.2　舞蹈动作　149

13.4.3　人数与时间　150

13.4.4　裁判　150

第 14 章　武术　151

14.1　武术运动简介　151

14.1.1　武术的起源　151

14.1.2　武术的分类　151

14.2　武术运动的基础动作　152

14.2.1　基本功　152

14.2.2　基础动作　157

14.3　形神拳　162

14.3.1　形神拳概述　162

14.3.2　基础动作　162

第 15 章　跆拳道　165

15.1　跆拳道运动简介　165

15.1.1　跆拳道运动的起源与发展　165

15.1.2　跆拳道运动的级别　165

15.2　跆拳道运动的基础动作　166

15.2.1　实战姿势　166

15.2.2　进攻拳法　166

15.2.3　进攻腿法　166

15.3　跆拳道运动的竞赛规则　169

15.3.1　基本规则　169

15.3.2　得分与失分　169

15.3.3　加时赛　170

第 16 章　民族传统体育　171

16.1　八段锦　171

16.1.1　八段锦的起源　171

16.1.2　八段锦的特点　172

16.1.3　八段锦的动作要领　172

16.1.4　八段锦的作用　174

16.1.5　练习八段锦的注意事项　175

16.2　五禽戏　175

16.2.1　五禽戏的起源　176

16.2.2　五禽戏的特点　176

16.2.3　五禽戏的基本动作　177

16.2.4　五禽戏的内容　178

16.2.5　五禽戏的作用　182

目录

Contents

16.3　舞龙运动　　　　　　　　　183
  16.3.1　舞龙运动的起源　　　183
  16.3.2　舞龙运动的定义　　　183
  16.3.3　舞龙运动的基本特点　184
  16.3.4　舞龙的基本方法　　　185
16.4　舞狮运动　　　　　　　　　188
  16.4.1　舞狮运动的起源　　　188
  16.4.2　舞狮运动的表演种类　189
  16.4.3　舞狮运动的基本特点　189
  16.4.4　舞狮运动的基本技术　190

第 17 章　冰雪运动　　192

17.1　滑冰运动　　　　　　　　　192
  17.1.1　滑冰运动简介　　　　192
  17.1.2　滑冰运动分类　　　　193
  17.1.3　滑冰运动基本技术　　195
17.2　滑雪运动　　　　　　　　　198
  17.2.1　滑雪运动简介　　　　198
  17.2.2　滑雪运动的分类　　　199

  17.2.3　初学者的基本技术　　199
  17.2.4　注意事项　　　　　　200
17.3　冰球运动　　　　　　　　　202
  17.3.1　冰球运动简介　　　　202
  17.3.2　冰球装备　　　　　　202
  17.3.3　冰球场地　　　　　　203
  17.3.4　冰球技术　　　　　　203
  17.3.5　冰球战术　　　　　　204

下篇　健康维护

第 18 章　运动卫生与运动损伤　206

18.1　运动卫生　　　　　　　　　206
  18.1.1　运动的心理卫生　　　206
  18.1.2　运动的生理卫生　　　207
18.2　运动损伤　　　　　　　　　208
  18.2.1　运动损伤概述　　　　208
  18.2.2　常见的运动损伤及处理
      方法　　　　　　　　209

Chapter 01

第 1 章

概论

课前思考：

1. 健康的标志有哪些？
2. 影响健康的因素有哪些？
3. 体育锻炼的意义有哪些？

1.1 健康概述

本节简单介绍健康的内涵和影响健康的因素。

1. 健康的内涵

思想家苏格拉底曾说："健康是人生最为可贵的。"培根指出："健康的身体是灵魂的客厅，病弱的身体是灵魂的监狱。"我国经济学家于光远指出："健康地生存是人生的第一需要。"在一定的历史范畴内，健康与特定的社会、环境、经济、文化、伦理道德等密切相关。人们对健康内涵的认识随着历史的发展而不断演进和深化。

在古代，人们对生命活动的认识较低，对健康的认识局限于没有疾病。随着社会的发展和医学的进步，人们能够使用各种仪器检测、发现身体的生理变化，健康被视为"器官发育良好，体质健壮，体能充沛"。毋庸置疑，这种建立在生理基础上的生物医学模式是一种巨大的进步，但它忽视了人的心理因素和社会属性。1948 年世界卫生组织提出了新的健康概念：健康不单是没有疾病和不虚弱，而是躯体、精神的健康和社会幸福的完善状态。20 世纪末，世界卫生组织又把道德修养纳入了健康的范畴。

世界卫生组织提出的 10 个健康标志如下。

（1）精力充沛，能从容不迫地应对日常生活和工作的压力而不感到过分紧张。

（2）处世乐观，态度积极，乐于承担责任，事无巨细，不挑剔。

（3）善于休息，睡眠良好。

（4）应变能力强，能适应环境的各种变化。

（5）能抵抗一般性感冒和传染病。

（6）体重得当，身材均匀，站立时头、肩、臂的位置协调。

（7）眼睛明亮，反应敏锐，眼睑不发炎。

（8）牙齿清洁、无龋洞、无痛感，牙龈颜色正常，不出血。

（9）头发有光泽，无头屑。

（10）肌肉、皮肤富有弹性，走路轻松有力。

由单一的生理健康观，到涵盖生理、心理、社会层面的三维健康观，再到包括躯体健康、心理健康、社会适应健康和道德健康的全面健康观，健康理念不断变革。随着科技的发展、环境的改变，健康观也会被赋予新的内涵。

2. 影响健康的因素

（1）环境与健康

环境分为自然环境和社会环境。

① 自然环境是人类赖以生存的基础，为人类提供了生活的必需物质。良好的自然环境可以陶冶情操、放松精神、愉悦心情，有利于人的身心健康。恶劣乃至被污染的自然环境会损害人的身心健康，如酷暑、严寒、飓风、雪灾、空气中的有害气体、河流中的有毒微生物等，会引起人体的种种不适，甚至引发疾病。

② 社会环境是人类在自然环境的基础上，有目的、有计划地打造的人工环境，是人类物质文明和精神文明发展的标志。高节奏的生活、高强度的工作、激烈的竞争、巨大的压力，都会侵蚀人类的健康。

（2）心理与健康

现代医学证实，人们心理状态的异常变化可能会导致心身症，又称精神生理反应。它最初表现为自主神经和内脏系统的功能性改变，继而发展为躯体的功能失调，甚至发生组织结构的损害，如溃疡、偏头痛、心悸等。而积极的心理状态能保持和增进健康，对疾病的治疗、痊愈也有显著作用。

（3）生活方式与健康

生活方式是在遗传提供的可能性前提下，在所处客观环境中养成的一种行为模式，这种行为模式表现为日常生活中习以为常的行为。吸烟和酗酒是不良生活方式中的两种典型行为。

吸烟是目前影响人类健康的一个重要危险因素，烟草的烟雾中至少含有3种危险的化学物质：焦油、尼古丁和一氧化碳。焦油沉积在肺中浓缩成一种黏性物质。尼古丁是一种会使人成瘾的物质，主要对神经系统产生影响。

酗酒就是过量饮酒，也会对人类健康造成隐患。酗酒会引起黏膜充血、肿胀和糜烂，易使人患食管炎、胃炎、溃疡等疾病。酒精主要在肝脏内代谢，肝癌的发病率与长期酗酒有直接关系。酒精还会影响脂肪代谢，可使血胆固醇和甘油三酯升高。

（4）体育锻炼与健康

科技的进步和社会的发展提高了人类的整体健康水平，但是新的健康问题（涉及人的机体功能状态、人与自然的关系及人与社会的关系等领域）不断涌现出来，严重威胁着人类的未来生存。体育的真谛和健康的内涵使两者在现代社会紧密地联系在一起，体育成为健康发展的核心主题之一，其对健康的特殊意义越来越得到肯定和重视。

坚持体育锻炼能预防并减少许多疾病，如心脏病、癌症、糖尿病等，也有利于维持健康的体重，增加抗压能力，改善睡眠质量等。缺乏运动的人容易超重、患慢性疾病、出现心理不健康等问题。专家指出，坚持每天体育锻炼半小时是保持健康的最低要求。

1.2 🏃 体育锻炼的意义

本节简单介绍体育锻炼的意义，主要有以下几点。

1. 有利于提高神经系统的机能

神经系统包括大脑、脊髓、神经和神经细胞。人在长时间的脑力劳动之后，会由于大脑供血不足和缺氧而头昏脑涨。进行体育锻炼，尤其是在新鲜的空气中开展运动，可以改善大脑的供血情况，使大脑消除疲劳、恢复活力。从事体育锻炼还可以延缓脑细胞的衰亡过程，延长大脑的"年轻态"。

体育锻炼可以改善神经系统的调节功能，提升神经系统对复杂变化的判断和反应能力，并使其及时做出协调、准确、迅速的应对。经常参加体育锻炼能够加强神经系统兴奋和抑制的交替转移过程，从而改善大脑皮层神经系统的均衡性和准确性，提高脑细胞工作的灵活性、协调性、反应速度、耐受能力等。如果一个人缺乏必要的体育锻炼，大脑皮层的兴奋性将会下降，导致平衡失调，甚至引发某些疾病。

2. 有利于改善循环系统的机能

循环系统由静脉、动脉和毛细血管组成，它在心脏跳动的驱动下，为人体各个部位提供氧气和各种养料。

（1）经常从事体育锻炼能促进心肌细胞内的蛋白质合成，促使心肌纤维增粗，心壁增厚，心肌力量增强，每搏输出量加大，使血液的数量增加并提高其质量。研究表明，在安静状态下，健康成年人心脏的每搏输出量为 70 毫升，而经常运动者可达 90 毫升。

（2）体育锻炼可以增加血管壁的弹性，并促使大量毛细血管开放，大大加快能量供应，提高人体新陈代谢水平。

（3）体育锻炼可以显著降低血脂含量、改善血脂质量，在遏制肥胖、健美形体的同时，能有效地防治多种疾病。

（4）体育锻炼可以降低血压、舒缓心搏，预防心血管疾病。病理学家通过解剖发现，经常运动的人患动脉硬化的概率要远远低于不常运动的人。

3. 有利于增强运动系统的机能

运动系统由骨、骨连结和骨骼肌组成，它支撑起身体，并保护各器官的系统运作。体育锻炼能够增强运动系统的准确性、协调性和灵活性，使人能有条不紊、准确、敏捷地完成各种复杂的动作。

（1）体育锻炼可使骨密质增厚，骨小梁排列更加规则、整齐，增强骨的坚固性并提升抗弯、抗断、抗压能力；同时，体育锻炼可促进骨骼中钙的储存，预防骨质疏松。

（2）体育锻炼可使肌肉的效能增强，肌肉更加粗壮、结实、发达、有力。

（3）体育锻炼可以增强关节周围肌肉的力量和韧带的柔韧性，从而增加关节活动的幅度和牢固程度，减少各种外伤和关节损伤。

4. 有利于完善呼吸系统的机能

呼吸系统由呼吸道（鼻、喉、气管和支气管）和肺组成。

体育锻炼可以增加肺活量（人体尽全力吸气后再尽力呼出的气体总量）和肺通气量（每

分钟尽力呼出或吸入肺内的气体总量）。经常参加体育锻炼，特别是做一些伸展扩胸运动，可使呼吸肌力量增强、胸廓扩大，有利于肺组织的生长发育和肺的扩张，增加肺活量。同时，进行体育锻炼时需要吸入大量氧气并排出二氧化碳，这就要求呼吸肌加强收缩，使肺泡得到充分张开，加大呼吸的深度，从而有效地增加肺的通气效率，使人体能够承受更大强度的运动量。实验证实，经常参加体育锻炼的人，肺活量可增加 1 000 毫升左右，肺通气量可达 100 L/min 以上，均高于一般人。

5. 有利于优化免疫系统的机能

体育锻炼本身是一种运动负荷的刺激，经过反复刺激，身体的各个系统就会产生形态及功能的适应性变化。在这种应激与适应的生理反应过程中，免疫机能也会相应提高。

6. 有利于强健消化系统的功能

经常进行体育锻炼能促进胃肠蠕动，增加消化液的分泌量。运动中肌肉的收缩和舒张能对胃肠起到按摩作用，在提高食欲的同时增强吸收能力。

但应注意，不宜在饭后即刻进行体育锻炼，或剧烈运动后立即就餐，运动和就餐之间要有一定的时间间隔。一般认为，运动后至少需要休息 30 ~ 40 分钟再进食，或饭后间隔约 1.5 小时再进行运动较为科学。

7. 有利于舒缓情绪

情绪是衡量心理健康状况的重要指标。在现代社会中，各方面的综合压力使人产生的焦虑、烦恼、紧张、压抑、暴躁、忧郁等都属于不良情绪范畴。研究发现，从事慢跑、游泳、骑自行车等体育锻炼对于抑郁症、焦虑症、药品依赖者的治疗具有显著疗效。这充分说明体育锻炼能够转移并宣泄不愉快的情绪，使人恢复精神愉悦。

8. 有利于增强意志

意志品质包括自觉性、果断性、坚韧性、自制力及勇敢顽强的精神等。体育锻炼充满了挑战和挫折，大学生要积极主动、持之以恒地坚持体育锻炼，克服各种主、客观困难。这个过程既是锻炼身体的过程，又是培养良好意志品质的过程。坚持体育锻炼能够激励大学生奋发向上、顽强拼搏，养成坚强、自信、勇敢、进取的优秀品质。

9. 有利于培养个体的社会适应性

社会的适应性指个体对所处的社会环境有所认识，能够恰当地扮演生活中的各种角色，如朋友、同学、恋人等，在社会各领域的生活中发挥积极的作用。参与团体性质的体育锻炼能够增进人际交往，增加彼此交流，有利于形成团结友善、协调一致、相互帮助的团队精神，有助于培养个体的社会适应性。

10. 有利于强化个体的道德建设

体育锻炼，不仅在于育体，而且在于育心。西周的礼射，讲究"明君臣之礼，明长幼之序"，以射建德。古希腊和斯巴达的军事体育，有着忠君效国的鲜明思想。美国把体育作为培养青少年道德观念的强大教育力量；芬兰主张通过体育对中、小学生进行道德和社会教育，使他们形成为他人着想、作风正派的品质。从竞技体育的爱国主义教育到学校体育的集体主义教育，我国也将体育作为提升学生道德素质的积极手段。

上篇
竞技体育

Chapter 02

第 2 章

体育竞赛

课前思考：

1. 组织体育竞赛的流程是什么？
2. 在编排体育竞赛时应考虑哪些问题？

2.1 🏃 体育竞赛的组织

组织体育竞赛，包括赛前的准备、赛中的管理和赛后的汇总，具体包括以下流程。

1. 赛前准备工作

（1）确立组织方案

组织方案既是各项筹备工作的依据，又是保证竞赛高效、顺利进行的先决条件，一般包括竞赛的名称、性质、目的、任务、意义、规模、组织机构、经费预算、工作步骤等。

（2）拟定竞赛规程

竞赛规程是竞赛工作的法规性文件，具体指导比赛有计划、有秩序、科学、合理地进行。其主要内容包括时间、地点、项目、比赛方法（运动员资格要求、每人限报项数、每项限报人数等）、竞赛规则、参赛资格、名次录取、奖励办法、报名方式、注意事项等。竞赛规程应由主办单位提前下发到各参赛单位。

（3）构建组织机构

竞赛组织机构的设置既要符合竞赛规模，又要尽量精简，还要职能划分明确。竞赛组主要负责裁判、编排记录、成绩公布、运动员资格审核等工作。政宣组主要负责思想教育、宣传报道、安全保卫等工作。会务组主要负责经费计算、物质供应、公共关系、食宿交通、医疗救护等工作。

（4）制订工作计划

根据组织方案和职能分工，各部门应制订具体、详细的工作计划，包括时间、工作内容、要求、进度、负责人等。运动会的各项工作应按照计划流程有条不紊地推进。

（5）落实赛前工作

赛前工作主要包括组织裁判实习、检查场地器材、确保后勤服务等。

2. 赛中管理工作

竞赛期间，组织与管理工作较为繁重：开幕式、闭幕式的安排，比赛时间的把握，赛场秩序的控制，突发事件的处理，竞赛成绩的公布，裁判队伍的管理，颁奖仪式的设计等，其成效直接影响着赛事的顺利进行。

3. 赛后汇总工作

竞赛结束后，组织工作的主要任务：编印并发放成绩册、财务结算、赛后总结、将相关文件和资料整理归档等。

2.2 🏃 体育竞赛的编排

本节以田径竞赛为例，介绍一场体育竞赛的详细编排流程。

1. 准备工作

田径竞赛编排前的准备工作包括审校报名表，编排运动员名单和比赛号，统计各项目参赛人数、兼项人数、各代表队参加人数，选聘仲裁及裁判人员，编制竞赛相关表格等，如表 2-1 ～ 表 2-3 所示。

表 2-1　田径运动会报名表

单位　　　　　组别　　　　　领队　　　　　教练　　　　　填表日期

运动员号码	姓名	出生年月	100 米	200 米	……	跳远	跳高	……	备注
每项参加人数									

说明：运动员号码由大会统一填写；参加项目以"√"表示。

联系人：　　　　　　填表人：

表 2-2　竞赛检录表和终点记录表

男、女子组　　　米　　　赛　共　　　组第　　　组取　　名

道次	1	2	3	4	5	6	7	8
号码								
姓名								
单位								
名次								
成绩								
备注								

记录员：　　检录长：　　终点裁判长：　　计时长：　　竞赛裁判长：　　年　月　日

表 2-3　田径运动会竞赛日程安排表

比赛日期					......
比赛单元	上午	下午	上午	下午	
100 米					
......					
跳远					
......					
每日比赛项次					
每日决赛项数					

2. 竞赛日程编排

编排竞赛日程时，应准确把握田径竞赛规则，详细了解本次比赛的竞赛规程，如比赛时间（包括天数和每天的赛时）、项目、录取方法、场地器材、参赛人数等情况，在统筹全局的基础上，寻求最佳方案。

（1）合理控制赛次间隔和比赛时间

赛次的时间间隔是为了保障运动员的适当休息和调整，其最低标准是：200 米及 200 米以下各项目为 45 分钟，200 米以上至 1 000 米各项目为 90 分钟，1 000 米以上各项目不在同一天举行，全能各单项为 30 分钟，田赛的及格赛和正式比赛之间应间隔一天，第一天的最后一项与第二天的第一项之间应间隔 10 小时。

各项目比赛时间的估算如表 2-4 所示。

表 2-4　各项比赛时间估算

径赛项目	每组用时（分钟）	田赛项目	每组用时（分钟）
100/200/400 米	4 ～ 6	跳高	总人数 ×8 ～ 10
800 米	6 ～ 8	撑竿跳高	总人数 ×13 ～ 15
1 500 米	8 ～ 10	跳远	（总人数 +8）×3 ～ 4
3 000 米、3 000 米障碍	15 ～ 20	三级跳远	（总人数 +8）×3 ～ 4
5 000 米	20 ～ 25	铅球	（总人数 +8）×3 ～ 4
10 000 米	40 ～ 50	铁饼	（总人数 +8）×4 ～ 5
100/110/400 米栏	5 ～ 7	标枪	（总人数 +8）×4 ～ 5
4×100/400 米接力	8 ～ 10	链球	（总人数 +8）×5 ～ 6
5 000 米竞走	40 ～ 45		
10 000 米竞走	70 ～ 90		

注：不同项目换项或同项目换组时需增加 5 ～ 10 分钟；跨栏跑的每组用时不含摆、撤栏时间，摆、撤栏需增加 5 ～ 10 分钟；同一项目，女子组用时较长，男子组用时较短。

（2）科学减少兼项冲突和各类干扰

兼项的一般规律：100 米和 200 米，200 米和 400 米，400 米和 800 米，400 米和 400 米栏，800 米和 1 500 米，3 000 米和 5 000 米，5 000 米和 10 000 米，100 米和跳远，跳远和三级跳远，100 米和 4×100 米接力，400 米和 4×400 米接力，铅球和铁饼等。为减少兼项冲突，应尽量将相关项目分开编排。

此外，还应尽可能减少自然环境、场地器械等对比赛的干扰。例如，撑竿跳高要考虑阳光的照射方向，且比赛时间较长，一般应在上午进行；同一时间，不要安排两个田赛长投项目（如铁饼、标枪、链球），以免造成场地交叉，并避免增加裁判工作的困难和导致伤害事故。

（3）全面考虑整体赛程和实际需要

① 某些性质相近的项目要注意先后顺序，距离应由短到长。例如，先 100 米后 200 米，先 800 米后 1 500 米，先 5 000 米后 10 000 米，先铅球后铁饼，先跳远后三级跳远等。

② 径赛中不同组别、性别的同一径赛项目，最好衔接安排，以便于裁判工作和场地器材的布置。

③ 短距离项目，若赛次较少，应尽量安排在一单元或一天内结束。

④ 跨栏项目，一般安排在各单元之首尾，抑或长距离跑后；不同项目的跨栏，不可连排。

⑤ 每个单元的比赛中，尽量安排径赛和田赛同时结束，还要尽可能地避免某些场地出现"冷场"。

⑥ 决赛项目和观赏性较强的项目应分开编排，使赛场气氛始终保持热烈、活跃。

⑦ 全部比赛临近结束时，可安排长距离项目或适当减少比赛项目，以便于计算总成绩和举行闭幕仪式。

3．竞赛分组编排

（1）径赛项目

① 径赛项目分组的方法有蛇形法和斜线法两种。

蛇形法：若有报名成绩，可采用蛇形法分组。例如，有 6 条跑道，男子 100 米参赛 23 人，先按运动员成绩高低排序，然后按蛇形排列，把运动员分别编入各组。

一组	↓1	8 → 9	16 → 17		
二组	2	7	10	15	18	23
三组	3	6	11	14	19	22
四组	4 → 5	12 → 13	20 → 21↑		

斜线法：若无报名成绩，且人数较多，可采用斜线法分组。将参加该项的运动员卡片（或号码）按单位依次上下排列，再按斜线通过的卡片（或号码）分组。例如，男子 100 米预赛 21 人，按成绩取前 8 名参加决赛，6 条跑道，分 4 组，如表 2-5 所示。

表2-5 斜线法

单位号码顺序	中文系	地理系	数学系	化学系	教育系	外语系	政治系
1	<u>1001</u>	---2002	⌒3001	4001	<u>5002</u>	---6001	⌒7005
2	1003	<u>2004</u>	---3002	⌒4003	5003	<u>6002</u>	---7007
3	⌒1006	2005	<u>3008</u>	---4009	⌒5007	6003	<u>7008</u>

第一组　　1001　2004　3008　5002　6002　7008
第二组　　2002　3002　4009　6001　7007
第三组　　3001　4003　5007　7005　1006
第四组　　4001　5003　6003　1003　2005

② 径赛项目分组的注意事项。应根据各项目的参赛人数、赛次、录取方法、跑道数（直道、弯道）及裁判员的情况等，进行分组。

每组人数应尽量均衡，避免同一单位的运动员排在同一组里（尤其是在预赛时）。

按名次录取分组时，应把成绩优秀的运动员分别编排在各组内；按成绩录取分组时，可将成绩较好与较差的运动员搭配分组，也可把成绩较好的运动员相对集中地编在一组内（一般排在第二组或第三组）。

不分道的径赛项目，按成绩相近的原则分组，每组人数不宜过多，一般在15人以内。通常把成绩较好的运动员集中在第一组。

初赛时，按照随机原则，进行组次和道次抽签（不分道的项目则是起跑位置抽签），排出各组比赛顺序和各组中每位运动员的比赛道次。复赛时，800米及以下距离的分道项目，每组运动员均分两次抽取比赛道次——列前4名的运动员抽取第3、第4、第5、第6跑道；列后4名的运动员抽取第1、第2、第7、第8跑道。只有6条分道时，成绩较好的前3名抽第2、第3、第4跑道，后3名抽第1、第5、第6跑道。

（2）田赛项目

田赛项目的比赛一般不分组，比赛的次序在裁判长监督下由大会随机抽签排定。

报名人数较多（≥18人）时，一则可在正式比赛前举行及格赛，由大会根据参赛运动员的水平规定一定的标准，明确地写入秩序册，不达标者，没有资格参加正式比赛；二则可分组进行比赛。各组的比赛场地、气象、风向等条件必须基本相同。若条件允许，远度项目可分组在不同的场地同时进行前3轮比赛，取成绩最优的前8名运动员合并成一组再进行后3轮比赛。高度项目在不同场地分组比赛时，每次横杆提升的高度应相同，淘汰一定人数后，再合并为一组继续比赛。

（3）全能项目

如表2-6所示，男子十项全能和女子七项全能运动必须在连续两天内按规定的顺序赛完。

表 2-6　全能比赛顺序表

时间	性别	项目
第一天	男	100 米、跳远、铅球、跳高、400 米
	女	100 米栏、跳高、铅球、200 米
第二天	男	110 米栏、铁饼、撑竿跳高、标枪、1 500 米
	女	跳远、标枪、800 米

全能项目的分组、分道和排序方法与径赛、田赛各单项相同。但最后一项，应根据前几项得分进行分组，成绩最低的运动员为第一组，以此类推，成绩最高的一组运动员为最后一组。

全能的每一个单项，均应单独进行抽签。田赛项目的比赛顺序，除第一项由编排人员在监督之下抽签确定外，其余各项均由运动员当场抽签确定。

4．编印秩序册

秩序册一般包括下列内容：封面（内容有运动会名称、主办单位、竞赛日期），目录，竞赛规程、竞赛须知、补充通知，组织委员会人员名单，办事机构及工作人员名单，技术代表、技术官员、仲裁委员、裁判员名单，代表队名单（运动员姓名、号码对照表），竞赛日程，各项目参赛运动员名单及人数统计，分组名单，相关纪录和等级标准，比赛场地平面图等。

5．记录公告编排

记录公告的作用是接收、审核各项比赛成绩，发布成绩公告和后继赛次录取名单，记录得分和奖牌数目，统计破纪录的项目、人数、人次等。

Chapter 03

第 3 章

田径

课前思考：

1. 标准的田径场由哪几部分组成？
2. 铅球、跳高、跳远、三级跳远的基本动作是什么？
3. 短跑、中长跑、接力跑、跨栏跑的技术要领是什么？
4. 田径比赛有哪些规则？

3.1 🏃 田径运动介绍

本节介绍田径运动的起源和现代田径运动的发展。

3.1.1 田径运动的起源

田径是世界上较为普及的体育运动之一，也是历史悠久的运动项目，被誉为"运动之母"。关于其起源大致可以归纳为以下几种：生存并与自然界斗争的手段、古代祭祀中的一项活动、战争的需要、教育的内容等。

据记载，田径比赛成为正式比赛项目，是在公元前 776 年希腊奥林匹克村举行的第 1 届古代奥运会上，项目只有短距离赛跑，跑道是一条长 192.27 米的直道。

3.1.2 现代田径运动的发展

田径运动是由田赛、径赛、公路赛、竞走和越野赛组成的。以高度和远度计算成绩的跳跃、投掷项目统称为田赛，以时间计算成绩的竞走和跑的项目统称为径赛。全能运动由跑、跳、投的部分项目组成，以各单项成绩按"田径全能运动评分表"换算分数、计算成绩。

1896 年在希腊举行的第 1 届现代奥运会上，走、跑、跳跃、投掷等 12 个田径项目被列为主要比赛项目，这成为现代田径运动开始的标志。1912 年，国际田径联合会成立，确立了国际统一的田径竞赛项目和竞赛规则，开始组织国际田径比赛。

田径运动是比速度、比高度、比远度、比耐力的体能运动，很好地体现了"更高、更快、更强"的奥林匹克运动精神。在奥运会中田径设有 47 枚金牌，是奥运金牌设置最多的运动。

标准的田径场一般由外场、中场及内场 3 部分组成。

（1）外场

外场指径赛跑道的外侧，主要包括建筑看台或其他有关设施。一般而言，仅供教学和训练的田径场外场留几米即可，而标准田径场四周则要留出几十米的空间。

（2）中场

中场指径赛跑道所占据的空间，内圈周长 400 米，为椭圆形。弯道为半圆形，半径为 36.5 米。直道要沿南北方向，以避免太阳位置低时的炫目影响。一般设 8 ～ 10 条分道，每条分道宽 1.22 ～ 1.25 米。跑道内侧的安全区域不少于 1 米，起跑区不少于 3 米，冲刺缓冲段不少于 17 米。跑道左右倾斜度最大不得超过 1 ：1 000，跑的方向上的向下倾斜度不得超过 1 ：1 000。

（3）内场

内场指供田赛或球类比赛使用的部分。

3.2 🏃 田赛

本节介绍铅球、跳高、跳远、三级跳远项目的概况，详细阐述其技术要领。

田赛包括跳跃项目和投掷项目。跳跃项目分为高度类和远度类，其中高度类有跳高和撑竿跳高，远度类有跳远和三级跳。投掷项目包括铅球、铁饼、标枪和链球。比赛时，人体或人投掷器械位移距离大者名次列前。

3.2.1 铅球

铅球是一种速度力量型投掷项目，它要求运动员协调利用全身的力量，以最快的出手速度，将铅球从肩上锁骨窝处单手推出。投掷铅球能有效地增强躯干及四肢（尤其是腰背）的肌肉力量，提高速度，提升协调性。

铅球起源于古代人类用石块猎取禽兽或防御攻击的活动，大致经历了投掷石块、投掷炮弹和推铅球 3 个阶段。现代铅球运动始于 14 世纪 40 年代欧洲炮兵闲暇时推掷炮弹的游戏和比赛。铅球的制作经历了用铅、铁及外铁内铅的过程。推铅球的技术大致经历了 4 个阶段的演变：原地推铅球、侧向滑步推铅球、背向滑步推铅球、旋转推铅球。

正式比赛时，男子铅球的质量为 7.26 千克，直径 11 ～ 13 厘米；女子铅球的质量为 4 千克，直径为 9.5 ～ 11 厘米。投掷圈直径为 2.135 米，前缘装有抵趾板。扇形有效落地区的角度为 33.92°。男、女铅球分别于 1896 年（第 1 届奥运会）和 1948 年（第 14 届奥运会）被列为奥运会比赛项目。

背向滑步推铅球的技术要领包括（以右手为例）握球和持球、准备姿势、滑步、最后用力、缓冲，如图 3-1、图 3-2 所示。

背向滑步推铅球

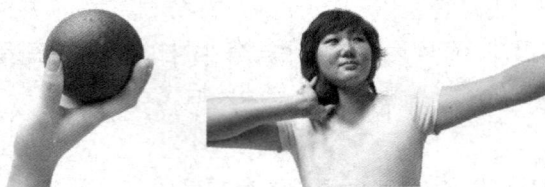

图 3-1　握球和持球

准备姿势

滑步

最后用力　　　　　缓冲

图 3-2　背向滑步推铅球技术要领

1. 握球和持球

以右手为例，握球和持球时，五指自然分开，将球体置于食指、中指和无名指的指根处，拇指和小指扶住球体两侧，手腕后屈，以防止球体滑动并便于控制出球的方向。

手指力量较强者，可将球适当移向手指的上方，有利于拨球和发挥手腕的力量。

握好球后，将球放在右肩锁骨窝处，紧贴颈部，掌心向前，右臂屈肘，肘部稍外展且略低于肩。

2. 准备姿势

准备姿势是滑步前的准备动作，目的是为协调、平稳地进入滑步创造条件。

（1）高姿势

高姿势的动作要领：运动员持球，背对投掷方向，两脚前后开立，相距 20 ～ 30 厘米，右脚尖靠近投掷圈后端内沿（脚也可稍向内转），重心主要落在伸直的右腿上；左腿在后自然弯曲，以前脚掌或脚尖着地；上体放松，头部和躯干保持正直，左臂自然上举，如图 3-3 所示。

图 3-3　高姿势

（2）低姿势

低姿势的动作要领：运动员持球，背对投掷方向，两脚前后开立，相距50～60厘米（根据身高和下蹲的程度而定）。两腿弯曲（弯曲程度视个人力量而定），重心落于右腿。右脚尖贴近投掷圈后端内沿（脚也可稍向内转），左脚在后，以前脚掌或脚尖着地。左臂自然下垂，左肩稍向内扣，上体前屈至与地面平行，两眼注视前下方。铅球的投影点在右脚的右侧前方，如图3-4所示。

图 3-4 低姿势

3. 滑步

滑步能使铅球获得一定的水平方向的起始速度，并使运动员的身体形成有助于最后用力的姿势。

滑步前可以先做一两次预摆（也可不做），以改变身体的静止状态。预摆时，左腿自然弯曲，大腿用力向后上方摆起，右腿伸直，同时上体前屈，左臂微屈前伸或下垂并稍向内，头与背保持在一条直线上，如图3-5所示。当左腿摆至与地面大致平行时，收回左腿，同时右腿弯曲，形成屈膝团身的姿势。

图 3-5 滑步

当左腿收回靠近右腿时，臀部后移。左腿向投掷方向快速摆出，同时右腿用力蹬伸。当右脚蹬离地面后，迅速拉收小腿并向内转动，用前脚掌着地，落于圆心附近。同时左脚积极下落，以前脚掌内侧落在圆圈直径的左侧。两脚着地的时间相隔越短越好。此时肩轴与髋轴呈扭紧状态，左脚尖与右脚跟约在一条直线上（对投掷方向而言）。

滑步过程中左臂和左肩保持内扣，头部保持朝向右后方的姿势，以保证上体处于扭紧状态，如图3-6所示。

图 3-6 滑步动作要领

4. 最后用力

最后用力阶段为从左脚落地到铅球出手。

左脚落地的瞬间，右腿继续向投掷方向转动并积极蹬伸，转髋转体。同时上体逐渐抬起，左臂向胸前左上方摆动，左肩高于右肩，大部分重心仍落在弯曲而压紧的右腿上，身体呈"侧弓状"，如图3-7所示。

随着右腿蹬伸，右髋和右肩前送，身体重心由右腿快速移至左腿。随即两腿充分蹬伸，抬头（稍有后仰），屈腕且稍向内转，右臂迅速而有力地将球推出，如图3-8所示。

图3-7　最后用力阶段

图3-8　推出铅球的动作

5. 缓冲

铅球出手后，右腿随势前摆，于左脚附近落地；左腿后摆，两腿交换并弯曲，以降低身体重心，缓冲向前的冲力，维持身体平衡，防止出圈犯规。

3.2.2　跳高

跳高要求运动员通过快速助跑，经单脚起跳，越过一定高度的横杆。它能有效地增强腿部肌肉力量，提高弹跳力、灵敏度和协调性。

跳高起源于古代人类在生活和劳动中越过垂直障碍的活动。从生存的本能需要，到健身的手段、娱乐的项目，跳高随着社会经济、文化的发展而演变。最初的跳高比赛是在草地上进行的。运动员面对两根木桩之间的绳子，通过助跑起跳，双腿屈膝越过。现代跳高始于欧洲，19世纪60年代开始流行于欧美国家。男、女跳高分别于1896年（第1届奥运会）、1928年（第9届奥运会）被列为奥运会比赛项目。

跳高的技术动作先后出现过5次重大演变，即跨越式、剪式、滚式、俯卧式和背越式，如图3-9～图3-13所示。现代跳高运动以速度为核心，即要求助跑速度快、起跳速度快、过杆速度快。

背越式跳高以特定的弧线助跑，起跳后背对横杆腾起，连续动作如图3-14所示。背越式跳高是现代常用的一种跳高技术，由助跑、起跳、过杆和落地几个不同的技术环节组成。

图3-9　跨越式跳高

图 3-10　剪式跳高

图 3-11　滚式跳高

图 3-12　俯卧式跳高

AR
启动增强现实动画

图 3-13　背越式跳高

图 3-14　背越式跳高连续动作

1. 助跑环节

助跑是为了获得必要的水平速度和蹬地力量，调整至适宜的动作节奏，形成合理的身体内倾姿势，为起跳和顺利过杆创造有利条件。

（1）助跑起动

助跑起动的方式有两种：原地起动（直接从助跑点开始助跑的方式）和行进间起动（预先走动或跑动 3～5 步，然后踏上助跑点开始助跑的方式）。原地起动有利于助跑点的准确性，步长相对固定，但动作较紧张，加速较慢；行进间起动则动作自然、放松，加速较快，但助跑点不易踏准。

（2）助跑路线

背越式跳高助跑的前段为直线或近似直线，后段4～5步为弧线，如图3-15所示。直线助跑时，运动员上体略前倾，步幅开阔，后蹬充分，身体重心平稳且保持高位；弧线助跑时，身体逐渐内倾，外侧的肩略高于内侧的肩，外侧臂和腿的摆动幅度较内侧更大，助跑运作要领如图3-16所示。

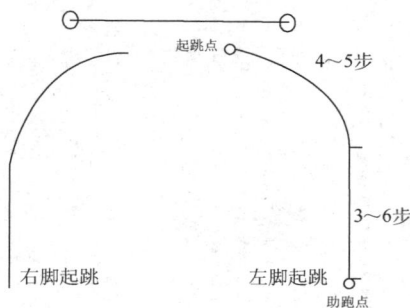

图3-15　背越式跳高助跑路线

图3-16　助跑动作要领

（3）助跑距离

助跑距离指从助跑点到起跳点的距离，全程一般为8～12步，距离最长可达30米。

（4）助跑节奏

助跑节奏的具体表现为步频（单位时间内两腿的交换次数）与步长在助跑中的变化。背越式跳高助跑节奏要求从慢到快，前几步慢，后蹬充分，腾空较大；最后3～5步加快频率，但步长变化要小；最后1步，争取最快。

（5）助跑的技术要点

整个助跑过程的动作应该自然、放松、快速、连贯，全程节奏明确，逐渐加速。最后1步，摆动腿的动作极为关键。腿着地时，积极下压拔地，形成牢固支撑，身体重心迅速前移，进入起跳状态。

2. 起跳环节

起跳是背越式跳高的关键技术。起跳是为了迅速改变人体运动方向，实现最大垂直速度和合理的腾空角度，为顺利过杆创造条件。

起跳环节包括起跳脚踏上起跳点，起跳腿经过支撑、缓冲、蹬伸，蹬离地面跳起，摆动腿蹬离地面，与臂协调摆动，达到最高位置。起跳腿指用于蹬伸起跳的腿，多选择较有力的腿。摆动腿指起跳时用于协调配合起到摆动作用的腿。

在助跑的最后一步，身体内倾达到最大限度时，摆动腿用力后蹬，推动髋部迅速前移，使起跳腿快速踏上起跳点，形成肩轴与髋轴交叉扭紧的姿势，如图3-17所示。接着，起跳脚以脚跟外侧着地并迅速过渡到全脚掌，脚尖朝向助跑弧线的切线方向，起跳腿自然屈膝并被压紧。随着身体由内倾转为垂直，起跳腿的髋、膝、踝3个关节依次迅猛发力，快速完成蹬伸起跳的动作。

蹬伸结束时，起跳腿的髋、膝、踝3个关节应该充分伸直，使身体垂直于地面，以保证身体向垂直方向充分腾起，如图3-18所示。

图 3-17　起跳环节技术　　　　　　图 3-18　蹬伸结束动作

3. 过杆与落地环节

过杆与落地环节指起跳腾空后，头、肩、背、腰、髋、腿等身体的各部分利用合理的技术动作依次越过横杆，并安全地落在海绵包上的过程。

起跳结束时，充分伸展身体，向上腾起。利用摆动腿的力量尽量提高髋部位置，然后摆动腿同侧的臂、肩领先过杆，运动员顺势仰头、倒肩、挺髋。头与肩过杆后下沉，髋部高过两膝，身体形成反弓形。当髋部越过横杆时，运动员应顺势收腹，带动小腿向上甩，整个身体越过横杆，保持屈髋、伸膝的姿势下落，使肩背先着垫，如图 3-19 所示。

过杆

落地

图 3-19　过杆与落地

3.2.3 跳远

跳远是通过快速的助跑和有力的起跳，采用合理的腾空姿势和动作，使身体腾跃至尽可能远的水平距离的运动项目。它能使运动员发展弹跳力和协调性，增强神经系统、循环系统和运动器官的机能。

跳远起源于远古人类猎取或逃避野兽时跨越河沟的活动，后成为军事训练的手段，也是公元前 708 年古代奥运会五项全能项目之一。现代跳远运动始于英国，男、女跳远分别于 1896 年（第 1 届奥运会）和 1948 年（第 14 届奥运会）被列为奥运会比赛项目。

跳远技术包括助跑、起跳、腾空和落地 4 个环节，如图 3-20 所示。

起跳　　　　　　　　　　　　　腾空（1）

腾空（2）　　　　　　　　落地（1）　　　　　　　　落地（2）

图 3-20　跳远技术的后 3 个环节

1. 助跑环节

（1）助跑的任务

助跑的任务是获得最快的水平速度，为准确踏板和迅速有力地起跳做好准备。

（2）助跑的起动方式

助跑的起动方式有原地起动和行进间起动两种。前者更适合于初学者。

（3）助跑的加速方式

助跑常用的加速方式有两种，即平稳加速（也称逐渐加速）和积极加速。平稳加速方式：开始时步频较低，然后逐渐加大步长或在保持步长的基础上提高步频，加速过程均匀平稳，时间较长。其助跑动作比较轻松，起跳时踏板的准确性好，成绩比较稳定。积极加速方式：上体前倾幅度较大，步频始终保持较高的水平。其助跑动作比较紧张，起跳时踏板的准确性差，适合绝对速度较快的运动员。

（4）助跑距离

助跑距离指从助跑起点到踏板的距离。一般而言，技术水平越高，速度越快，助跑距离越长。男子助跑距离为 35 ~ 45 米，18 ~ 24 步；女子助跑距离为 30 ~ 35 米，16 ~ 18 步。助跑距离并非固定不变，可以根据环境条件和个人身体情况进行相应的调整。

（5）助跑节奏

助跑节奏表现为对步长、步频变化的控制，以利于快速提升速度。跳远助跑的最后几步呈加速状态，身体重心适当下降，为快速起跳做好准备。

2. 起跳环节

起跳的任务是利用助跑所获得的最快速度，瞬间创造尽可能大的腾起初速度（是由助跑、起跳所产生的水平速度合成的）和适宜的腾起角度，使身体充分向前上方腾起。

起跳是跳远技术中最重要的环节。起跳的过程可分为起跳脚着地（上板）、缓冲和蹬伸 3 个阶段，如图 3-21 所示。着地要迅速且富有弹性，缓冲时要及时、积极地前移身体，蹬伸是爆发式动作，要快而有力。

图 3-21　起跳动作

起跳时，要抬头挺胸，上体保持正直，提肩、拔腰，髋、膝、踝 3 个关节要充分蹬直，蹬摆配合要协调，一致用力。

3. 腾空环节

腾空环节指起跳后身体在空中维持平衡、完成各种动作的环节。跳远的腾空动作目前主要有挺身式、蹲踞式和走步式 3 种，如图 3-22 所示。

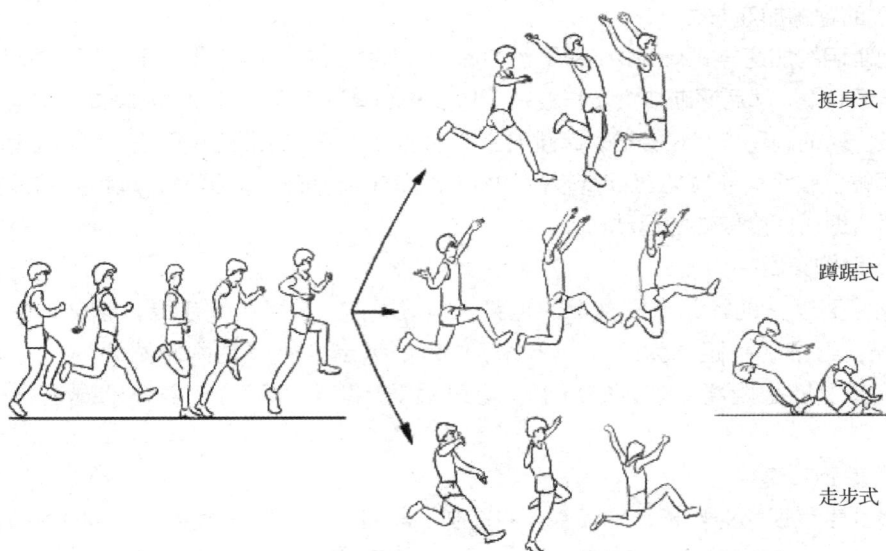

挺身式

蹲踞式

走步式

图 3-22　跳远腾空动作的 3 种姿势

（1）挺身式

采用挺身式时，起跳成腾空步（起跳结束时，身体姿势在空中的延续）后，摆动腿下落，膝关节伸展，小腿由前向下向后呈弧形摆动，两臂下垂经由体侧向后上方绕环摆动，起跳腿自然回摆向摆动腿靠拢，形成空中挺胸展髋的姿势。继而收腹举腿，大腿向胸部靠拢，小腿前伸，两臂上举或后摆，顺势落地。

（2）蹲踞式

采用蹲踞式时，起跳成腾空步后，上体保持正直，腿继续向上摆动，起跳腿顺势屈膝前摆，逐渐靠近摆动腿，使两腿屈膝在空中呈蹲踞姿势。然后收腹举腿并前伸小腿，两臂由后向前摆动，使身体重心前移，顺势落地。

（3）走步式

采用走步式时，起跳成腾空步后，以髋关节为轴，摆动腿大腿带动小腿，由前向后下方摆动，同时起跳腿屈膝前摆，向上抬起大腿，前伸小腿，在空中自然地完成换步动作。两臂与下肢协调配合做大幅度直臂绕环摆动或自然前后摆动，然后摆动腿顺势前摆，两腿靠拢，收腹举腿，前伸小腿，顺势落地。在空中完成一次换步后落地的称为"两步半"走步式，完成两次换步后落地的称为"三步半"走步式。

4．落地环节

落地环节指腾空后落入沙坑的着地动作环节。其任务是选择合理的技术，以获得较大的跳跃距离，并防止伤害事故的发生。

完成腾空动作后，收腹举腿，小腿前伸，脚尖勾起，两臂向后摆动。脚跟触及沙面后，迅速屈膝缓冲，臀部顺势前移，两臂由后向前摆动，上体前倾，呈团身姿势，平稳地落入沙坑。

此外，落地时还可以采用侧倒式：脚跟着地后，一条腿保持稍紧张状态支撑沙地，另一条腿放松，上体顺势向放松腿的前侧方卧倒。

3.2.4 三级跳远

三级跳远是经过一定距离的直线助跑后，通过 3 次连续跳跃（单足跳、跨步跳、跳跃）达到尽可能远的水平距离的运动项目，如图 3-23 所示。它能有效地增加下肢力量，提升弹跳力、灵敏度和协调性，增强支撑器官（腿、足、膝、踝等）和内脏器官的功能。

助跑

单足跳

跨步跳

跳跃 + 落地

图 3-23　三级跳远

三级跳远起源于爱尔兰，当时的跳法是"单足跳 + 单足跳 + 跳跃"。后来，又出现了希腊式的跳法"跨步跳 + 跨步跳 + 跳跃"和苏格兰式的跳法"单足跳 + 跨步跳 + 跳跃"。1908 年，国际田径联合会确定苏格兰跳法为正式的三级跳远比赛技术。

三级跳远比赛时，运动员助跑后应连续完成 3 次不同形式的跳跃：第一跳为单足跳，用起跳腿落地；第二跳为跨步跳，用摆动腿落地；第三跳为跳跃，必须用双脚落入沙坑。男、女三级跳远分别于 1896 年（第 1 届奥运会）和 1992 年（第 25 届奥运会）被列为奥运会比赛项目。

三级跳远技术可以分为助跑、第一跳（单足跳）、第二跳（跨步跳）和第三跳（跳跃）4 个部分。每一跳均包括起跳、腾空和落地环节。

1. 助跑技术

水平速度是决定三级跳远成绩的关键因素。助跑的目的就在于获得尽可能快的水平速度，为单足起跳做好准备。

三级跳远的助跑技术与跳远基本相同，但第一跳起跳的腾起角（指人体离地时，身体重心腾起初速度方向与水平线构成的角度）较小，因此整个助跑过程中身体重心较高，加速平稳，强调向前行。最后几步，大腿高抬，上体正直，在保持步长或适当缩短步长的情况下，提高步频，准备起跳。

助跑距离取决于个人的加速能力。加速能力强，则助跑距离短；反之，则助跑距离长。助跑距离一般为 35 ～ 40 米，相当于 18 ～ 22 步。

2. 第一跳（单足跳）技术

三级跳远的起跳是以单足跳的形式完成的。这一跳不仅要达到必要的远度，而且要尽可能减少水平速度的损失，为后两跳创造条件。

第一跳以有力的腿做起跳腿。助跑的最后一步，在摆动腿积极蹬地向前送髋时，起跳腿的大腿快速下压，小腿自然前伸，用全脚掌迅速积极地踏板。起跳腿着地后，迅速屈膝屈踝缓冲，摆动腿快速向前上方大幅度摆出，两臂配合下肢动作有力地摆动，起跳腿迅速、及时地进行爆发性蹬伸。

起跳离地后，身体保持腾空步姿势。摆动腿使小腿随大腿下放，自然地从前向下、向后摆动，同时髋部上提，起跳腿屈膝前摆高抬，带动髋部前移，两臂配合经体前摆向身体侧后方，形成空中交换步的动作，幅度大且平稳，如图 3-24 所示。单足跳的腾空轨迹应尽量低而平，理想的起跳角度为 12°～ 15°。

完成交换步的起跳腿前摆蹬伸，迅速、有力地用全脚掌着地，两臂和摆动腿配合起跳腿动作向前摆动。落地点尽量接近身体重心的投影点，上体保持正直。

图 3-24　第一跳技术

3. 第二跳（跨步跳）技术

三级跳远的第二跳为跨步跳，如图 3-25 所示，它在三跳中难度最大、距离最短、身体重心的抛物线最低。起跳角度与单足跳几乎相同，一般为 12°～ 14°。

当单足跳落地时，起跳腿积极完成缓冲并快速、有力地蹬离地面，髋、膝、踝关节充分伸展。摆动腿迅速屈膝向前上方摆动，足尖上挑，大小腿呈 90° 角，膝部应摆至身体重心的上方。同时，上体保持正直或稍前倾，两臂呈弧形向侧后方摆动，完成跨步跳的腾空跨步动作，如图 3-25 所示。注意保持身体平衡，并达到必要的远度。

跨步跳结束时，髋部前移，摆动腿大腿下压，膝关节伸展，小腿顺势由前向后用全脚掌落地并积极"后扒"，两臂由后向前上方摆动，完成第二跳的落地动作。

图 3-25　第二跳技术

4. 第三跳（跳跃）技术

第三跳是以第二跳的摆动腿做起跳腿，起跳角度应稍大，一般为 18° ～ 20°。

起跳腿着地后应适度屈膝屈踝积极缓冲，上体保持正直，髋部上提，迅速、有力地蹬直离地。同时，摆动腿迅速屈膝向前上方高抬摆动，两臂则由体侧后方积极地向前上方摆动，保持腾空步动作，如图 3-26 所示。

图 3-26　第三跳技术

第三跳的空中和落地动作与跳远时一样，可以选择蹲踞式、挺身式或走步式。

3.3 📡 径赛

本节介绍短跑、中长跑、接力跑、跨栏跑项目的概况，详细阐述其技术要领。

3.3.1　跑

1. 短跑

短距离跑（简称短跑）包括 400 米及 400 米以下各种距离的赛跑和接力跑，是一种高速度的极限性运动项目。它能有效地提高大脑皮层的兴奋性、中枢神经的协调性和意志转换的灵活性，增强呼吸系统和循环系统

短跑

的功能，提升运动员的速度、力量、灵敏性和协调性。

跑是人类与生俱来的基本能力，几乎每个国家的文献中都有对跑这种比赛形式的描述。现代短跑起源于欧洲。

短跑技术经历了踏步式—迈步式—摆动式的演变。起跑技术也从古希腊的"站立式"起跑发展为"蹲踞式"起跑。

1896年的第1届奥运会，设有男子100米和400米比赛项目；1900年的第2届奥运会，增加了男子200米比赛项目；1928年的第9届奥运会，始设女子100米比赛项目；1948年的第14届奥运会，增设女子200米比赛项目；1964年的第18届奥运会，女子400米被列为比赛项目。

短跑全程是由起跑、起跑后的加速跑、途中跑和终点跑4个紧密相连的环节组成的。

（1）起跑环节

起跑包括起跑前的准备姿势和起动动作。在短跑比赛中，运动员通常采用蹲踞式起跑，并使用起跑器。

起跑器的安装方法有普通式、接近式和拉长式3种，如图3-27所示。前起跑器抵足板与地面的夹角约为45°，后起跑器抵足板与地面的夹角为60°～80°。安装起跑器的目的是使运动员在蹬地时能充分发挥腿部肌肉的最大力量，从而获得向前的最大初速度，起跑后身体能保持较大的前倾幅度。

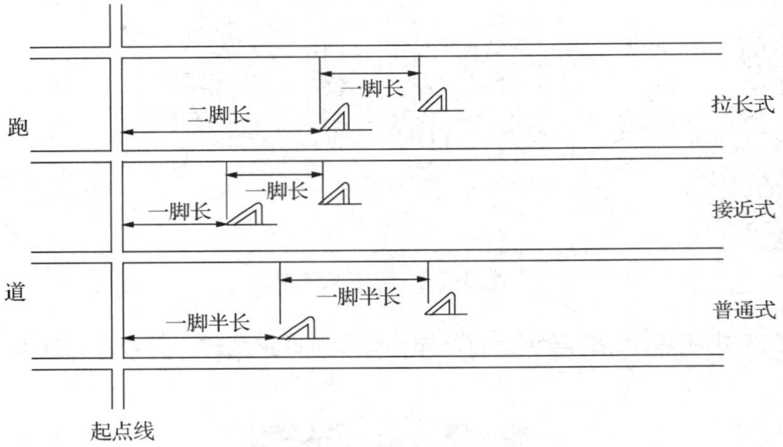

图3-27　起跑器的安装方法

起跑过程包括"各就位""预备""鸣枪"3个环节，如图3-28所示。

听到"各就位"口令后，运动员可稍做放松（如深呼吸），然后俯身，两手于起跑线后撑地，两脚依次踏在前、后起跑器抵足板上，脚尖触地；将有力的腿放在前面，后膝跪地；两臂伸直约与肩同宽，四指并拢或稍分开，与拇指呈"八"字形；身体重心稍前移，肩约与起跑线平行；背微弓，颈部自然放松，注意听"预备"口令。

听到"预备"口令后，运动员后膝离地，抬起臀部，使之稍高于肩；重心适当前移，体重主要落于两臂和前腿上；两小腿趋于平行，前腿膝角约为90°，后腿膝角约为120°；注意力高度集中，等候发令枪声。

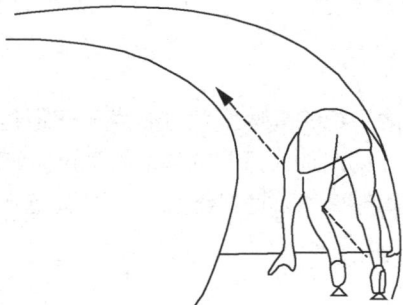

（a）各就位

（b）预备

（c）蹬地

（d）加速

图 3-28　起跑过程

听到枪声后，运动员两手迅速推离地面，屈肘做有力的前后摆臂，同时两脚用力蹬离起跑器，使身体以前倾姿势向前上方运动，躯干与地面呈 15°～20°角；后腿迅速屈膝向前上方摆出，但不宜过高；在后腿前摆并积极下压着地的同时，前腿快速蹬伸髋、膝、踝 3 个关节；躯干逐渐抬起，头部也随之上抬，视线逐渐向前移。

弯道起跑时，为了形成一段直线距离的加速跑，应将起跑器安装在跑道右侧、正对左侧弯道的切点方向。运动员左手撑于起跑线后 5～10 厘米处，身体正对弯道的切点，如图 3-29 所示。

运动员从直道进入弯道，身体应有意识地稍向圆心方向倾斜；后蹬时，右脚前脚掌内侧用力，左脚前脚掌外侧用力，如图 3-30 所示；摆动时，右腿膝关节稍向内，左腿膝关节稍向外；右臂的摆动幅度和力量略大于左臂；尽可能沿跑道内侧前进；最后几米应逐渐减小身体内倾的程度，惯性跑 2～3 步后转入正常途中跑。

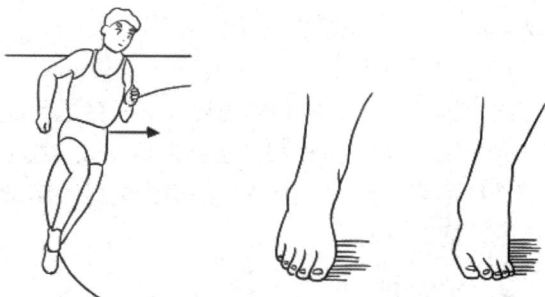

图 3-29　弯道起跑姿势

图 3-30　从直道进入弯道

（2）起跑后的加速跑环节

加速跑的任务是充分利用起跑的初速度，在较短距离内尽快获得最快速度。

运动员起跑后，第一步不宜过大，为 3.5 ～ 4 脚长，以后逐渐增大；上体随着步长和速度的增加而逐渐抬起，两脚的落点逐渐靠拢人体中线，形成一条直线（在起跑后 10 ～ 15 米处）；同时，两臂应积极摆动，上下肢协调配合。加速距离一般为 25 ～ 30 米。

（3）途中跑环节

一个跑的周期包括两个腾空时期和两个支撑时期（左支撑和右支撑）。

途中跑指从完成加速跑开始，到距终点 15 ～ 20 米的这段距离中运动员的跑动，其任务是继续发挥和保持最快速度。在百米跑中，途中跑的距离为 65 ～ 70 米。

摆臂动作：运动员途中跑时上体稍前倾，两眼平视，颈肩放松，手半握拳，两臂屈肘，以肩关节为轴，用力前后摆动。前摆时，肘稍向内，肘关节角度变小；后摆时，肘稍向外，肘关节角度变大。手和小臂不能摆过身体胸前的中线形成两臂的交叉摆动。正确的摆臂动作能够维持平衡、调节节奏，有利于加快步频和步幅。途中跑动作如图 3-31 所示。

图 3-31　途中跑动作

摆腿动作：①后蹬伸展阶段，支撑腿从伸展髋关节开始，依次蹬伸膝、踝关节，直到脚掌蹬离地面，速度在后蹬动作中极为重要；②折叠前摆阶段，后蹬结束后，摆动腿使大小腿尽力折叠，快速、积极地向前摆动，同侧髋部随之前移；③下压缓冲阶段，前摆至大腿高抬后，随即积极下压，前脚掌积极"扒地"。着地瞬间，小腿与地面接近垂直，迅速屈膝、屈踝缓冲，摆动腿随惯性快速向前摆动，与支撑腿靠拢，使身体重心迅速前移，膝、踝关节屈曲角度达到最大，转入后蹬待发状态。

支撑腿与摆动腿的蹬摆协调配合是途中跑技术的关键。一般情况下，摆动腿前摆速度快，步频也快；前摆幅度大，步幅也大。

（4）终点跑环节

终点跑包括终点冲刺和撞线，其任务是尽量保持途中跑的高速度跑过终点。在距离终点 15 ～ 20 米时，运动员应上体前倾，以增强后蹬力，同时加大摆臂的幅度和速度；在距离终点线最后一步时，上体达到最大前倾，用胸部或肩部撞线。通过终点后，要调整步频和步幅，逐渐减速。

2. 中长跑

中长跑是中距离跑和长距离跑的简称，全程为 800 ～ 10 000 米。它能有效地改善呼吸系统和心血管系统的功能，增强心肺功能（增强心肌、增厚心壁、增加心脏容积），提高运动员的速度和耐力。

中长跑作为一种竞赛项目起源于 18 世纪的英国。奥运会中跑比赛项目男、女均为 800 米和 1 500 米。男子项目于 1896 年（第 1 届奥运会）被列入；女子 800 米于 1928 年（第 9 届奥运会）被列入，1 500 米于 1972 年（第 20 届奥运会）被列入。奥运会长跑比赛项目男、女均为 5 000 米和 10 000 米，男子项目于 1912 年（第 5 届奥运会）被列入；女子 5 000 米于 1996 年（第 26 届奥运会）被列入，10 000 米于 1988 年（第 24 届奥运会）被列入。

现代中长跑各项目因距离不同，在动作的速度、幅度等细节方面存在区别，但整体动作结构基本相同，均要求保持较高的速度、积极有效的伸髋和快速有力的蹬摆。

（1）起跑环节

中长跑的起跑按"各就位""鸣枪"两个口令进行，起跑姿势有站立式和半蹲踞式两种。

① 各就位。听到"各就位"口令后，先做一两次深呼吸，采用站立式起跑时两脚前后开立，有力的腿在前，前脚脚尖紧靠起跑线后沿，全脚掌着地，后脚以前脚掌着地；两脚前后间距约一脚，左右间距约半脚；两膝弯曲，上体前倾（跑的距离越短，腿的弯曲度越大，上体前倾幅度也越大），颈部放松，两臂在体前自然下垂或一前一后，身体重心落于前脚，保持稳定姿势，如图 3-32 所示。

半蹲踞式起跑的动作与站立式起跑基本相同，但半蹲踞式起跑运作前倾的幅度更大、重心更低；两脚均用前脚掌支撑，前后相距约一小腿长，左右间隔约一脚宽，两膝的弯曲角略小，体重主要落在前腿和支撑臂上。

② 鸣枪。听到枪声后，后腿用力蹬地后积极前摆，前腿用力蹬伸；两臂配合腿部动作快而有力地前后摆动，身体向前冲出，如图 3-33 所示。

图 3-32 各就位时动作要领

图 3-33 鸣枪时动作要领

（2）起跑后的加速跑环节

起跑后，上体保持一定角度的前倾，两臂的摆动和腿脚的蹬摆都应迅速有力，逐渐加速；同时，上体随之抬起，跑向对自己有利的战术位置，然后转入途中跑。加速跑的距离和速度，应根据个人特点、战术要求和临场情况而定。

（3）途中跑环节

途中跑是中长跑中的主要环节，其任务是保持速度，节省体力，讲求节奏，并充分运用战术为获取优异成绩奠定良好的基础。

就途中跑的技术而言，中长跑与短跑实质相同，但由于距离和速度的不同，两者仍存在一定差异。图3-34所示为途中跑技术要领。

图3-34　途中跑技术要领

① 上体姿势。中长跑的途中跑时上体自然伸直或稍向前倾，中跑上体前倾约5°，长跑上体前倾1°～2°。上体前倾的角度小于短跑。

② 腿部动作。后蹬时，角度较短跑稍大，用力程度和蹬伸幅度较短跑稍小。前摆时，大腿上摆的高度较短跑低，大小腿的折叠程度较短跑小。

此外，中长跑的途中跑时，特别强调动作与呼吸的配合，其身体重心的上下波动、弯道跑时的摆臂幅度、跑的频率系数（腾空时间与支撑时间的比值）均小于短跑。

（4）终点跑环节

终点跑是临近终点前的一段距离的加速跑。其任务是以顽强的意志，调动全部力量，克服高度疲劳，加快摆臂速度，如大摆臂的幅度，提高步频，向终点冲刺。

终点冲刺的距离应根据个人的体力情况、战术要求和临场情况而定，一般中跑为200～400米，长跑在400米以上。应注意观察对手的情况，抢占有利位置，把握冲刺时机。速度占优势的运动员，宜紧跟且晚冲刺，一般在进入最后直道时开始冲刺；耐力占优势的运动员，宜早冲刺。

在中长跑途中，为了满足机体对氧气的需求，运动员宜采用口鼻同时进行呼吸的方法。呼吸的节奏应和跑的节奏相配合，并注意加大呼吸的深度（特别是呼气，只有充分地呼出二氧化碳，才能吸入更多的氧气）。一般两步一呼、两步一吸（也有一步一呼、一步一吸，三步一呼、三步一吸等）的方法。

"极点"是一种正常的生理现象，指中长跑途中，由于氧气的供应落后于机体活动的需要，代谢物质无法及时转移，运动员出现的胸部发闷、呼吸困难、动作无力等感觉。此时要以顽强的意志坚持跑下去，加强呼吸，适当调整步速。经过一段时间后，"极点"现象就会消失或减轻，身体的运动能力逐渐提高，出现"第二次呼吸"。

3.3.2 接力跑

接力跑是田径运动中唯一的集体项目，以队为单位，每队 4 人，每人跑相同距离。它能有效地提高运动员的速度和身体的灵敏度等，培养其团结协作的集体主义精神。

目前，奥运会接力跑比赛项目分男、女 4×100 米接力和 4×400 米接力。接力棒为光滑、彩色的空心圆管，由整段木料、金属或其他适宜的坚固材料制成，长度为 20～30 厘米，周长为 12～13 厘米，质量不低于 50 克。

传棒人必须持棒跑完各自规定的距离，接棒者可以在接力区前 10 米内起跑，两人必须在 20 米接棒区内完成传棒、接棒，如图 3-35 所示。

图 3-35　传棒、接棒位置

接力跑技术包括短跑技术和传棒、接棒技术，要求各队员在快速跑的同时，配合默契。接力跑的距离越短，传棒、接棒技术要求越高。下面以 4×100 米接力为例，讲解接力跑技术。

1. 起跑技术

（1）持棒起跑

第 1 棒运动员通常采用蹲踞式起跑，其技术和短跑弯道起跑基本相同。用右手的中指、无名指和小指握住棒的末端，拇指和食指分开撑地，如图 3-36 所示，接力棒不得触及起跑线和起跑线前的地面。

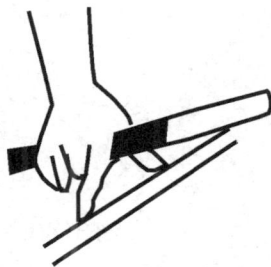

（2）接棒起跑

接棒人选择恰当的起跑姿势的依据：①是否有利于快速起跑和加速跑；②是否能清楚地看到传棒队员及设定的起跑标志线。

第 2 棒、第 3 棒、第 4 棒运动员可用站立式或一手撑地的半蹲踞式起跑姿势，如图 3-37 所示。第 2 棒、第 4 棒运动员应站在跑道外侧，左腿在前（也可右腿在前），右手撑地，身体重心稍向右偏，头转向左后方，目视传棒队员的跑进和自己的起跑标志线，如图 3-38 所示。第 3 棒

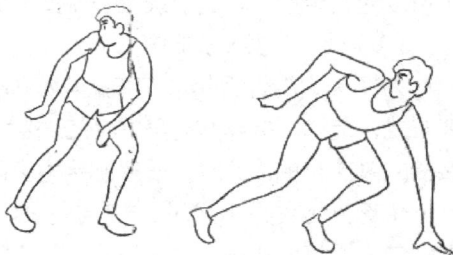

图 3-36　持棒起跑姿势

图 3-37　半蹲踞式起跑姿势

运动员应站在跑道内侧，右腿在前（也可左腿在前），左手撑地，身体重心稍向左偏，头转向右后方，目视传棒队员的跑进和自己的起跑标志线，如图 3-39 所示。

图 3-38　第 2 棒、第 4 棒运动员接棒动作　　　　图 3-39　第 3 棒运动员接棒动作

持棒运动员保持最快速度，接棒运动员根据持棒者的跑速有控制地进行加速，以便于顺利并快速地接棒。

2.传棒、接棒技术

（1）传棒、接棒的方法

① 上挑式。接棒运动员的手臂自然后伸，与躯干呈 40°～45°角，掌心向后，拇指与其他 4 指张开，虎口朝下，传棒运动员将棒由下向前上方"挑"送入接棒运动员手中，如图 3-40 所示。上挑式接棒动作自然，容易掌握，但第 2 棒接棒运动员手握棒的中段，第 3 棒、第 4 棒传接时由于棒的前端部分越来越少而易造成掉棒。

② 下压式。接棒运动员的手臂后伸，与躯干呈 50°～60°角，手腕内旋，掌心向上，虎口朝后，拇指向内，其余四指并拢向外，传棒运动员将棒的前端由上向前下方"压"入接棒运动员手中，如图 3-41 所示。下压式接棒，各棒次接棒运动员均能握于棒的一端，但接棒时手腕动作紧张，掌心向上易引起身体前倾而影响加速跑。

③ 混合式。混合式接棒综合了上挑式和下压式的优点。第 1 棒、第 3 棒运动员以右手持棒，沿弯道内侧跑进，用上挑式将棒传入第 2 棒、第 4 棒运动员左手中；第 2 棒运动员左手持棒，沿跑道外侧跑进，用下压式将棒传入第 3 棒运动员右手中。

图 3-40　上挑式　　　　　　　　　　图 3-41　下压式

4×400 米接力运动员多采用换手传接棒技术。接棒人用左手接棒后，立即换到右手；也可以用右手接棒，跑至最后一个直道时再换到左手传棒（第 4 棒可免）。

（2）传棒、接棒的时机

为了集中精神保持高速度，4×100 米接力运动员均采用听传棒人信号而不看棒的接棒方式。传棒、接棒运动员在 20 米接力区内，双方均达到相对稳定的高速时，便是传棒、接棒的最佳时机。此时，一般距接力区前端 3～5 米。

传棒人跑到标志线时，接棒人开始由预跑区内或接力区后端迅速起跑。传棒人跑至接力区内，距接棒人 1～1.5 米时，向其发出"嘿"或"接"等传棒、接棒信号，接棒人听到后迅速向后伸手接棒，如图 3-42 所示。

图 3-42 传棒、接棒的时机

（3）起跑标志线的确定

起跑标志线与起跑点的距离，是根据传棒、接棒队员的跑速和传、接棒技术的熟练程度及极佳传棒、接棒时机而定的，一般为 5 ～ 6 米。起跑标志线要在训练中多次实践反复调整才能确定。

（4）各棒队员的分配

接力跑要求各棒队员之间协调配合，并能够充分运用每个人的特长，保证在快速跑时精确、默契、迅速地完成传、接棒动作。一般而言，第 1 棒运动员应起跑好，并善于跑弯道；第 2 棒运动员应速度快，耐力好，善于传、接棒；第 3 棒运动员除应具备第 2 棒的长处外，还要善于跑弯道；第 4 棒运动员通常是 100 米成绩最好、冲刺能力最强的。

3.3.3 跨栏跑

跨栏跑是在规定距离中，跑并跨越一定数量、一定间距和一定高度栏架的径赛项目，也是田径运动中技术较复杂、节奏性较强、锻炼价值较高的项目之一。它能有效地提高中枢神经系统对运动肌群的调控和支配能力，改善呼吸系统和循环系统的机能，使各关节活动幅度增大，肌肉和韧带的伸展增强，骨骼增粗，使运动员速度、力量、耐力、弹跳力、柔韧性、灵敏性、协调性、准确性、节奏感等身体素质得到全面发展。

现代跨栏跑起源于英国，是由牧羊人跨越羊圈栅栏的游戏演变而来的。其技术经历了跳栏—跨栏—跑栏的演变过程。人们最初以埋在地下无法移动的木支架或栅栏为栏架，1900 年出现了可移动的倒"T"形栏架，1935 年"L"形栏架诞生并沿用至今。

奥运会比赛项目中设男子 110 米栏（1896 年列入，当时为 100 米栏，1900 年改为110 米栏）、400 米栏（1900 年列入）；女子 100 米栏（1932 年列入，当时为 80 米栏，1972 年改为 100 米栏）、400 米栏（1984 年列入），如表 3-1 所示。

表 3-1　奥运会跨栏跑比赛项目及要求

性别	项目	栏间距离（米）	起点到第一栏距离（米）	最后一栏到终点距离（米）	栏高（米）	栏数（个）
男	110 米栏	9.14	13.72	13.02	1.067	
	400 米栏	35	45	40	0.914	10
女					0.762	
	100 米栏	8.50	13	10.50	0.84	

男子 110 米栏的栏架较高，过栏和栏间跑的速度较快，技术难度较大。下面以此为例，讲解跨栏跑技术。

1. 起跑至第一栏的技术

起跑至第一栏的任务是在固定的距离内用固定的步数完成加速跑，为全程过栏奠定良好的速度和节奏。

其技术与短跑基本相同。起跑采用蹲踞式，一般跑 7 ~ 8 步，如果采用 7 步上栏，应将起跨腿置于后起跑器上；如果采用 8 步上栏，则应将起跨腿置于前起跑器上。

这一阶段，跨栏跑与短跑动作技术的差异主要表现如下：（1）预备时，臂部抬起相对较高；（2）起跑后，身体前倾角度较小，上体抬起较早，大约在第 6 步时基本达到短跑途中跑的姿势；（3）加速中，后蹬角度较大，步长增加较快。跨栏前倒数第二步达到最大步长，最后一步是短步（比前一步短 10 ~ 20 厘米），起跨腿以前脚掌迅速、准确地踏上起跨点。

2. 跨栏步技术

跨栏步指从起跨脚踏上起跨点到摆动腿过栏落地的过程，如图 3-43 所示，距离为 3.30 ~ 3.50 米。其技术分为起跨攻栏和腾空过栏两个动作环节。

起跨

过栏

落地

图 3-43　跨栏步技术

（1）起跨攻栏

起跨攻栏指从起跨脚踏上起跨点开始至后蹬结束时止的整个支撑时期。起跨的动作质量直接决定过栏速度、下栏时间和栏间跑进，是跨栏步技术的关键。

起跨点距栏架的距离一般为2.00～2.20米。后蹬要求迅猛有力，起跨腿髋、膝、踝关节充分伸展，并与躯干、头部基本呈一条直线，起跨角度（起跨离地时，身体重心与支撑点的连线同地面之间的夹角）约为70°。同时，摆动腿在体后屈膝折叠，脚跟靠近臀部，膝向下，并以髋为轴、膝领先，大腿带动小腿充分向前摆超过腰部高度。上体随之前倾，摆动腿异侧臂屈肘向前上方摆出，肘关节大致达到肩的高度，另一臂屈肘摆至体侧，整个身体集中向前用力，形成良好的"攻栏"姿势。

（2）腾空过栏

腾空过栏指从蹬离地面身体转入无支撑阶段起，到摆动腿过栏后落地时止的动作环节。

身体腾空后，摆动腿随惯性继续向前上方攻摆，膝关节高过栏架后，小腿向前伸展，脚尖勾起。其异侧臂前伸，与摆动腿基本平行，同侧臂屈肘后摆，上体达到最大前倾，角度为45°～55°。同时，起跨腿屈膝提拉，小腿收紧抬平，约与地面平行或略高，两腿在栏前形成一个120°以上夹角的大幅度劈叉动作。

摆动腿的脚掌移过栏架后，起跨腿屈膝外展，脚背屈并外翻，以膝领先，经身侧迅速向前上方提拉过栏。两腿在空中完成一个协调有力的以髋关节为轴的剪绞动作。同时，两臂配合积极摆动，起跨腿同侧臂由前伸位置向侧后方做较大幅度的划摆，另一侧臂屈肘前摆，以维持身体平衡，如图3-44所示。

图3-44 腾空过栏

在摆动腿膝关节过栏瞬间，大腿积极下压，膝、踝关节伸直，以脚前掌着地，身体重心处于较高位置。上体保持适当前倾，起跨腿加速向前提拉，至身体正前方，大腿高抬，转入栏间跑。下栏着地点距栏架约1.40米。

3. 栏间跑技术

栏间跑是从下栏着地点到下一栏起跨点之间的跑段。其任务是以正确的节奏，继续发挥和保持最快速度，为下一栏的顺利起跨创造有利条件。

栏间跑的技术同短跑的途中跑实质基本相同，但由于受栏间距离和跨栏步的限制，其节奏与短跑明显不同。栏间距离为 9.14 米，除去跨栏步，剩余 5.30 ～ 5.50 米，需跑 3 步。3 步步长各不相同，第一步最小为 1.50 ～ 1.60 米，第二步最大为 2.00 ～ 2.15 米，第三步中等为 1.85 ～ 1.95 米。

提高栏间跑的速度主要靠提高步频和调整跑的节奏，使 3 步步长比例合理，做到频率高、节奏稳、方向正、直线性强、身体重心稍高、起伏较小。

4．终点跑技术

终点跑技术类似于短跑的冲刺跑技术，撞线动作与短跑相同。

5．全程跑技术

在全程跑中，要合理地将跨栏步技术与栏间跑技术紧密地结合起来。起跑后，首先跨好第 1 栏并在第 2 栏、第 3 栏继续积极加速，充分发挥出最快速度。在第 4 栏至第 8 栏尽量保持速度，并注意控制动作的准确性。在第 9 栏、第 10 栏保持跑的节奏并准备冲刺。跨过第 10 个栏架后，把跨栏节奏调整为短跑节奏，加快步频，加大上体前倾，加强蹬地和摆臂力度，全力以赴冲向终点。

其他跨栏跑项目基本技术与 110 米栏相同，但上体前倾和手臂摆动较小，摆动腿抬起较低，起跨腿前伸幅度稍小，下栏着地点较近，整体动作更接近于短跑。

女子 100 米栏的起跨点距栏架 1.95 ～ 2.00 米，起跨角度为 62°～ 65°，下栏着地点距栏架 1.00 ～ 1.20 米，栏间跑 3 步步长为 1.60 ～ 1.65 米、1.95 ～ 1.80 ～ 1.85 米。

400 米栏的起跑点与第一栏的距离为 45 米，男子跑 21 ～ 23 步，女子跑 23 ～ 25 步。起跨点，男子为 2.10 ～ 2.15 米，女子为 1.9 ～ 2.0 米。栏间跑距离为 35 米，男子一般跑 15 ～ 17 步（部分优秀选手跑 13 步），女子一般跑 17 ～ 19 步（部分优秀选手跑 15 步）。弯道过栏时，以右腿起跨较为有利。起跨时，右脚前脚掌内侧蹬地，左腿向左前方攻摆，右臂内侧倾斜向左前上方摆出，上体前倾时略向左转，右肩高于左肩。下栏时，用左腿前脚掌外侧在靠近左侧分道线处着地，右腿提拉过栏时向左前方用力。

3.4 🏃 田径运动的竞赛规则

本节分别介绍田赛项目和径赛项目的竞赛规则。

3.4.1 田赛的竞赛规则

1．比赛方法

奥运会田赛项目的比赛通常先分两组进行及格赛，通过及格标准的直接进入决赛；如达到及格标准的运动员人数不足 12 人，不足的人数按及格赛的成绩递补。远度项目决赛前 3 轮比赛的顺序通过抽签决定。决赛前 3 轮比赛结束后，按成绩取前 8 名运动员进行最后 3 轮的比赛；第 4 轮、第 5 轮比赛的排序按前 3 轮成绩的倒序排列，第 6 轮比赛的排序则按前 5 轮成绩的倒序排列，成绩最好的在最后跳（掷）。

2. 有效成绩

除犯规外，在跳跃远度项目比赛中，运动员每次试跳的成绩均为有效成绩。除犯规外，在高度项目比赛中，运动员每次跳过的高度均为有效成绩。投掷项目比赛除犯规以外，当运动员投出的器械完全落在落地区内（不包括落地区的边线）才算有效，丈量成绩时从距离投掷区最近的落地点算起。其中，标枪必须是枪尖首先触地其成绩才算有效。

3. 录取名次

远度项目比赛结束以后，以运动员最好的一次试跳（掷）成绩（包括因第一名成绩相等而进行的决名次赛的成绩）作为最后的决定成绩判定名次，成绩好者列前。在远度项目比赛中，如果出现最好成绩相等的情况，则以第二好成绩来确定名次，依此类推，直到最后一个成绩。如果成绩还是相同，除了第一名，之后的名次可以并列；如果涉及第一名成绩相同的情况，必须让这些涉及第一名的运动员继续比赛，直到决出第一名为止。

在高度项目比赛中，如果出现最好成绩相等，则按以下规定解决。（1）在出现成绩相等的高度上，试跳次数较少者名次列前；（2）如果成绩仍然相等，则在包括最后跳过的高度在内的决赛等全部比赛中，试跳失败次数较少者名次列前；（3）如果成绩仍相等，当涉及第一名时，要进行决名次赛，直到分出名次为止；如果成绩不涉及第一名，名次并列。

4. 犯规

跳远、三级跳远有下列之一的情况即判犯规。（1）运动员以身体任何部位触及起跳线之前的地面。（2）运动员从起跳板两端之外起跳，无论是否超过起跳线的延长线。（3）运动员触及起跳线和落地区之间的地面。（4）运动员在落地过程中触及落地区以外的地面，而落地区外的触地点较落地区内的最近触地点更靠近起跳线。（5）离开落地区时，运动员在落地区外地面的第一触地点较落地区内最近触地点更靠近起跑线，或运动员和在落地区内因身体失去平衡而留下的任何痕迹更靠近起跳线。（6）运动员在助跑或跳跃中采用任何空翻姿势。（7）未通知运动员试跳时，运动员就进行试跳，不管是否成功，都应判该次试跳失败。（8）运动员无故错过该次试跳顺序。（9）运动员无故延误时限，即不准其参加该次试跳，以失败论处。如果在比赛中再次无故延误比赛时间，即取消该运动员的比赛资格，但在此之前的比赛成绩仍然有效。每次试跳的时限为1分钟，只有当一名运动员连续两次试跳时，其试跳时限为2分钟。在时限只剩最后15秒时，计时员举黄旗示意，当时限到时，落下黄旗，主裁判应判定运动员该次试跳失败。如在时限到的同时，运动员已开始试跳，应允许其进行该次试跳。当裁判员通知运动员试跳开始后，运动员才决定免跳，当时限已过时，应判为该次试跳失败。

跳高有下列之一的情况即判犯规：（1）运动员使用双脚起跳；（2）运动员的试跳动作致使横杆未能停留在横杆托上；（3）在越过横杆之前，运动员身体触及立柱前沿垂直面以外的地面或落地区，但如果裁判员认为运动员并没有受益，则不应判该次试跳失败；（4）运动员无故延误时限；（5）当裁判员通知运动员试跳开始后，运动员才决定免跳，当时限已过时，应判该次试跳失败；（6）试跳时，运动员有意用手或手指把即将从横杆托上掉下的横杆放回；（7）运动员无故错过该次试跳。

撑竿跳高有下列之一的情况即判犯规：（1）试跳后，运动员的试跳动作致使横杆未能停留在横杆托上；（2）在越过横杆之前，运动员的身体或所用撑竿的任何部位触及插斗前壁上沿垂直面以外的地面或落地区；（3）起跳离地后，运动员将原来握在下方的手移握至上方的手以上或原来握在上方的手向上移握；（4）试跳时，运动员用手稳定横杆或将横杆放回；（5）运动员无故延误时限；（6）当裁判员通知运动员试跳开始后，运动员才决定免跳，当时限已过时，应判该次试跳失败；（7）当裁判员根据运动员登记的架距调整好架距后，计时员已开始计时，运动员再提出调整架距，则再次调整架距的时间应计入运动员的试跳时间内，如因此而超出试跳时限，则应判定试跳失败；（8）运动员无故错过该次试跳顺序；（9）试跳中，当撑竿不是朝远离横杆或撑竿跳高架方向倾倒时，如有人接触撑竿，而有关裁判长认为，如果撑竿不被接触，将会碰落横杆，则应判此次试跳失败。

在投掷项目比赛过程中，运动员如果有下列违反规则的行为，则会被判犯规，成绩无效：（1）运动员超出时间限制；（2）运动员投掷铅球和标枪的技术不符合规则规定（规则要求铅球和标枪必须由单手从肩上掷出）；（3）在投掷过程中，运动员身体和器械的任何一部分触及投掷圈铁圈上沿或圈外的地面和标枪投掷弧、延长线及线以外地面的任何一部分，包括铅球抵趾板的上面，即为投掷失败；（4）器械落地之前，运动员离开投掷圈或助跑道；（5）比赛过程中，运动员在比赛场地使用摄像机、收音机、CD 机、报话机、手机、MP3 及类似的电子设备。

5．裁判员的旗示

在跳跃项目比赛中，通常有一名主裁判手中持红、白旗帜各一面，用来示意运动员的试跳是否成功：举红旗表示试跳失败，成绩无效；举白旗表示试跳成功，成绩有效。

在投掷项目比赛中，通常有两名主裁判手中持红、白旗帜各一面，用来示意运动员的试投是否成功：举红旗表示试投失败，成绩无效；举白旗表示试投成功，成绩有效。站在投掷区附近的主裁判称为内场主裁判，主要判定运动员在试投过程中是否犯规；在落地区内的主裁判称为外场主裁判，主要判定器械的落地点是否有效。

3.4.2 径赛的竞赛规则

1．短跑、中长跑的名次判定

在田径比赛中，所有赛跑项目参赛者的名次取决于其身体躯干（不包括头、颈、臂、腿、手或足）抵达终点线后沿垂直面为止时的顺序，以先到达者名次列前。在任一赛次中，按成绩录取进入下一赛次时如遇运动员成绩相等，则终点摄像主裁判应考虑有关运动员的 1/1 000 秒的实际成绩。如果成绩依然相等，则有关运动员均应进入下一赛次。如实

径赛的主要规则

际条件不允许，应抽签决定进入下一赛次的人选。在决赛中第一名成绩相同，裁判长有权决定是否重赛，若无条件重赛，则并列第一；至于其他名次成绩相同，按并列处理。

2．短跑及中长跑的起跑

在国际赛事中，所有 400 米或以下的径赛项目，必须采用蹲踞式起跑及起跑器。

发令员口令为"各就位""预备"，最后发令枪响。在"各就位"及"预备"口令之后，参赛者应立即完成有关动作，否则属起跑犯规。如果有运动员抢跑，发令员就会宣布起跑

犯规。对第一次起跑犯规的运动员应给予警告，除了全能项目之外，每项比赛只允许运动员一次起跑犯规而不被取消资格，再次起跑犯规将被取消该项目的比赛资格。

在全能比赛中，如果一名运动员两次起跑犯规，将被取消比赛资格。

除此以外，在"各就位"口令发出后，以声音或动作扰乱他人，也被判为起跑犯规。在枪声响起前有任何起跑动作，均属起跑犯规。如因仪器或其他原因而非运动员造成的起跑犯规，应向所有运动员出示绿牌。

400 米以上（不含 400 米）的径赛项目，均采取站立式起跑。发令员口令为"各就位"，当所有参赛者在起跑线后准备妥当静止后，便可鸣枪开始比赛。

3. 分道跑

在分道跑和部分分道跑的径赛项目中，运动员越出跑道，获得实际利益或冲撞、阻碍其他参赛者，会被取消资格。如果运动员被推或挤出指定的跑道，只要未获得实际利益也未影响他人，可不取消其参赛资格。同样，任何运动员在直道中越出其跑道或在弯道中越出其跑道的外侧，只要没有获得实际利益及阻碍他人，均不算犯规。

4. 赛次和分组

径赛一般分为第 1 轮、第 2 轮、半决赛和决赛 4 个赛次。而赛次的安排和分组，以及每一赛次的录取人数等将根据报名参加比赛的人数决定。预赛分组时要尽可能把成绩好的运动员平均分配到不同的小组中去。在其后的各轮比赛中，分组依据运动员在前一轮的比赛成绩。如果可能，相同国家或地区的运动员应分开。

5. 分道

运动员在所有短跑、跨栏和 4×100 米接力中自始至终都必须在自己的跑道里。800 米和 4×400 米接力，运动员在自己的跑道里起跑，当通过抢道标志线以后才能离开自己的跑道，切入里道。运动员的跑道由技术代表抽签确定。第 2 轮开始的各轮比赛，跑道的选择还需依据运动员在上一轮的比赛结果，如排名前 4 位的运动员抽签后分别占据第 3、第 4、第 5、第 6 跑道，后 4 名抽签排定第 1、第 2、第 7、第 8 跑道。

6. 接力赛

4×100 米接力是分道进行的，接棒者可以在接力区前 10 米内起跑。

在接力赛中，运动员必须在 20 米的接力区内完成交接棒。"接力区内"的判定是根据接力棒的位置，而不是根据参赛者的身体或四肢的位置。

在 4×400 米接力中，第 1 棒全程及第 2 棒的第一弯道是分道跑，第 2 棒运动员要跑至抢道线后方可自由抢道。第 1 棒的传接必须在参赛者指定的跑道内进行，其余各棒的传接，裁判员根据第 2 棒及第 3 棒运动员通过 200 米起点处的先后，按次序让其第 3 棒及第 4 棒的运动员在接力区内，由内至外排列等候接棒。所有接棒者均不可在接力区外起跑。

接力棒必须拿在手上，直到比赛结束为止。完成交接棒后，运动员应留在本队的跑道中以免因影响他人而被取消比赛资格。任何人掉了棒，必须由其本人拾回，而且要在不影响别人的情况下，方可越出自己的跑道拾回接力棒。

7. 跨栏

各参赛者必须在自己的跑道内完成比赛，当参赛者跨越栏架时，若其腿或足从低于栏架顶的水平线跨越，或跨越并非自己赛道上的栏架，或故意以手或足撞倒任何栏架，均取消其参赛资格。

8. 风速

在 100 米、200 米和 100 米栏、110 米栏比赛中，如果顺风超过 2 米 / 秒，运动员创造的成绩就不能成为新纪录。

9. 公路赛

奥运会公路赛包括男、女 20 千米竞走和男 50 千米竞走，以及男、女马拉松比赛。

（1）起跑

当发令员召集运动员到出发线以后，运动员按抽签排定的顺序排列。发令员枪响以后比赛开始，任何人两次抢跑都会被取消比赛资格。

（2）取胜

躯干第一个触到终点线的运动员为优胜者。

（3）饮料站

在比赛的起点和终点应提供水和其他饮料，在比赛路线上每隔 5 千米设置一个饮料站。每一个饮料站内分别设有组委会提供的饮料和运动员自己准备的饮料。在两个饮料站之间还要设置饮水用水站，运动员经过时可以取饮用水，还可以取浸了水的海绵为身体降温。除了已经设置的站点之外，运动员不能从比赛线路的其他地方获得饮料，否则将被取消比赛资格。

10. 竞走

竞走比赛有两个核心规则：首先，竞走运动员必须始终保持至少有一只脚与地面接触；其次，前腿从着地的一瞬间起直到垂直位置必须始终伸直，膝关节不能弯曲。

比赛中有 6～9 名专职的竞走裁判员监督运动员。按规则规定，他们不能借助任何设备帮助判断，只能依靠自己的眼睛来判断运动员是否犯规。当竞走裁判员看到竞走运动员的动作有违反竞走技术的迹象时，应予以黄牌警告，并在赛后报告给主裁判。当运动员的行进方式违反竞走技术的规定，表现出肉眼可见的腾空或膝关节弯曲时，竞走裁判员须将一张红卡送交竞走主裁判。当竞走主裁判收到针对同一名运动员的 3 张来自不同竞走裁判员的红卡时，该运动员即被取消比赛资格，并由主裁判或主裁判助理向其出示红牌通知。

3.5 跳远课教学设计

3.5.1 设计思路

1. 本次设计的目标

本次课的目标是在体育教学过程中，培养学生的爱国热情和爱国情怀；培养学生良好的组织纪律性和集体意识；增强学生的团队意识和自信心；培养学生遇到困难永不言弃，敢于克服困难的精神。

2. 教学设计内容

（1）课前

① 通过对国庆相关问题的提问，加强学生对国家重要节日的记忆，增强学生的爱国热情和爱国情怀。

② 队列队形练习，培养学生良好的组织纪律性和集体意识。

（2）课中

① 通过慢跑、徒手操的练习，加强对学生组织纪律性、合作意识和集体意识的培养。

② 通过游戏——翻山越岭的练习，培养学生遇到困难不服输的精神，让学生感受自己在团队中的重要作用，加强学生自信心和团队意识。

③ 在蹲踞式跳远学习过程中，讲述中国女排故事和精神，激发学生的学习热情，在练习中敢于克服困难，发扬团队精神。

（3）课后

鼓励和表扬在学习过程中表现优秀的学生，让学生在平时的学习生活中，更加相信自己，加强自律，学习女排精神，团结协作，不畏困难，勇于拼搏，在各方面取得更大的进步。

3.5.2　"蹲踞式跳远助跑起跳"案例描述

【课前导入】

用提问的方式让学生知道在国庆当天天安门广场要举行阅兵仪式。国庆阅兵仪仗方队要做到动作整齐划一，这需要有良好的组织纪律性和集体意识，还需要自身刻苦努力的训练。

【课中讲解】

1. 开始部分

（1）常规部分

① 体委集合整队并报告人数。队形：全班成四列横队（见图 3-45）。

② 师生问好。

③ 宣布本课内容。

④ 检查服装并安排见习生。

（2）队列练习

① 原地三面转法。

② 行进间齐步走与跑步。

图 3-45　队形

学生：集合整队，报告人数，向老师问好！教师：向学生问好，并向学生提问。

提问 1：同学们知道 2019 年 10 月 1 日是中华人民共和国成立多少周年吗？在国庆当天天安门广场要举行什么仪式？

提问 2：怎样才能把仪仗方队走齐？学生：认真思考，回答问题。

教师：鼓励、表扬回答问题的学生，引导学生进行队列练习。

在体育教学过程中，通过慢跑和徒手操的环节，强化学生的组织纪律性、合作意识和集体意识。通过翻山越岭游戏，让学生在活动中感受自己在团队中的重要性，遇到困难不退缩，敢于战胜困难，提高学生的自信心。在蹲踞式跳远的学习中，通过对女排故事和精神的讲述，培养学生团结协作、永不放弃的精神和敢于战胜困难的信心。

2. 准备部分

慢跑：400 米

队形：慢跑时全班成两路纵队。

组织：慢跑组织如图 3-46 所示。

要求：在游戏过程中，发扬团队精神、顽强的意志品质，为小组最后到达安全地带积极努力完成任务。在跳跃障碍物时，采用单腿起跳的方式完成跳跃。

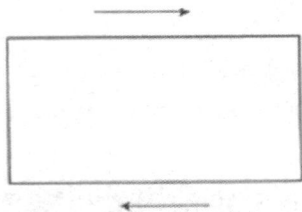

图 3-46　慢跑组织

3. 基本部分

学习蹲踞式跳远助跑起跳技术。

（1）学习内容

① 一步起跳单跳双落。

② 三步助跑起跳。

③ 五步助跑起跳。

教师

① 示范完整蹲踞式跳远动作。

② 教师讲解助跑起跳动作。

③ 讲解一步起跳单跳双落动作。

④ 讲解三步起跳动作。

⑤ 讲解五步助跑起跳动作。

学生

① 认真观看教师示范，听教师讲解助跑起跳动作。

② 跟随教师做一步起跳动作。

③ 跟随教师口令做三步起跳动作和五步起跳动作。

四五步助跑起跳落入沙坑。

教师：中国女排曾在世界级比赛中，取得过五连胜的骄人战绩。她们为什么能取得冠军呢？（女排精神：勇于拼搏、团结一心、敢打敢拼、……）希望同学们在下面的练习中，能够学习女排精神，敢于拼搏，相互配合，完成任务。

（2）方法：设置 3 个不同的起跳线，分别为 2 米、1.5 米、1 米，学生根据自己的情况，选择起跳线，采用反向丈量步点法将步点跑准，并能落入沙坑。

（3）组织：蹲踞式跳远助跑起跳练习如图 3-47 所示。

（4）要求

① 以小组为单位进行练习，每人能够准确踏板。

② 练习过程中，小组成员之间相互看步点，调整助跑距离。

教师

① 讲解反向丈量步点方法和练习方法。

② 将学生进行分组，指导学生练习。

③ 请学生讲解练习过程中出现的问题。

学生：分小组练习，采用反向丈量步点方法丈量，把步点量准。

4．结束部分

（1）集合整队。

（2）放松练习。

（3）小结本课。

教师：集合整队，小结本课。

学生：谈本节课的感受。

通过课上的练习，学生的收获是什么，自己在哪些方面还可以做得更好。

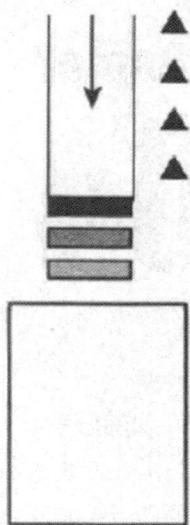

图 3-47 蹲踞式跳远助跑起跳练习

【课后总结反思】

鼓励和表扬在学习过程中表现优秀的学生，让学生们在平时的学习生活中，要相信自己，加强自律，不畏困难，勇于拼搏，团结协作，在各方面取得更大的进步。

Chapter 04

第 4 章

乒乓球

课前思考：

1. 乒乓球有哪些基础动作？
2. 乒乓球有哪些战术要领？
3. 乒乓球有哪些竞赛规则？

4.1 🏃 乒乓球运动介绍

本节介绍乒乓球运动的起源和发展。

4.1.1 乒乓球运动的起源

乒乓球（Table Tennis）起源于英国，由网球发展而来，欧洲人将其称为"桌上的网球"。19 世纪末，欧洲盛行网球运动，由于受到场地和天气的限制，英国大学生便把网球移到室内，以餐桌为球台、书为球网，用羊皮纸做成球拍，在餐桌上打来打去。球台的大小和球网的高度及记分方法均无统一规定，发球的方法也无严格限制。

约 1890 年，英格兰人詹姆斯·吉布从美国带回了一种空心玩具球，将其稍加改进。随后，乒乓球逐步在世界各地推广开来。

4.1.2 乒乓球运动的发展

1926 年 12 月，国际乒乓球联合会在英国伦敦成立，举行了第 1 届世界乒乓球锦标赛。世界乒乓球运动的发展主要经历了 5 个阶段：第一阶段是欧洲乒乓球运动的全盛期（1926—1951）；第二阶段是日本称雄世界乒坛时期（1952—1959）；第三阶段是中国乒乓球运动的崛起时期（1960—1969）；第四阶段是欧洲乒乓球运动的复兴和欧亚乒乓球运动的对抗时期（1970—1987）；第五阶段是奥运时代（1988 年至今）。

20 世纪 50 年代，我国在全国范围内开展了群众性的乒乓球运动，技术水平得以迅速提高。1959 年，我国优秀运动员容国团在第 25 届世界乒乓球锦标赛中获得我国第 1 个男子单打世界冠军，这标志着我国乒乓球运动在世界乒坛的崛起。自此，我国乒乓球技术水平进入了世界先进的行列，并长盛不衰。

4.2 乒乓球运动的基础动作

本节简要介绍站位、握拍、基本姿势、基本步法、发球、接发球、攻球、搓球、推挡等乒乓球运动的基础动作。

4.2.1 站位

乒乓球运动员的基本站位应根据不同类型的打法、个人技术特点和身体特点确定。基本站位的一般形式如下（以右手握拍为例）。

（1）左推右攻打法的运动员，其站位在近台偏左，距球台 30 ～ 40 厘米。

（2）两面攻打法的运动员，基本站位也在近台中间偏左，距球台 40 ～ 50 厘米。

（3）弧圈球打法的运动员，基本站位在中台偏左，距球台约 50 厘米。两面拉弧圈球的运动员，其站位在中间略偏左。

（4）横板攻削结合打法的运动员，基本站位在中台附近；削球打法的运动员，基本站位则在中远台附近。

4.2.2 握拍

当前世界上流行的握拍法有直拍握法和横拍握法两种。

1. 直拍握法

直拍握法正反手都用球拍的同一拍面击球，一般情况下不需要两面转换，出手较快；正手攻球快速有力，攻斜线球、直线球时拍形变化不大，对手不易判断，便于从速度、球路和力量上取得主动；手腕动作灵活，发球可做较多变化；但反手攻球时，因受身体阻碍较难掌握，不易起重板；攻削交替时手法变化大，容易影响击球速度和准确性；防守时照顾面积较小。

直拍握法如图 4-1 所示，用拇指和食指握住球拍拍柄与拍面的结合部位。拍柄右侧贴在食指的第三关节内侧。食指的第二关节压住球拍的右肩，其第一关节自然向内弯曲，拇指的第一关节压住球拍的左肩，其他三指自然弯曲斜形重叠，以中指第一关节贴于球拍的 1/3 上端。

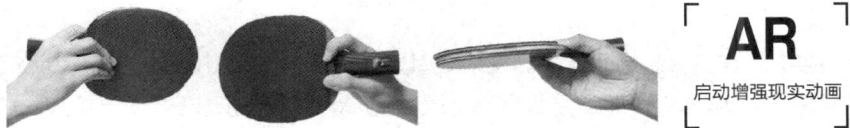

图 4-1　直拍握法

AR
启动增强现实动画

2. 横拍握法

横拍握法照顾面积比直拍大，攻球和削球时握拍的手法变化不大；反手攻球不受身体阻碍，便于发力；削球时用力方便，易于发挥手臂的力量和掌握旋转变化。但在还击左右两面来球时，需变换击球拍面；攻斜线、直线球时调节拍形的幅度大、动作明显，易被对方识破；台内正手攻球也较难掌握。

横拍握法如图 4-2 所示，以中指、无名指、小指自然地握住拍柄，拇指在球拍正面轻贴在中指旁边，食指自然伸直斜于球拍的背面，虎口轻微贴拍。

图 4-2　横拍握法

在准备击球或将球击出后，握拍都不宜过紧或过松。过紧会使手腕僵硬，影响球的飞行弧线；过松会因拍面不稳，影响发力和击球的准确性。

4.2.3　基本姿势

击球前身体的基本姿势如图 4-3 所示：（1）两脚平行站立，距离比肩略宽，保持身体平稳，重心置于两脚之间；（2）两脚稍微提踵，前脚掌内侧着地，两膝微屈内扣，上体含胸略前倾；（3）右手握拍于腹前，手臂自然弯曲，握拍手手腕放松，左手协调平衡；（4）下颌稍向下收，两眼注视来球。

图 4-3　基本姿势

关键是要做到重心低，起动快。两脚略比肩宽和屈膝内扣是为了保持身体重心的稳定性；脚掌内侧着地和稍微提踵是为了保证能快速起动。横握球拍时肘部向下，前臂自然平举即可，其余与直握拍相同。

4.2.4 基本步法

乒乓球运动常用的基本步法有单步、跨步、跳步、并步、交叉步等。

1. 单步

以一只脚为轴心，另一只脚向前或向后、左、右移动一步，身体重心随之落到移动脚上，挥拍击球。单步的特点是移动简单，范围小，身体重心平稳，适用于球离身体较近时的情况。

2. 跨步

以来球方向的异侧脚蹬地，同侧脚向来球方向跨出一大步，身体重心随即移到同侧脚，异侧脚迅速跟上。跨步的特点是移动范围比单步大，适用于球离身体较远时的情况；移动速度快，多用于借力回击。

3. 跳步

以来球方向的异侧脚蹬地为主，两只脚发力的同时离地，异侧脚先落地，另一只脚随即着地即挥拍击球。跳移过程中，身体重心起伏不宜过大，落地要稳。跳步的特点是移动范围比单步和跨步大，移动速度快，适用于来球离身体较远、较急时的情况。

4. 并步

来球方向的异侧脚向同侧脚并一步，然后同侧脚再向来球方向迈一步，挥拍击球。并步的特点是移动时脚步不腾空，身体重心平稳，移动范围不如跳步大。

5. 交叉步

来球方向的同侧脚发力，异侧脚迅速从体前做平行交叉横跨一大步，同侧脚迅速跟上落地还原，挥拍击球。交叉步的特点是移动范围比其他步法大，适用于来球距身体较远时主动发力进攻的情况。

4.2.5 发球

乒乓球比赛中的发球技术将直接影响到得分和失分，发球是力争主动、先发制人的第一个环节。现介绍几种常用的发球技术。

1. 平击发球

平击发球速度慢、力量轻，几乎不带旋转，易掌握，是初学者的入门技术，也是掌握其他发球技术的基础。它分为正手平击发球和反手平击发球两种。

正、反手平击发球时，站位近台，抛球的同时，向右（左）侧后方引拍。当球下降至稍高于网时，上臂带动前臂向前平行挥动，拍面稍前倾，或接近垂直，击球的中上部。击球后，手臂继续向左（右）前上方顺势挥动，并迅速还原。

2. 正手发转和不转的球

正手发转和不转的球是用相似的动作迷惑对方，发出旋转差异较大的球，往往能够取得主动。它是中国队 1959 年发明的一种发球技术。其准备姿势与正手平击发球相似。发转球时，拍面后仰，用球拍下半部靠左的一侧摩擦球的底部。发不转球时，拍面后仰角度小一些，用球拍上半部偏右的一侧碰击球的中下部。

3. 发短球

发短球指将球发至对方球台内距球网约40厘米范围内，且第二跳不出台，具有动作小、出手快、落点短的特点。正反手均可发短球。

在抛球时，向身体右后方引拍，手腕放松。当球从高点下降至稍高于网时，前臂向前下方稍用力，拍面后仰，击球瞬间主要以手腕发力为主，触球的中上部并向底部摩擦。

4. 正手发左侧上、下旋球

正手发左侧上、下旋球指用近似的发球方法发出两种旋转方向完全不同的球，这种发球方法极易迷惑对方，具有较大的威胁性，是极常用的发球技术。所发出的球均具有较强烈的左侧旋。

发球时，运动员右脚在后，抛球时，握拍手向右上方引拍，手腕略向外展，如图4-4所示。当球下落时，手臂迅速向左下方挥动，在球与网同高时触球，触球瞬间手腕快速向左上方挥动，使球拍从球的中部略偏下向左上方摩擦。发左侧下旋球时，手腕快速向左下方转动，使球拍从球的中下部向左下方摩擦。

图 4-4　正手发左侧上、下旋球

5. 侧身正、反手发高抛球

将球高抛至 2 ～ 3 米，下降的球会获得加速度，从而增加了球与拍的合力，增强了发球的旋转程度，如图4-5所示；而且高抛球下落时间长，改变了击球节奏，可影响对手的注意力和心理状态，从而增加了发球的威胁性。

图 4-5　侧身正、反手发高抛球

4.2.6　接发球

接发球的基本方法由点、拨、带、拉、攻、推、搓、削、摆短等技术组成。运用这些方法接发球时，存在着一般的规律，即用某单一接发球方法可以接稳对方某种性能的发球。下面介绍一般接发球的规律和最基本的接发球方法。

1. 接上旋球

一般采用推、拨、攻、拉等技术接上旋球。

2. 接下旋球

发过来的球速度较慢，触拍后向下反弹，用搓球接下旋球时，注意拍面后仰以增加向前上方的发力。用拉攻或弧圈球接下旋球时，一定要增加向上提拉的力量。

3. 接左侧上、下旋球

接左侧上旋球一般采用推、攻为宜。回接时，拍面角度要稍前倾，拍面向左偏斜以抵消来球的左侧旋，向前下方用力要相对加大，防止球触拍时向自己右上方反弹。接左侧下旋球一般采用搓、削为宜。回接时，拍面角度要稍后仰，拍面所朝方向向左偏斜以抵消来球的左侧旋，稍向上用力，防止球触拍时向自己左下方反弹。

4. 接旋转方向不明发球

当发球旋转方向判断不明时，站位应稍远，运用慢搓，在球下降中期时接，这样有利于增加判断时间，降低来球旋转强度和赢得接球的技术选择时间，如图 4-6 所示。

图 4-6　接旋转不明发球

5. 接近网短球

由于对方发来的球是台内近网短球，回接时要注意及时上前，以获得最适合的击球位置。同时要控制好身体的前冲力量。接发球后要迅速还原，准备下一拍来球。无论采用搓、削、挑、带哪一种方法回接短球，都应特别注意，来球是在台内，台面会影响引拍，因此要充分依靠前臂和手腕发力，同时要根据来球的旋转方向确定拍面角度、击球部位、击球时间和用力方向。

4.2.7　攻球

攻球可分为正手攻球和反手攻球两种。每种又可包括许多不同的攻球方法。下面主要介绍几种常用的攻球技术。

1. 正手快攻

正手快攻具有站位近、动作小、速度快、攻击性强的特点。左脚稍前，身体离球台 40 ～ 50 厘米，呈基本姿势站立。以前臂为主引拍至身体右侧方。球拍呈半横状。击球时，在上臂的带动下前臂和手腕由右侧下方向左前上方挥动，拇指压拍，食指放松，拍面稍前倾，在来球弹起上升期，击球的中上部。击球后，手臂随势向前挥摆，然后迅速还原成击球前的准备姿势。

2. 正手台内攻

正手台内攻具有站位近、动作小、速度快、突然性强等特点，站位近台，右方大角度来球时右脚上步，中间或偏左方向来球时左脚上步。上步同时上臂和肘部前移，前臂伸进台内迎球。当来球跳至高点期，下旋强时，拍面稍后仰，前臂和手腕向前上方发力，击球的中下部；下旋弱时，拍面接近垂直，前臂和手腕以向前发力为主击球的中部；击上旋球时，拍面稍前倾，前臂和手腕向前发力，击球的中上部。

3. 正手中远台攻

正手中远台攻具有站位远、动作大、力量大的特点。左脚稍前，身体离球台1米左右。握拍手手臂较大幅度向右后方引拍，拍面接近垂直。击球时，右脚蹬地、向左转体的同时，上臂带动前臂由右后方加速向左前上方发力挥动，手腕边挥边转使拍面逐渐前倾，在来球弹起至下降前期，击球的中部或中上部。

4. 正手扣杀

正手扣杀具有力量大、速度快、攻击性强的特点。前臂内旋使拍面稍前倾，随着身体向右转动，握拍手臂引拍于身体右后方。随着右脚蹬地，身体左转，握拍手上臂带动前臂加速向左前上方发力挥动，拍面稍前倾，在来球弹起至高点期，击球的中上部。一般击球点以胸前50厘米为宜。

5. 反手快攻

左脚在后，身体离球台40～50厘米。握拍手手臂自然弯曲并外旋使拍面前倾，上臂与肘关节自然靠近身体，引拍至腹前偏左的位置。击球时，在上臂带动下，前臂和手腕向右前上方挥动，同时配合外旋转腕动作，使拍面稍前倾，在来球弹起上升期，击球的中上部。

6. 反手中远台攻

右脚稍前，身体离球台0.7～1米。身体左转的同时，握拍手的上臂和肘关节靠近身体，前臂向左下方移动，引拍至身体左侧下方，拍面稍前倾。击球时，身体右转的同时，手臂由左后向前挥动，前臂在上臂的带动下，向前上方用力，并配合向外转腕，使拍面稍前倾，在来球弹起下降期，击球的中下部。

4.2.8 搓球

对初学者来说，首先学反手搓球，再学正手搓球。先练习慢搓，再练习快搓。在基本熟悉以上技术之后，再练习搓转与不转的球。

1. 慢搓

慢搓的动作幅度较大，回球速度较慢，靠主动发力回击，回球有一定旋转强度。

反手搓球时，向左上方引拍，前臂以肘关节为轴，快速向右前下方用力挥摆，伸手腕辅助用力，手指配合使拍面后仰，在球的下降前期切击球的中下部。

正手搓球时，手臂外旋使拍面后仰，前臂提起，向右上方引拍至右肩高度，如图 4-7 所示。当来球处于下降前期，手臂快速向左前下方挥摆，屈手腕辅助用力，切击球的中下部。

图 4-7　正手搓球

2. 快搓

快搓的动作幅度较小，回球速度较快，能借助来球的前进力回击。它是对付削球和搓球的一种方法。

右脚稍前，身体靠近球台。来球在身体左侧时，可运用反手搓球。击球时，上臂迅速前伸，前臂跟随向前，拍形稍后仰，利用上臂前送力量，在来球的上升期击球的中下部。来球在身体右侧时，可以运用正手搓球。搓球时，身体稍向右转，手臂向右前上方引拍，然后前臂和手腕向前下方用力，在来球的上升期击球的中下部。

3. 搓转球与不转球

用近似手法搓出转与不转两种性质不同的球，使对方难以判断，增加其回球难度或直接导致接球失误。图 4-8 所示为反手搓转球与不转球时击球位置的差异。

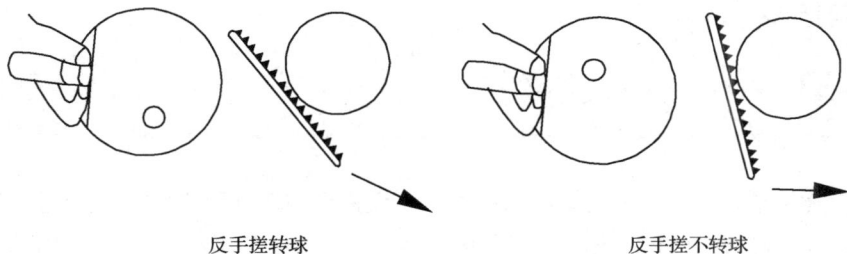

反手搓转球　　　　　反手搓不转球

图 4-8　搓转球与不转球

搓转球与不转球的动作方法与快搓技术的动作相同。球转与不转要看击球作用力是偏离球心还是通过球心。搓转球时，除击球速度、击球力量和拍面后仰角度要加大以外，还要在球拍切击球时切薄一些，使其作用力远离球心，形成下旋球。而搓不转球时，要减小拍面后仰角度，击球的中下部并向前上方推，使击球力量接近或通过球心，这样就形成相对的不转球。搓转球与不转球时，一定要在相似的动作上下功夫，如果搓不转球的动作意图很明显，则会弄巧成拙，送给对方进攻机会。

4.2.9 推挡

推挡，顾名思义，具有推和挡的两种功能："挡"着重防守，强调借力，如在接重板或速度较快的球时，多采用"挡"，其主要有平挡、减力挡、侧挡等技术；"推"力主进攻，强调主动加力，加快球速，主要技术有快推、加力推、推挤、下旋推挡等。这里着重介绍平挡、快推和加力推3种技术。

1. 平挡（挡球）

两脚平行站位，身体靠近球台。击球前，上臂贴近身体，前臂约与台面平行，球拍置于腹前，略高于台面呈半横状，拍面近乎垂直。击球时，调整好拍形，在来球上升前期触球中部或中上部，借来球的反弹力将球挡回。平挡具有速度慢、发力均匀柔和、力量小等特点。

2. 快推

近台中偏左站位，右脚稍前，上臂和肘关节靠近右侧身旁。拍面垂直，在来球弹起的前期或中期，拍面略前倾，上臂带动前臂向前方或前上方加速推出，击球中上部。

3. 加力推

加力推动作较大，回球力量大，球速快，主要用于对付反手位速度较慢、反弹偏高的球。当来球处于上升后期或高点期，拍面前倾，上臂带动前臂，前臂带动手腕向前或前下方加速发力推出，击球中上部。加力推时，可以配合髋、腰共同发力。

4.3 🏃 乒乓球运动的战术要领

本节介绍乒乓球的基本战术：对攻战术、搓攻战术、推攻战术、削攻战术、发球抢攻战术、接发球战术等。

4.3.1 对攻战术

对攻战术是进攻型选手经常采用的战术。运用正手攻球、反手攻球、反手推挡等技术，攻击对方。常用的方法：（1）压反手，伺机正手侧身攻；（2）调右压左，转攻两角或追身；（3）连压中路，突变攻两角。

4.3.2 搓攻战术

搓攻战术主要运用"转、低、快、变"的搓球控制对方，以寻找战机，然后采用低突、快点或快拉等技术展开攻势并进入连续攻；在搓球中遇到机会球时进行扣杀，常常带有突然性，往往可以直接得分。搓攻战术是乒乓球各种打法都不可缺少的辅助战术。常用的方法：（1）正、反手搓球结合正手快拉、快点、突击或扣杀；（2）正、反手搓球结合反手快拉、快点、突击或扣杀。

4.3.3　推攻战术

推攻战术主要运用正手攻球和反手推挡的速度和力量，并结合落点变化和节奏变化压制和调动对方，以争取主动或得分。推攻战术是用左推右攻打法对付攻击型打法的主要战术，具有反手推挡能力的两面攻的运动员和攻削结合的运动员也时常使用它。常用的方法：（1）左推右攻；（2）推挡侧身攻；（3）推挡、侧身攻后，扑正手；（4）左推结合反手攻；（5）左推、反手攻后，侧身攻；（6）左推、反手攻、侧身攻后，扑正手。

4.3.4　削攻战术

削攻战术是利用削球的旋转、节奏、落点变化控制对方的攻势，并为进攻创造机会，达到反击对方目的的一种战术。削攻战术是对付进攻型、弧圈型打法的重要战术，常用的方法：（1）削转与不转球，伺机反攻；（2）削长、短球反攻；（3）削逼两角，伺机反攻；（4）逢直变斜，逢斜变直，伺机反攻。

4.3.5　发球抢攻战术

发球抢攻战术是乒乓球所有打法特别是进攻型打法的主要战术和得分手段。发球抢攻战术以发球的旋转、速度、落点灵活变化为主要技术特征，常用的有以下几种。
（1）发下旋转与不转球抢攻。
（2）发正、反手奔球抢攻。
（3）发正、反手侧上、下旋球抢攻。
发球抢攻要注意：（1）发球要有线路和落点变化，以便使对方在前、后、左、右走动中接发球；（2）发球后要有抢攻准备，以不失抢攻的机会；（3）自己发什么球，对方可能以什么技术回击，这些要在发球前做到心中有数。这样，才能较好地做好抢攻的准备。

发球抢攻战术

4.3.6　接发球战术

接发球战术是发球抢攻战术的直接对立面。接发球战术一方面要抑制、扰乱或破坏对方的发球抢攻的战术，降低发球抢攻质量，形成相持状态；另一方面要在被动中寻求主动，通过过渡性接发球技术力争在第 4 板抢先上手，转入对己方有利的战局，同时抓住机会采用接发球抢攻直接得分或设法取得明显的战术优势。接发球战术是各类型打法的选手都必须掌握的战术，主要有主动法、稳健法和相持法。

4.4 🏃 乒乓球运动的竞赛规则

本节阐述乒乓球运动比赛的主要规则。

4.4.1 竞赛方法

在已经举办的各届奥运会乒乓球比赛中，竞赛方法虽不完全相同，但主要是采用分组预选和单淘汰加附加赛或排名淘汰赛加附加赛的方式。

4.4.2 次序和方位

（1）在获得2分后，接发球方变为发球方，以此类推，直至双方比分为10平（或采用轮换发球法时），发球和接发球次序不变，但每人只轮发1分球，直到该局比赛结束。

（2）在双打中，每次换发球时，前面的接发球员应成为发球员，前面的发球员的同伴应成为接发球员。

（3）在一局比赛中首先发球的一方，在该场比赛的下一局中应首先接发球，在双打比赛的决胜局中，当一方先得5分后，接发球一方必须交换接发球次序。

（4）一局中，在某一方位比赛的一方，在该场比赛的下一局应换到另一方位。在决胜局中，一方先得5分时，双方应交换方位。

4.4.3 发球与击球

（1）发球开始时，将球自然地置于非握拍手的手掌上，手掌张开，保持静止。

（2）发球时，发球员须用手将球几乎垂直地向上抛起，不得使球旋转，并使球在离开非握拍手的手掌之后上升不少于16厘米，球下降到被击出前不能碰到任何物体。

乒乓球运动
的竞赛规则

（3）当球从最高点下降时，发球员方可击球，使球首先触及本方台区，然后越过或绕过球网装置触及接发球员的台区。双打中，球应先后触及发球员和接发球员的右半区。

（4）从发球开始，到球被击出，球要始终在台面以上和发球员的端线以外，而且不能被发球员或其双打同伴的身体或衣服的任何部分挡住。

（5）在运动员发球时，球与球拍接触的一瞬间，球与网柱连线形成的虚拟三角形之内和一定高度的上方不能有任何遮挡物，并且其中一名裁判员要能看清运动员的击球点。

（6）对方发球或还击后，本方运动员必须击球，使球直接越过或绕过球网装置，或触及球网装置后，再触及对方台区。

4.4.4　得分与失分

在一局比赛中，先得 11 分的一方为胜方；10 平后，先多得 2 分的一方为胜方。一场单打或双打（男、女双打和混合双打）比赛的淘汰赛采用七局四胜制，团体赛中的一场单打或双打采用五局三胜制。

（1）未能合法发球。
（2）未能合法还击。
（3）击球后，该球没有触及对方台区而越过对方端线。
（4）阻挡。
（5）连击。
（6）用不符合规则条款的拍面击球。
（7）运动员或运动员穿戴的任何物件使球台移动。
（8）运动员或运动员穿戴的任何物件触及球网装置。
（9）不握拍手触及比赛台面。
（10）双打运动员击球次序错误。

4.4.5　间歇

（1）在局与局之间，有不超过 1 分钟的休息。
（2）在一场比赛中，双方各有一次不超过 1 分钟的暂停。
（3）每局比赛中，每得 6 分球后，或决胜局交换方位时，运动员有短暂的时间擦汗。

Chapter 05

第 5 章

羽毛球

课前思考：

1. 羽毛球有哪些基础动作？
2. 羽毛球中的单打、双打的战术要领分别是什么？
3. 羽毛球有哪些竞赛规则？

5.1 ⊛ 羽毛球运动介绍

本节介绍羽毛球运动的起源和发展。

5.1.1 羽毛球运动的起源

一般认为现代羽毛球运动源于英国。相传，1873 年在英国的伯明顿镇由鲍费特公爵举办的一次社交聚会上，有位退役军官向大家介绍了一种隔网来回打毽球的游戏。这种游戏趣味横生、引人入胜，此后，这项游戏活动便不胫而走，并逐步发展成为当今人们所熟悉和喜爱的羽毛球运动。伯明顿庄园的英文名称 Badminton 也成了羽毛球的英文名称。

5.1.2 羽毛球运动的发展

1934 年，国际羽毛球联合会成立，通过了第一部国际公认的羽毛球比赛规则。

1988 年，在汉城第 24 届奥运会上，羽毛球运动被国际奥委会列为表演项目。1989 年 5 月，在印度尼西亚雅加达举办了首届苏迪曼杯羽毛球大赛。1992 年，在巴塞罗那第 25 届奥运会上，羽毛球被正式列为比赛项目，设男、女单打和男、女双打 4 个项目。1996 年，亚特兰大第 26 届奥运会又增设了男女混合双打。从此，羽毛球运动进入了新的发展阶段。

5.2 🏃 羽毛球运动的基础动作

本节介绍握拍、基本步法、发球、接发球、后场击球、前场击球、中场击球等羽毛球运动的基础动作。

5.2.1 握拍

羽毛球的握拍一般分为正手握拍法和反手握拍法。以下均以右手握拍为例进行讲解。

1. 正手握拍法

右手虎口对准拍柄窄面内侧斜棱，小指、无名指、中指自然并拢，食指和中指稍分开，拇指的内侧和食指贴在拍柄的两个宽面上将球拍柄握住，如图 5-1 所示。握拍时掌心不要贴紧拍柄，要使掌心与拍柄之间有一定的空隙。

2. 反手握拍法

在正手握拍的基础上，将拇指伸直，用其第一指节内侧顶贴在拍柄内侧的宽面上，食指收回，与拇指同（或略）高，用拇指和食指将球拍稍向外转，中指、无名指、小指紧握拍柄，拍柄端靠近小指根部，如图 5-2 所示。握拍时手掌心与拍柄之间要留有空隙，以便能充分利用手腕力量和拇指的内侧压力击球。

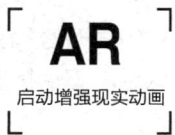

AR
启动增强现实动画

AR
启动增强现实动画

图 5-1　正手握拍　　　　　图 5-2　反手握拍

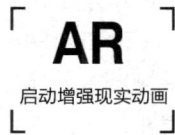

5.2.2 基本步法

羽毛球的步法一般分为起动、移动、到位配合击球和回位 4 个环节。根据场上移动的方向和场区的位置，可以将羽毛球的步法分为上网步法、后退步法和两侧移动步法。

1. 上网步法

从中心位置移动到网前击球的步法，称为上网步法。上网步法可根据个人的习惯采用交叉步、并步、垫步或蹬跨步。不论正手还是反手，根据来球远近，上网步法可采用三步、两步或一步上网击球。

（1）右边上网步法

可采用两步或三步交叉步加蹬跨步移动的方法，如图5-3所示；也可采用垫一步再跨一大步移动的方法上网。

（2）左边上网步法

左边上网步法与右边上网步法相同，只是移动上网是朝左边网前，如两步跨步上网，如图5-4所示。

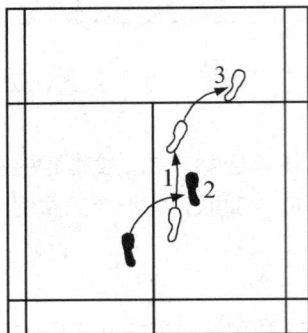

图5-3　右边上网步法　　　　　　　　图5-4　左边上网步法

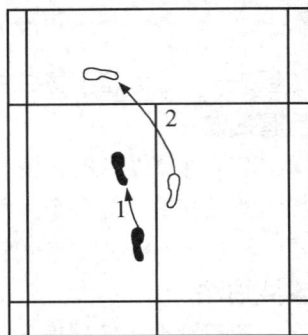

2. 后退步法

从中心移动到后场各个击球点的位置上击球的步法，称为后退步法。

（1）正手击球后退步法

正手击球后退步法分为侧身并步后退和交叉步后退两种，如图5-5所示。主要动作方法：在对方击球的刹那根据来球，迅速调整重心至右脚。接着右脚蹬地快速向右后撤一小步，上体右转侧身对网，以交叉步或并步移动到接近击球点的位置。在移动的同时必须完成举拍准备动作，最后一步用右脚（或双脚）蹬地起跳并在空中转体，击球后左脚后撤落地缓冲，右脚前跨以利于迅速回动。

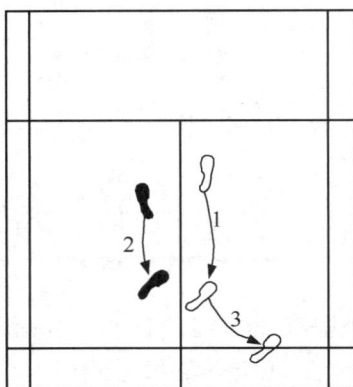

（a）侧身并步后退　　　　　　　　（b）交叉步后退

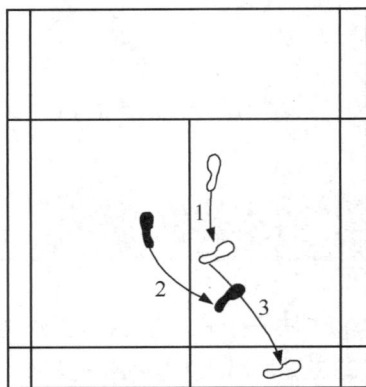

图5-5　正手击球后退步法

（2）反手击球后退步法

反手击球后退步法如图5-6所示，调整重心后，右脚后撤一步，接着上体左转，左脚随即向左后退一步，右脚再跨出一步，背对网，做底线反手击球。反手击球后退步法应根据来球距离的远近调整步法。如距离来球较近，可采用两步后退步法：上体向左后转，左脚同时后撤一步，右脚再向左后跨一步，做底线反手击球。如距离来球较远，则采用三步或五步后退步法：右脚先垫一步，而后左脚向后方跨一步，再按右、左、右向后退。但无论是几步，反手击球后退步法的最后一步都应右脚在后，重心在右脚上。

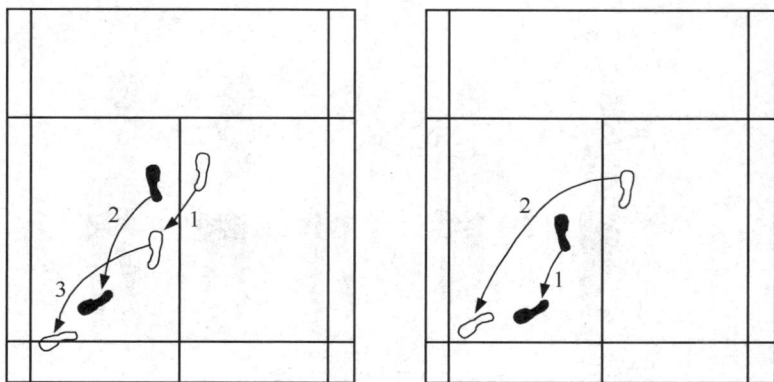

（a）三步后退　　　　　　　　（b）两步后退

图 5-6　反手击球后退步法

3. 两侧移动步法

两侧移动步法多用于接对方的杀球和击来的半场低平球。其站位和准备姿势与上网步法基本相同。

（1）向右侧移动步法

两脚左右开立，脚跟稍提起，根据来球，调整重心，上体稍倒向左侧，左脚掌内侧用力起蹬，右脚同时向右侧转跨大步。如距离来球较远，左脚向右垫一小步再起蹬，右脚同时向右侧转跨大步。

（2）向左侧移动步法

根据来球，调整重心，上体稍倒向右侧，右脚掌内侧用力起蹬，左脚同时向左侧转跨大步。如距离来球较远，左脚先向左侧移半步，上体向左转的同时右脚向左前方交叉跨大步。

5.2.3　发球

羽毛球运动的发球技术，按其动作分为正手发球和反手发球两种。按球在空中飞行的弧线可分为网前球、平快球、平高球和高远球 4 种，如图 5-7 所示。

1. 正手发高远球

高远球指把球发得又高又远，使球飞行到对方底线上空时几乎垂直下落。

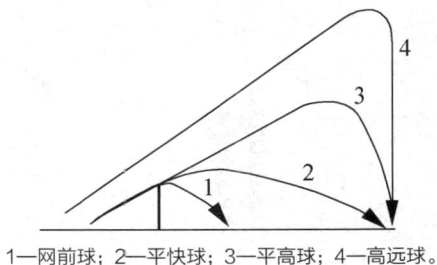

1—网前球；2—平快球；3—平高球；4—高远球。

图 5-7　发球技术

发球时，重心由后脚前移至前脚，带动转腰，同时右手持拍沿着从下而上的弧线自然地沿着身体向前上方挥摆，如图5-8所示。球拍触球前的刹那，前臂带动手腕向前上方闪动发力，手紧握拍柄，利用手腕、手指的爆发力及拍面的前半部击球。击球瞬间，拍面正对出球方向，击球点在发球员的右前下方。出球飞行弧度与地面仰角一般大于45°。

发球

图 5-8　正手发高远球

2. 正手发网前球

正手发网前球是把球发至对方发球区内前发球线附近。球的飞行速度较慢，飞行弧度较低，球"贴网"而过。它是双打比赛中常用的发球方法，在单打比赛中，用于对付接网前球能力较差的对手；有时也可以作为过渡性的发球或发球抢攻的手段。在发球时，挥拍幅度较小，击球瞬间无须紧握拍柄，而是利用手腕和手指的力量从右向左横切推送，将球轻轻发出，如图5-9所示，球贴网而过。

图 5-9　正手发网前球

3．正手发平快球

正手发平快球又称"发平球"，是把球发得又平又快，使球快速落在对方场内端线附近。平快球突袭性强，往往能使对手措手不及而造成被动或失误。准备姿势同发高远球的准备姿势，站位稍靠后些。发球时击球瞬间紧握拍柄，利用前臂带动手腕、手指，快速向前击球，球的飞行路线与地面形成的仰角小于 30°。

4．反手发网前球

准备击球时手腕内屈，击球瞬间利用前臂带动手腕、手指向前横切推送，将球击出，如图 5-10 所示。发球时，挥拍较慢，力量较轻，球的落点近网，球"贴"网而过后即往下坠落在对方发球区内前发球线附近。

图 5-10　反手发网前球

5.2.4　接发球

单打站位一般是在离发球线 1.5 米处，站在右发球区靠近中线的位置，在左发球区则站在中间的位置。双打发球多以发网前球为主，所以双打的接发球站位要在靠近前发球线的地方。

接发球

1．接平高 / 高远球

接平高 / 高远球时可以用平高球、吊球或扣杀球进行回击，如图 5-11 所示。一般来说，接高远球是一次进攻的机会，回击得好就能掌握主动权。因此，初学羽毛球者必须努力提高后场进攻的能力。

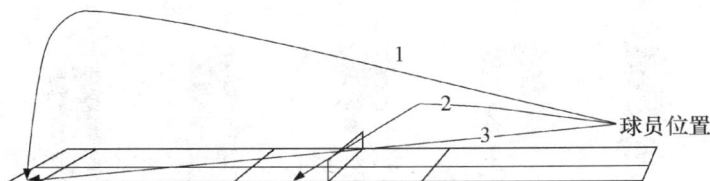

1—平高球；2—吊球；3—扣杀球。

图 5-11　接平高 / 高远球

2．接网前球

接网前球时可以用平高球、高远球、放网前球、平球进行回击，如图 5-12 所示。如果对方发球的质量不高，或球在网顶较高处过网，则可采用扑球进攻。若对方企图发球抢攻，而自己防守能力较差，则以放网前球为宜，球的落点要远离对方站位，控制住球，不让对方进攻。

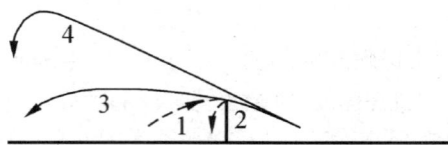

1—发网前球；2—放网前球；3—平球；4—平高 / 高远球。

图 5-12　接网前球

5.2.5　后场击球

后场击球主要由高远球、平高球、扣杀球和吊球等几项技术及相应的后退步法组成。其特点是击球点高、力量大、速度快、威力大。

1．高远球

高远球飞行弧线高、速度慢，主要是迫使对方离开中心位置去击球；或当自己位置错乱时，击这种球来争取回位时间，所以比赛中在被动情况下常采用这种球进行过渡。

（1）正手击高远球

用后退步法迅速向来球方向移动，调整好身体的位置，使球恰好在右肩稍前方上空。当球落到一定的高度时，右肘上抬，手臂后倒引拍，以肩为轴做回环动作，同时身体左转，前臂充分向后下方摆动并外旋，手腕充分伸展，如图 5-13 所示。击球时，前臂迅速内旋，带动手腕加速向前方挥动，屈指发力，将球击出。

后场高空击球技术

图 5-13　正手击高远球

（2）反手击高远球

准备击球前，右脚在前（先不着地，在击球动作完成的瞬间着地），身体背向球网，握拍臂向上抬举，身体稍向左转，含胸收腹，左腿微屈，同时手臂回环内旋引拍，握拍手尽量放松，手腕稍向外展，如图5-14所示。当球下落至右肩前上方一定高度时，手臂迅速外旋带动手腕加速，由左下方经胸前向右前上方挥动。击球时手腕由伸展至屈收，快速屈指发力，用反拍面将球击出。

AR
启动增强现实动画

图5-14 反手击高远球

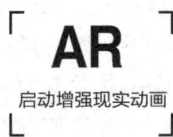

2. 平高球

击平高球与击高远球一样，也可分为正手、头顶和反手3种击球技术，是一种进攻性的击球技术。其技术动作与击高远球基本相同，所不同的是引拍、击球动作较高远球小而快，击球的瞬间运用前臂内旋带动手腕，向前快速发力击球。

3. 扣杀球

扣杀球根据动作结构可分为重杀、点杀、劈杀；根据击球点与身体的相对位置可分为正手扣杀球、头顶扣杀球和反手扣杀球3种。而正手扣杀球是各种扣杀球的基础，初学者必须首先掌握好这一扣杀技术。

正手扣杀球如图5-15所示，准备姿势、击球动作与正手击高远球大致相同，不同的是在击球瞬间需用全力，充分利用右腿的蹬力、腰腹力、手臂腕力及重心的转移，快速将球向前下方击出。在球拍触球时拍面前倾向前下方用力，手握紧球拍，击球点在右肩稍前上方。

图5-15 正手扣杀球

4. 吊球

吊球技术根据球的飞行弧线和击球动作的不同可分为劈吊、轻吊和拦截吊。其准备姿势与击高远球相似，只是击球时用力不同。击球瞬间前臂突然减速，快速闪动手腕击球托的偏右侧（头顶吊球及反手吊球时击球托的偏左侧）。打对角吊球时，当对方来球较高时，手腕向下切削的角度要大些，力量稍大些；当对方来球较平时，手腕向前推的动作要大些，向下切削的力量要小些。吊直线球时，拍面正对前方，向前下方压。

无论劈吊还是轻吊，都要注意手腕灵活闪动，即注意爆发力的运用，同时还要注意掌握好击球点和控制好击球力量，将球吊准。吊球和假动作配合运用具有一定的威力，拦截对方击来的半场球或弧线较低的平高球能出其不意地达到进攻的效果。

5.2.6 前场击球

前场击球包括网前的放、搓、推、勾、扑、挑球等，因球的飞行距离较短、落地快，常使对手措手不及而直接得分。即使不能直接得分，也能迫使对方被动回球，创造下一拍的机会。现介绍几种常用的前场击球技术。

1. 放网前球

（1）正手放网前球

准确判断来球路线和落点，跨步上网，最后一步右脚在前左脚在后呈弓步，上体前倾，重心在右脚，侧身对网，如图5-16所示。右手正手握拍向前下方伸臂，前臂外旋展腕，左臂自然后伸，起平衡作用，拍面几乎朝上迎击来球。击球瞬间，手腕稍内屈轻轻闪动，食指和拇指控制拍面角度和用力大小，球拍向前上方轻轻一托，把球轻击送过球网。

前场上网击球技术

图5-16　正手放网前球

（2）反手放网前球

快速向左前方上网，右脚前跨呈弓步，侧背对网，上体前倾，重心在右脚。右手反手握拍向前下方伸臂，前臂内旋展腕，左臂自然后伸，起平衡作用，拍面几乎朝上迎击来球。击球瞬间，伸腕轻闪动，食指和拇指控制拍面角度和用力大小，球拍向前上方轻轻一托，把球轻击送过球网。

2. 搓球

网前搓球是羽毛球技术中动作较细腻的一种，是网前技术中的高难度击球动作。

（1）正手搓球

用正手上网步法迅速向来球方向移动，当右脚向前跨出时，握拍手向来球方向伸出，争取高击球点。非握拍手于身后拉举与握拍手对称，以保持身体的平衡。正手搓球有两种击球方式：一种是手腕动作由展腕至收腕发力，由右向左以斜拍面切击球托的右后侧部位，此时球呈下旋状态翻滚过网；另一种是手腕动作由收腕至展腕发力，由左向右以斜拍面切击球托的左后侧部位，球呈上旋状态翻滚过网。

（2）反手搓球

用反手上网步法迅速向来球方向移动，其余动作与正手搓球相同，如图 5-17 所示。反手搓球有两种击球方式：一种是手腕动作由展腕至收腕发力，由左向右切击球托的左后侧部位；另一种是手腕动作由收腕至展腕发力，由右向左切击球托的右后侧部位。

图 5-17　反手搓球

3. 扑球

扑球是在对方回球刚越过网顶上空时，运用跨步或蹬跳步迅速上前，利用前臂、手腕和手指的力量，快速地由高向下将球击回对方场区的击球方法。

（1）正手扑球

对方来球在网顶上方时，快速跨步上网，身体向右前倾，手臂充分伸展，同时迅速变换握拍手法，使拍面与球网平行正对来球，如图 5-18 所示。击球时，主要利用中指、无名指、小指突然紧握拍柄和手腕闪动，将球向前下方击出。击球后，随前动作甚微，右脚落地制动。

图 5-18　正手扑球

（2）反手扑球

反手握拍于身体左前方，当身体向左前方跃起时，握拍手前臂前伸上举，手腕外展，拍面正对来球。击球时，手臂伸直，手腕由外展到内收闪动，握紧拍柄，拇指顶压，加速挥拍扑击球。击球后立刻屈肘，球拍回收，以免球拍触网违例。

4．挑球

挑球指将对方击来的网前区域低手位的球以较高的弧线向上击至对方端线附近上空。它是在被动情况下运用的一种过渡球。

（1）正手挑球

右脚向网前跨出一大步，左脚在后，侧身向网，重心在右脚上。同时右臂向后摆，自然伸腕，使球拍后引。以肘关节为轴，屈臂内旋，并握紧球拍。用食指及手腕的力量，从右下向右前方至左上方挥拍击球，将球向前上方击出，如图5-19所示。

图5-19　正手挑球

（2）反手挑球

右脚跨步向前呈弓步，重心在右脚，侧身背对网。反手握拍，手臂向左前方伸出，前臂内旋屈肘屈腕，左臂自然后伸起平衡作用。击球时，以肘关节为轴，前臂带动手腕、手指快速由左下方向前上方呈半圆形弧线挥拍击球，如图5-20所示。

图5-20　反手挑球

5.2.7　中场击球

中场击球技术主要包括接杀球、平抽球、平挡球技术，要求判断反应快，出手击球快，引拍预摆动作弧度小，由防转攻或由攻转防的意识强。

1．接杀球

把对方扣杀过来的球还击回去，称为接杀球。接杀球主要由挡网前、挑后场和平抽球3种技术组成。

接杀球的站位一般在中场，两脚屈膝平行站立。右侧来球用正手挡，身体重心移向右脚，右手向右侧伸出，放松握拍，拍面略后仰对准来球。左侧来球用反手挡，身体重心移向左脚，右脚向左前方跨出一步，换成反手握拍，拍面略向后仰对准来球回击。

2. 平抽球

平抽球指击球点在肩以下，以较平的弧度、较快的球速、接近球网的高度，还击到对方场区的一种进攻性技术。击球时，应借助腰部的转体带动前臂、手腕和手指的力量快速、协调地发力。击球点尽可能在身体的侧前方，这样有利于转动腰部和前臂旋内、旋外地发力。如果来球正对自己而又来不及闪让，一般不要用正手击球，因为当来球靠近自己的身体时，即使击球点在自己右侧腋下，反手也比正手容易发力还击。

3. 平挡球

平挡球和平抽球的动作结构基本相同，其区别主要在于：发力较小，通常无须身体部位发力，当对方来球力量较大时，还应有所缓冲；通常击球时不要握紧球拍，以免影响击球时对力量和出球方向的精确控制；羽毛球的飞行路线较短，一般落在对方的前半场。

5.3 羽毛球运动的战术要领

本节将讲解羽毛球的单打战术和双打战术。

5.3.1 单打战术

1. 发球抢攻战术

发球抢攻战术是运动员利用发球使对方处于被动、为自己创造进攻机会的一种战术。这种战术一般用发网前球结合平快球、平高球，争取第三拍的主动进攻。运动员使用这一战术，可以打乱对方的整个战略部署，造成对方措手不及。运用此战术时，要求运动员能进行高质量的发球，否则难以成功。

2. 攻前击后战术

攻前击后战术是先以吊球、放网前球、搓球吸引对方到网前，然后用推球、平高球或杀球突击对方的后场底线，一般用于对付上网步法较慢或网前球技术较差的对手。采用此战术，要求运动员首先具有较好的网前击球技术。

3. 打四方球战术

打四方球战术是以快速、准确的落点攻击对方场区的 4 个角落，逼迫对方前后奔跑、被动应付，以在其回球质量下降或露出破绽时乘虚攻之。它用于对付体力差、反应和步法移动慢的对手。

4. 打对角线战术

打对角线战术无论是进攻还是防守均以打对角线为主，从而迫使对方在移动中多做转体、多走曲线。它适合用于对付身体灵活性差、转体较慢的对手。

5.3.2 双打战术

1. 攻人战术

攻人战术是双打比赛中常用的一种战术。攻人战术，即"二打一"战术或避强击弱战术。对方两名队员的技术水平一般是不均衡的，集中力量攻击对方较弱的队员，尽量使对方的特长得不到发挥，充分暴露对方的弱点，是此战术的目的。己方两名队员对付对方的强者，消耗其体力，减弱其进攻威力，伺机突击空当，这也是"二打一"战术。

2. 攻中路战术

当对方队员分边站位时，要尽可能将球攻到对方两人之间的空当，以造成对方争夺回击或相互让球而出现失误。这对于对付配合较差的对手比较行之有效。当对方呈前后站位时，可将球还击到两人之间靠边线的位置。

3. 软硬兼施战术

软硬兼施战术先用吊网前球或推半场球迫使对方被动防守，然后大力扣杀进攻。若硬攻不下，则重吊网前球，待对方挑球欠佳时再度强攻。此时，攻击对象一般是对方刚后退而立足未稳者。

4. 后压前封战术

当己方取得主动欲采取攻势时，站在后场者见高球则强攻杀或吊网前球，迫使对方被动还击；站在前场者则应立即积极移位，准备封网扑杀。这种战术要求打法比较积极，前场队员的技术要好，步法移动要快，队员配合要默契。

5.4 羽毛球运动的竞赛规则

本节介绍羽毛球运动的竞赛规则。

5.4.1 计分方法

羽毛球世界联合会（简称"世界羽联"）于 2006 年 5 月在日本东京举行的年度代表大会上，正式决定实行 21 分的新赛制。这一赛制成为所有羽毛球国际大赛的通用赛制。21 分的赛制在提高运动员的积极性、减少运动员受伤及电视转播等方面较 15 分制有更大的优势。

世界羽联 21 分制实行每球得分制，所有单项的每局获胜分皆为 21 分，最高不超过 30 分。每场比赛采取三局两胜制，先获得 21 分的一方赢得当局比赛；当双方比分为 20：20 时，获胜一方需超过对手 2 分才算取胜；直至双方比分打成 29：29 时，先获得第 30 分的一方获胜。首局获胜一方在接下来的一局比赛中先发球。

5.4.2 挑边

赛前，采用挑边的方法（如抛硬币）来决定发球方和场区。挑边赢者将优先选择发球或接发球，以及在一个半场区或另一个半场区比赛；输者在余下的一项中选择。

5.4.3 站位方式

1. 单打

当发球方的分数为 0 或其他偶数时，双方运动员均在各自的右发球区发球或接发球；当发球方的分数为奇数时，双方运动员均在各自的左发球区发球或接发球。

2. 双打

比赛中，当比分为 0 或其他偶数时，球由右发球区对角发向对方场区的右接发球区；当比分为奇数时，球由左发球区对角发向对方场区的左接发球区。比赛中，当一方连续得分时，发球者必须在右或左发球区交替发球，而接发球方队员的位置不变。其他情况下，运动员应站在上一回合的各自发球区不变，以此保证发球者的交替。

双打比赛无论是在开始还是在赛中，皆为单发球权，也就是说每次一方只有一次发球权。发球方失误不仅丢失发球权，也将丢失 1 分；如果这时得发球权的一方得分为奇数，则必须是位于左发球区的选手发球，如果此时得发球权的一方得分为偶数，则必须是位于右发球区的选手发球。

双打比赛只有接发球队员才能接发球，若其同伴接发球或被球触及则"违例"，判发球方得分；当发球被回击后，球可由二人中的任意一人击回，不得连击，如此往返直至死球。双打比赛发球时，发球队员和接发球队员必须站在规定的发球区和接发球区内发球和接发球，其同伴的站位可以不受限制，但不得妨碍对方。如果运动员发球和接发球顺序有误，已得比分有效，纠正方位或顺序。

5.4.4 赛中间歇方式

每场比赛均采用三局两胜制。当任意一方在比赛中得到 11 分后，比赛将间歇 1 分钟；两局比赛之间的间歇时间为 2 分钟。

5.4.5 交换场区

（1）第一局比赛结束时，双方应交换场区。

（2）若局数为 1 ∶ 1，则在第三局比赛开始前，双方应交换场区。

（3）在第三局比赛中，领先一方得分达到 11 分时，双方应交换场区。

（4）若应交换场区而未交换，一旦发现应立即交换，已得分数有效。

5.4.6　重发球

（1）重发球时，原回合无效，由原发球员重新发球。

（2）除发球外，球过网后挂在网上或停在网顶，判重发球。

（3）发球时，发球方和接发球方同时被判违例，判重发球。

（4）发球方在接发球方未做好准备时将球发出，判重发球。

（5）球在飞行时，球托与球的其他部分完全分离，判重发球。

（6）裁判员对该回合不能做出判决时，判重发球。

（7）出现意外情况，判重发球。

5.4.7　常见的违例

（1）过手违例：发球时，在击球的瞬间，发球员的拍杆应指向下方；如果拍头高于握拍手，将判违例。

（2）过腰违例：发球时，在击球的瞬间，整个球应低于发球员的腰部；否则，将判违例。

（3）挥拍有停顿：发球开始后，挥拍动作不连贯，将判违例。

（4）脚移动、触线或不在发球区内：自发球开始至发球结束，发球员或接发球员的两脚都必须有一部分与球场地面接触，不得移动，且都必须站在斜对面的发球区内，脚不得触及发球区或接发球区的界线；否则，将判违例。

（5）最初击球点不在球托上或发球时未能击中球，将判违例。最初击球点不在球托上指发球时，球拍先触及羽毛或同时击中羽毛和球托。

（6）发球时，球没有落在规定的接发球区内，如发出的球没有落于对角的场区内或不过网，挂在网上或停在网顶等，将判违例。球从网下或网孔穿过，球触及天花板或触及运动员的身体或衣服，将判违例。

（7）球触及球场外其他物体或人，将判违例。击球点超过网的向上延伸面，即在对方场区上空击球，将判违例。

（8）运动员的球拍从网上、网下侵入对方场区导致妨碍对方或分散对方注意力或妨碍对方、阻挡对方靠近球网的合法击球，将判违例。

（9）同一运动员连续两次挥拍击中球，或双打的同方两名队员连续各击中球一次，将判违例。

（10）球停在球拍上，紧接着被拖带抛出，将判违例。

（11）运动员严重违反或屡次违反比赛的连续性的规定或运动员行为不端，如擅自离开比赛场区喝水、擦汗、换球拍、接受场外指导等，或故意破坏羽毛球、举止无礼等，将判违例。

Chapter 06

第 6 章

篮球

课前思考：

1. 篮球有哪些基础动作？
2. 篮球有哪些战术要领？
3. 篮球有哪些竞赛规则？

6.1 🏃 篮球运动介绍

本节介绍篮球运动的起源和发展历程。

6.1.1 篮球运动的起源

1891 年，在美国一所国际训练学校（后为春田学院）任教的詹姆斯·奈史密斯博士从当地儿童喜欢用球投向桃子筐的游戏中得到启发，创编了篮球（Basketball）游戏。为了纪念这位篮球运动的先驱，国际篮球联合会于 1950 年将世界男子篮球锦标赛的金杯命名为"奈史密斯杯"。

6.1.2 篮球运动的发展

1904 年，在第 3 届奥林匹克运动会上第一次进行了篮球表演赛。1932 年，国际业余篮球联合会宣告成立。在 1936 年第 11 届奥运会上，男子篮球被列为正式比赛项目。在 1976 年第 21 届奥运会上，女子篮球被列为正式比赛项目。自 1992 年第 25 届奥运会开始，职业篮球运动员被允许参加奥运会的篮球比赛。美国"梦之队"的参赛使世界篮坛更为精彩。

篮球运动以其特有的魅力，深受世界各国人民的喜爱。奥林匹克运动会篮球比赛、世界篮球锦标赛、美国 NBA 职业联赛，这 3 大赛事代表着世界篮球运动的水平。

6.2 🏃 篮球运动的基础动作

本节讲解篮球运动的进攻和防守技术，阐述移动、传球、接球、运球、投篮、抢篮板球、防守等基础动作。

篮球技术分为进攻和防守两大部分，进攻技术有传球、接球、运球、持球突破、投篮等，防守技术有防守对手、抢球、打球、断球、盖帽等。此外，移动、抢篮板球等技术的攻防含义皆有。

6.2.1 移动

进攻者运用急起、急停、转身、变速变向跑等移动动作，摆脱防守完成进攻任务。防守者则运用跑、停、滑步、后撤步、交叉步等动作阻止进攻。这些争取比赛主动权的行动都离不开快速、灵活的脚步移动动作。

6.2.2 传球、接球

1. 传球基本技术

（1）双手胸前传球

两手五指自然分开，拇指相对呈"八"字形，用指根以上部位握球的两侧后下方，掌心空出，两臂自然弯曲于体侧，将球置于胸前。肩、臂、腕肌肉放松，两眼注视传球目标，身体呈基本姿势。传球时，后脚蹬地，身体重心前移，同时两臂前伸，手腕由下向上翻转，同时拇指用力下压，食指、中指用力弹拨，将球传出，如图6-1所示。双手胸前传球是一种基本、常用的传球方法，具有准确性高、容易控制、便于变化的优点。

图6-1 双手胸前传球

（2）单手肩上传球（以右手为例）

在原地右手肩上传球时，两脚前后开立，右手肩上托球于头侧，掌心空出，以挥臂、甩腕及手指拨球的力量将球传出，如图6-2所示。单手肩上传球是一种中远距离的传球方法。其特点是传球力量大、速度快、距离远，在长传快攻和突破起跳分球时经常采用。

图 6-2　单手肩上传球

（3）单手体侧传球（以右手为例）

　　两脚开立，两腿微屈，双手持球于胸前。传球时，左脚向左跨步的同时将球移至身体右侧，在出球的前一刹那，持球手的拇指在上，掌心向前，手腕后屈，出球时前臂向前做弧线摆动，当球摆过身体右前方时，迅速收前臂，用手腕、手指的力量将球传出，如图 6-3 所示。其特点是隐蔽、动作快而幅度小。

图 6-3　单手体侧传球

（4）反弹传球

　　反弹传球是一种近距离、较隐蔽的传球方法，是小个队员对付高大防守者的有效传球手段。方法很多，如单手或双手胸前、单手体侧、单手背后等方式反弹传球，都可通过地面反弹传球给同伴。反弹传球动作方法与各种传球相同，但运用反弹传球时要掌握好球的击地点，一般应在距离接球者 1/3 的地方。当防守自己的对手距离自己较远，而传球的距离又较近时，可向防守者的脚侧击地传出。球弹起的高度一般在接球者的腰部为宜。

2. 接球基本技术

　　接球时眼睛要注视来球，肩、臂都要放松，手臂应迎球伸出，手指自然分开。当手指触球时，屈肘，臂后引，缓冲来球的力量，两手握球，保持身体平衡，以便做下一个动作。

（1）接反弹球

　　掌心要向着来球反弹的方向，屈膝弯腰并向前下方伸手迎球，五指自然分开呈上、下手接球动作。在球刚刚离地弹起时，手指触球将球接住。接球后手腕迅速向上翻，持球于胸腹前保持身体平衡，呈基本站立姿势。

（2）接球后急停

安全接球后急停已成为进攻技术的基础。其要点是正确运用转入下次进攻的衔接点，不要做带球走等违规的动作。

（3）摆脱接球

摆脱接球是抢先一步接球的动作。为了安全、准确地接球，无球队员以切入、策应等动作摆脱防守创造接球机会。

6.2.3　运球

运球不仅是个人摆脱防守和进攻的有力手段，而且还是组织全队进攻战术配合的重要桥梁。下面介绍几种主要的运球技术。

1. 体前换手变换方向运球

右手运球向左侧做变向时，右手拍球的右侧上方，使球从右侧反弹至左侧，同时左脚向左侧前方跨步，右侧肩向前，并迅速用左手拍球的正后方继续运球前进，如图6-4所示。左手运球向右变向时，则与右手动作相反。从左至右、从右至左改变方向地运球，其特点是便于结合假动作，变化突然，易造成防守者的判断错误，可伺机运、传。以娴熟的左、右假动作和反弹高运球突然降低至30～50厘米的低运球来控制身体重心是运球的诀窍。

运球技术

图6-4　体前换手变换方向运球

2. 胯下运球

胯下运球是使球穿过两腿之间来改变运球方向的运球技术，如图6-5所示。近来有更多使用胯下运球技术的倾向。其原因是两腿可以保护球，且进攻者可以安全转换方向，使防守者的手难以够到球。

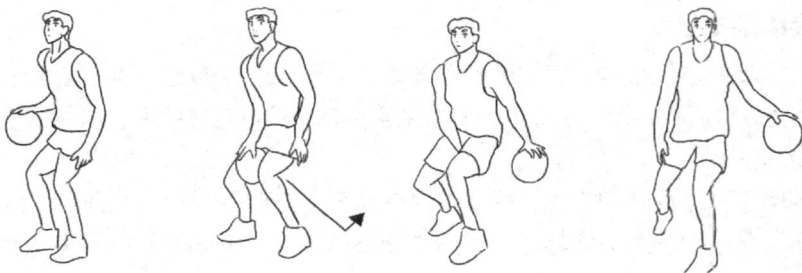

图6-5　胯下运球

3. 后转身运球

身体左侧对着防守者，左脚在前做中枢脚，右手在右后侧运球或向后运球，同时做后转身，换左手拍球的后上方运至左侧，右脚落地贴近防守者的右侧（脚尖向前），然后运球继续前进，如图 6-6 所示。基特点是转身时便于保护球、对运球方向的改变幅度大、攻击力强、灵活多变。

图 6-6　后转身运球

4. 运球急停急起

可用两步急停，两腿屈膝前后开立，跨出第一步时，身体稍后仰。同时，按拍球的上方，降低球的反弹高度，使球在原地反弹，同时降低身体的重心，用腿和异侧臂护球。急起时，拍球的后上方。身体重心移至前脚掌，同时后脚迅速蹬地跨出超越防守者，迅速向前推进，如图 6-7 所示。其特点是动作突然、起动快、线路多变、攻击力强、易摆脱防守。

图 6-7　运球急停急起

6.2.4　投篮

按照持球的方法不同，投篮可分为双手投篮和单手投篮；依据投篮前球置于身体部位的不同，可分为胸前、肩上、头上等不同的投篮动作；就运动员投篮时的移动形式而言，又可分为原地、行进间和跳起投篮。

投篮基本技术

1. 原地双手胸前投篮

两脚左右或前后站立，两膝微屈，两脚脚跟略抬离地面，上体稍向前倾，两手手指自然张开，握球两侧略靠后的部位，两手拇指相对呈"八"字形，掌心空出，持球于胸前，屈肘靠近身体，如图 6-8 所示。投篮时，两脚蹬地身体伸展，同时两臂向前上方伸出，拇指向前上方用力推送，手腕稍外翻，使球从拇指、食指、中指指尖投出，球向后旋转飞行。

2. 原地单手肩上投篮（以右手为例）

右手五指自然分开，掌心空出，用指根以上部位持球，拇指和小指控制球体，左手扶球的左侧，右手屈肘，肘关节自然弯曲，置球于右肩上方。投篮时，下肢蹬地发力，右臂向前上方伸直，手腕前屈，食指、中指用力拨球，通过指端将球柔和地送出。球出手的同时，身体随投篮动作向前伸展，如图 6-9 所示。

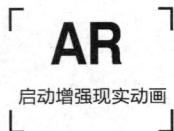

AR
启动增强现实动画

图 6-8　原地双手胸前投篮　　　　图 6-9　原地单手肩上投篮

3．行进间单手低手投篮（以右手为例）

在跑动中接球或运球突破上篮时，应先跨右脚接球或拿球，接着跨左脚起跳，左脚跨的步子稍小一些（已能掌握基本动作者，其左脚跨出的步子大小，可根据对方防守的情况和自身进攻的需要选择），右腿屈膝上抬，身体上升到最高点时，右臂向上伸或向前上方伸，掌心向上，用手指和手腕的力量将球上拨，如图 6-10 所示。

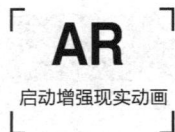

AR
启动增强现实动画

图 6-10　行进间单手低手投篮

4．运球急停跳投（以右手为例）

在快速运球中，用一步或两步的方式拿球停步，两膝微屈，身体重心下降，迅速蹬地起跳，同时两手迅速举球于右肩上。当身体接近最高点、处于稳定状态的一刹那，迅速向上伸臂，用右手手腕和手指的力量将球投出，如图 6-11 所示。

图 6-11　运球急停跳投

6.2.5　抢篮板球

抢篮板球分为抢进攻篮板球和抢防守篮板球两种。

1. 抢进攻篮板球

当同伴或自己投篮时，处在近篮的进攻队员首先应判断球的反弹方向，然后先向相反方向的侧前方跨步，利用身体虚晃的假动作，诱开身前的防守队员，挤到对手的前面或侧前方，抢占有利位置，借助跨步或助跑起跳，跳至最高点补篮或抢篮板球。

2. 抢防守篮板球

当对方投篮出手后，首先应注意对手的动向，并根据当时与进攻队员所处的位置和距离的远近，运用上步、撤步和转身等技术抢占有利位置，把进攻队员挡在身后，与此同时还要判断球的落点准备起跳，如图 6-12 所示。

图 6-12　抢防守篮板球

6.2.6 防守

1. 防守无球队员

防守队员应站在对手与球篮之间的内侧，保持与对手有适当的距离和角度，做到以人为主，人球兼顾，使对手和球处于自己的视野之内，随对手的动作积极跟进移动，调整防守位置，堵截其移动和接球的路线，手臂配合做出伸出、挥摆、上举等动作，干扰对手接球，争取抢、断球。

（1）防纵切

A 传球给 B，a 及时偏向球侧错位防守，当 A 向篮下纵切要球时，a 应抢前防守，合理运用身体堵住对方的切入路线，同时伸臂封锁接球，迫使对手向远离球的方向移动，如图 6-13 所示。

（2）防横插

A 持球，C 欲横插过去要球，c 应上步挡住对手，并伸臂不让对手接球，用背贴着对手，随其移动到有球一侧，如图 6-14 所示。

（3）防溜底

A 持球，C 溜底的时候，c 要面向球滑步移动，至纵轴线时，迅速上右脚前转身，错位防守，右臂伸出不让对方接球，如图 6-15 所示。

图 6-13　防纵切

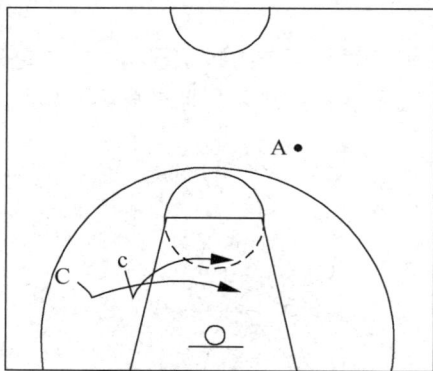

图 6-14　防横插

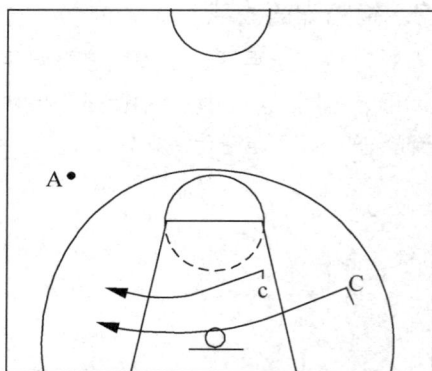

图 6-15　防溜底

2. 防守持球队员

当对手接球后，防守队员迅速调整防守位置和距离，占据对手与球篮之间的有利位置，还要与对手保持适当的距离（一臂左右）。一般来说，对手离球篮远则防守队员离对手远，反之则稍近，并根据对手的特点（投篮或突破）而有所调整。防守持球队员在离球篮近时采用贴近的攻击步防守，离球篮远时则采用平步防守；无论采用哪一种防守，都要积极移动，阻截和干扰对方传球、投篮，同时伺机抢、断球。

6.3 🏃 篮球运动的战术要领

本节介绍篮球运动的基本战术。

6.3.1 基础配合

1. 进攻基础配合

进攻基础配合，指两三名进攻队员为了创造投篮机会，合理运用技术而形成的配合方法。

（1）传切配合

传切配合有两种，分别为一传一切配合和空切配合。

一传一切配合如图 6-16 所示，D 传球给 A 后，立刻摆脱防守队员并向篮下切入，接 A 的回传球投篮。空切配合如图 6-17 所示，A 传球给 D 时，C 突然切向篮下接 D 的传球投篮。

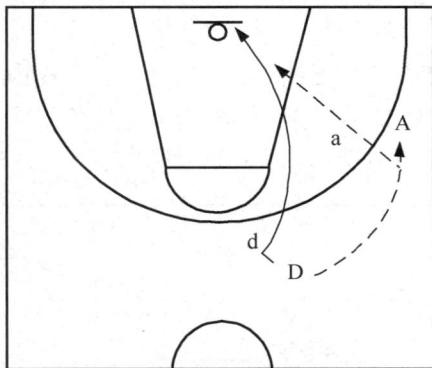

图 6-16　一传一切配合　　　　图 6-17　空切配合

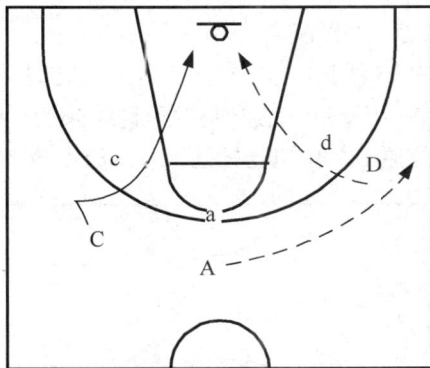

（2）突分配合

突分配合是有球队员持球突破后，主动或应变地利用传球与同伴配合的方法。其要求是，突破动作要突然、快速，在突破过程中，要随时观察场上攻、守队员行动和位置的变化，既要做好投篮的准备，又要及时、准确地传球给队友。其他进攻队员要掌握时机及时跑到有利于进攻的位置上接球。

（3）掩护配合

掩护配合是掩护队员采用合理的行动，用自己的身体挡住同伴的防守者的移动路线，使队友摆脱防守，或利用队友的身体和位置使自己摆脱防守的一种配合方法。掩护配合根据掩护的位置和方向不同，分为前掩护、后掩护和侧掩护 3 种。

2. 防守基础配合

防守基础配合指两三名防守队员为破坏对方的进攻进行配合，或当同伴防守出现困难时，及时协作行动的方法。以下是几种常用的配合。

（1）关门配合

"关门"是两名防守队员靠拢协同防守突破的配合方法。如图6-18所示，当D从正面突破时，a、d或d、c进行关门配合。

关门配合的要求是，防守队员应积极堵住进攻者的突破路线；临近突破一侧的防守队员要及时向队友靠拢进行"关门"，不给突破者留有通过的空隙。关门配合也运用于区域联防。

（2）夹击配合

夹击配合指两名防守队员积极防守一名进攻队员的配合方法。如图6-19所示，A从底线突破，a封堵底线，迫使A停球，d同时迅速向底线跑去与a协同夹击A，封堵其传球路线，迫使其违例或失误。

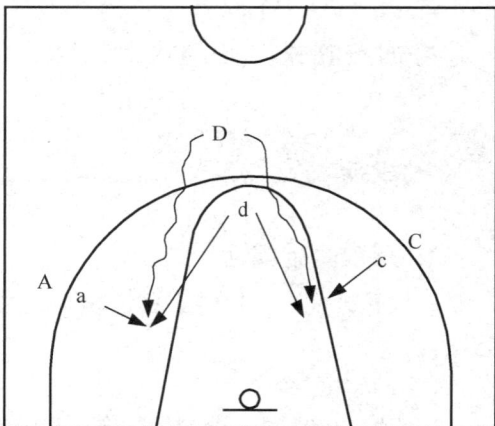

图6-18 关门配合

运用夹击配合时要正确地掌握夹击的时机和区域。行动要果断，出其不意。在形成夹击时要用身体和腿部限制进攻队员的活动，用手臂封堵传球或接球，但要防止不必要的犯规。

（3）补防配合

补防配合指防守队员在同伴漏防时，立即放弃防守自己的对手，去补防那个威胁大的进攻者，而漏人的防守队员及时换防的一种协同防守方法。如图6-20所示，D传球给A，突然摆脱d的防守直插篮下，此时c放弃对C的防守补防D，d去补防C。

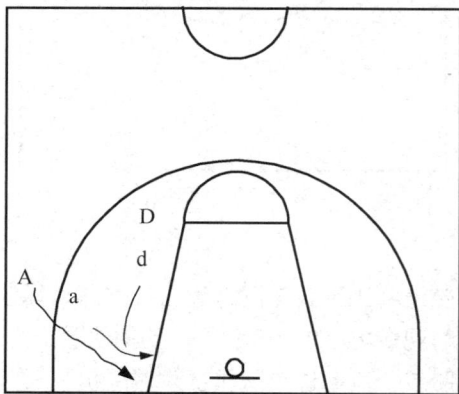

图6-19 夹击配合

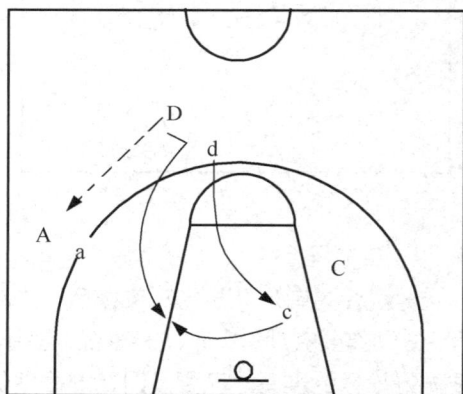

图6-20 补防配合

6.3.2 快攻

快攻是由防守转入进攻时，趁对方未站稳阵脚之前，抓住战机以最快的速度、用最短的时间，果断而合理地发动攻击的一种速决性战术配合。发动快攻的时机是在抢获后场篮板球、抢球、断球和跳球获球后。快攻的形式有长传快攻、短传与运球结合快攻等。

（1）抢后场篮板球长传快攻

D 抢到后场篮板球后，首先观察场上的情况，寻找长传快攻机会，B 和 C 判断 D 有可能抢到篮板球时，便立即起动快下，争取超越防守队员接 D 的长传球投篮，如图 6-21 所示。

（2）断球长传快攻

c 断球后，看到 b 已快下，可立即传球或运球后传球给 b 投篮，如图 6-22 所示。

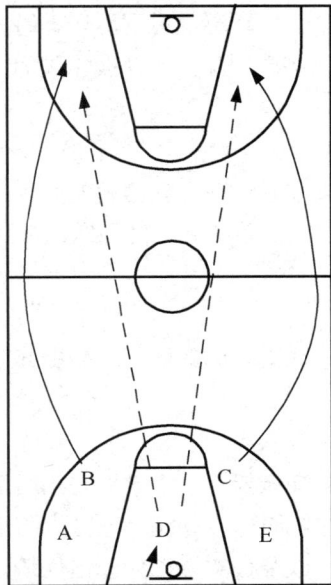

图 6-21　抢后场篮板球长传快攻

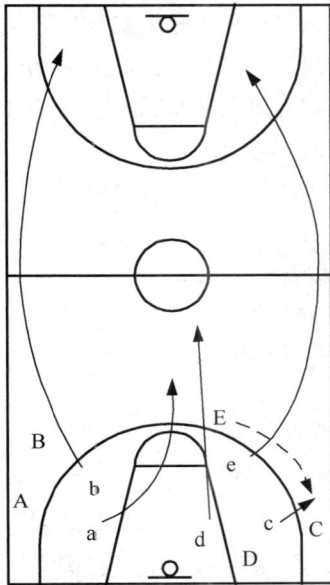

图 6-22　断球长传快攻

（3）短传与运球结合快攻

短传与运球结合快攻是指防守队员获球后，利用快速的短传和运球推进相结合的方法迅速推进到前场进行攻击的一种配合方法。其特点是参加人数多、机动灵活、容易成功，但对队员的配合技巧要求较高。

6.3.3　防守快攻

篮板球是发动快攻的主要先决条件之一，积极地争抢前场篮板球是防止发动快攻的重要步骤。

（1）防守快攻的关键

有组织、积极地堵截对方发动快攻的第一传，是防守快攻的关键。

（2）防守快下队员

快下队员是对方长传快攻的主要成员，如果快下队员接到球，将给防守造成极大的困难。因此，当对方抢获篮板球时，外线队员要迅速退守，在退守过程中，控制好中路，堵截快下路线，紧逼沿边线快下的进攻队员，切断对方长传球的路线。

（3）提升以少防多的能力

当对方发动快攻并迅速地向前场推进时，防守队员往往来不及全部退防，会出现以少防多的局面。提高一防二、二防三的能力，重点防篮下，为队友回防赢得时间，这就必须提升个人防守能力，以及同伴之间的相互补防能力。

6.3.4 人盯人防守战术

人盯人防守战术是在由攻转守时，放弃前场的防守，全队迅速退回后场，每人盯住自己对手的防守方法。它是以个人防守为基础，综合运用挤过、穿过、交换、关门、夹击等几个人之间的防守基础配合所组成的全队战术。

（1）防守要点

人盯人防守要从由攻转守时开始。此时，每个队员都要快速退向自己的后场，立即找到自己的对手，形成整体防守；要根据对手、球、球篮选择有利位置，做到球、人、区兼顾，与队友协同防守。

（2）防守原则

"以球为主，人球兼顾""有球紧，无球松""近球紧，远球松"，积极移动，抢占有利位置。

（3）运用时机

半场扩大人盯人防守主要用于对付外围远投较准、突破与篮下进攻能力和后卫控制球能力相对较弱的队，以及在本队需要扩大战果，争抢时间时；半场缩小人盯人防守用于对付中远距离投篮不准、突破和篮下攻击能力较强的队，以及在本队得分已占优势，保持体力再扩大战果时。

6.3.5 进攻人盯人防守战术

进攻人盯人防守战术是根据人盯人防守战术的特点，从每个队员的具体实际出发，综合运用传接球、投篮、运球、突破等个人技术动作和传切、掩护、策应等几个人之间的战术基础配合所组成的一种全队进攻战术。

进攻人盯人防守战术的要点为"由守转攻后，要迅速到位"。

6.4 🏃 篮球运动的比赛规则

本节讲解篮球运动的比赛规则。

6.4.1 篮球比赛的概况

篮球比赛由两个队参加，每队上场5人，其中1人为队长，替补球员有7人。

将球投入对方球篮得2分，在3分区外投入对方球篮得3分，罚球中1次得1分。

比赛由 4 节组成，每节 10 分钟。在第 1 节和第 2 节（第一半时）之间、第 3 节和第 4 节（第二半时）之间及每一决胜期之前有 2 分钟的比赛休息时间；两个半时的比赛之间的休息时间为 10 分钟，以全场得分多者胜。如果在第 4 节比赛时间终了时比分相等，则需要一个或多个时长为 5 分钟的决胜期继续比赛，直至决出胜负。

比赛中每队的换人次数不限。但是，要登记的暂停在第一半时的任何时间每队可准予 2 次，在第二半时任何时间每队可准予 3 次，在每一决胜期的任何时间每队可准予 1 次。

整个比赛过程由裁判员（三人制包括主裁判员、第一副裁判员和第二副裁判员，二人制包括主裁判员和副裁判员）、记录台人员（包括记录员、助理记录员、计时员和 24 秒计时员）和技术代表管理。

6.4.2 违例

违例一般指非直接针对对方球员而做的违反条例规则的事。

罚则是将球权判给对方队在靠近发生违例的地点掷球入界（正好位于篮板后面的地点除外。）。

（1）带球走

当持活球的队员用同一只脚向任何方向踏出一次或多次，其另一只脚（称为中枢脚）不得离开与地面的接触点，如果中枢脚离开了这个接触点就构成带球走违例。

（2）非法运球

队员在运球后，用双手同时触及球或允许球在一手或双手中停留时，运球即完毕。运球结束后，除非失去控球权后又重新控制球，否则不得再次运球，如果再次运球，则为非法运球违例。

（3）拳击球或脚踢球

比赛中队员不得故意用拳击球或用腿的任何部分去阻挡球，否则将判违例。如果球偶然地接触到腿的任何部分，或腿的任何部分无意碰到球，则不算违例。

（4）球回后场

在比赛中，前场控制球的队不得使球再回到后场，否则为球回后场违例。具体判定球回后场有 3 个条件。① 该队必须控制球。② 球进入前场后，在球又回到后场前该队队员（或裁判员）最后触及球。③ 球回到后场后，该队队员在后场最先触及球。这 3 个条件必须依次连续发生。

（5）干涉得分和干扰

当投篮的球触及篮圈时，双方队员都不得触及球篮或篮板，不得从下方伸手穿过球篮并触及球，不得使篮板和篮圈摇动。如果进攻队员违犯这一规定，中篮无效，将球判给对方在罚球线延长部分的界外掷球入界；如果防守队员违犯这一规定，不论是否投中，均判投篮（罚球）队员得分。

（6）3 秒违例

当某队在前场控制活球并且比赛计时钟正在运行时，该队队员在对方的限制区内持续停留的时间不得超过 3 秒；否则，便是违例。

（7）5秒违例

进攻球员必须在 5 秒之内掷出界外球；或在被严密防守时，必须在 5 秒之内传、投或运球；当裁判员将球递给罚球队员时，该队员必须在 5 秒内出手；否则，便是违例。

（8）8秒违例

一个球队从后场控制活球开始，必须在 8 秒内使球进入前场（对方的半场）；否则，便是违例。

（9）24秒违例

每当一名队员在场上控制活球时，该队必须在 24 秒内尝试投篮；否则，便是违例。

6.4.3 犯规

犯规是对规则的违犯，含有与对方队员的非法身体接触或违反体育道德的举止。对犯规者登记犯规并随后按规则予以处罚。犯规一般指直接针对对方球员做的违反规定的事。

（1）侵人犯规

侵人犯规即队员与对方队员的接触犯规。无论球是活球还是死球，队员均不应通过伸展其手、臂、肘、肩、髋、腿、膝或脚来拉、阻挡、推、撞、绊、阻止对方队员行进；以及不应将其身体弯曲成"反常的"姿势；也不应放纵任何粗野或猛烈的动作；违反这些规定裁判要给犯规队员登记 1 次侵人犯规。如果对未做投篮动作的队员犯规，由非犯规队在靠近犯规地点的界外掷球入界重新开始比赛。如果犯规队处于全队犯规处罚状态，裁判应判给未做投篮动作的队员 2 次罚球，代替掷球入界。如果对正在做投篮动作的队员犯规，如果投篮成功，应计得分并判给 1 次追加罚球；如投篮未中，则要根据投篮的地点，判给 2 次或 3 次罚球。

（2）技术犯规

技术犯规包含（但不限于）行为性质的队员的非接触犯规，如不顾裁判员警告；冒犯裁判员、技术代表、记录台人员或球队席人员；使用冒犯或煽动观众的语言或举止；戏弄对方队员或在对方队员的眼睛附近摇手妨碍其视线；在球穿过球篮后，故意触及球以延误比赛；假摔以伪造一次犯规等。

队员技术犯规，裁判应给其登记一次技术犯规，作为全队犯规之一计数。教练员、替补队员和随队人员的技术犯规，对每一起违犯行为都要登记教练员一次技术犯规，但不作全队犯规之一计数。

（3）违反体育道德的犯规

根据裁判员的判断，一名队员不是在规则规定的范围内合法地抢球，发生的接触犯规就是违反体育道德的犯规。应给犯规队员登记 1 次违反体育道德的犯规，判给对方罚球，以及随后在记录台对面的中线延长部分掷球入界或在中圈跳球开始第一节（如犯规发生在第一节比赛前）。

Chapter 07

第 7 章

足球

课前思考：

1. 足球有哪些基础动作？
2. 足球有哪些战术要领？
3. 足球有哪些竞赛规则？

7.1 🏃 足球运动介绍

本节介绍现代足球运动的起源，并简述其发展。

7.1.1 足球运动的起源

现代足球运动诞生于英国。1863 年 10 月 26 日，英国剑桥大学、牛津大学和凯尔波里特专科学校与伦敦周围地区 11 个主要的俱乐部和学校，举行联席会议，创立了英格兰足球总会。这一天被称为现代足球运动的诞生日。两个月后，英格兰足球总会制定出世界上第一个统一的足球规则。

7.1.2 足球运动的发展

1872 年，足球运动史上的第一次正式比赛在英格兰和苏格兰之间进行，即泛英足球比赛。在此后 30 年里，足球运动逐渐风靡英国和欧美各国。1900 年，足球首次在奥运会上露面。1908 年，足球被正式批准为奥运会比赛项目。1930 年，乌拉圭成功举办了第 1 届世界足球锦标赛。1904 年 5 月 21 日，国际足球联合会（简称国际足联）在法国巴黎成立，总部设在瑞士苏黎世。这标志着足球作为一项世界性的体育项目登上了国际体坛，足球运动在更加广泛的范围内开展起来，影响也越来越大。国际上重大足球比赛包括 4 年一届的世界杯足球赛、奥运会足球赛、世界青年足球锦标赛和女子世界杯足球赛，此外还有许多洲际比赛。

7.2 🏃 足球运动的基础动作

本节将讲解踢球、运球、接球、抢断、头顶球、假动作等足球运动的基础动作。

7.2.1 踢球

踢球指运动员有目的地用脚把球击向预定目标的技术。踢球是足球技术中较为重要的技术，主要用于传球和射门。

踢球的方法很多，主要有脚内侧踢球、脚背正面踢球、脚背内侧踢球、脚背外侧踢球、脚尖踢球和脚跟踢球。这些动作结构完全一致，均由助跑、支撑脚站位、踢球腿摆动、脚触球、踢球后的随前动作5个环节组成。

1. 脚内侧踢球（又称脚弓踢球）

（1）脚内侧踢定位球

直线助跑，支撑前的最后一步稍大些，支撑脚在球的侧面约15厘米处，脚尖正对出球方向，支撑腿膝关节微屈。在支撑脚着地时，踢球腿大腿带动小腿由后向前摆动，在前摆的过程中大腿外展，当膝关节摆动至接近球的正上方时，小腿做爆发式摆动，在触球前将脚跟送出使脚内侧部位所形成的平面与出球方向垂直，如图7-1所示，踢球脚脚尖微微翘起，脚底与地面平行，踝关节功能性地紧张使脚形固定，触（击）球后身体跟随向前移动。

踢球

图7-1 脚内侧踢定位球

（2）脚内侧踢空中球

根据来球速度和运行轨迹及时移动到位，踢球腿的大腿抬起并外展，小腿绕额状轴后摆，而后小腿由后向前摆动，当摆至额状面时与球接触，击球的中部，如图7-2所示。

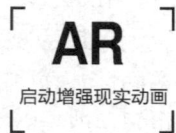

2. 脚背正面踢球（又称正脚背踢球）

（1）脚背正面踢定位球

直线助跑，最后一步稍大些，支撑脚积极着地支撑，在球的侧面10～12厘米处，脚尖正对出球方向，

AR
启动增强现实动画

图7-2 脚内侧踢空中球

膝关节微屈，踢球腿随跑动向后摆动，小腿弯曲，支撑的同时踢球腿以髋关节为轴，大腿带动小腿由后向前摆动。当膝关节摆至接近球的正上方时，小腿做爆发式摆动，脚趾屈，以脚背正面击球的后中部，如图 7-3 所示。

图 7-3 脚背正面踢定位球

（2）脚背正面踢反弹球

根据来球的速度、运行轨迹、落点，支撑脚踏在球落点的侧面。在球落地时，踢球腿爆发式前摆，在球刚弹离地面时，用脚背正面击球的中部，并控制小腿的上摆（送髋、膝关节向前平移），出球则不会过高。

（3）凌空踢倒勾球

根据来球的速度、运行轨迹，选好击球点，及时移动到位，以踢球腿为起跳腿蹬地起跳，同时另一条腿上摆，身体后仰腾空，眼睛注视来球，蹬地腿在离地后迅速上摆的同时，另一条腿则向下摆动，以脚背正面击球的后部。踢球后，两臂微屈，手掌向下，屈肘，然后背、腰、臀部依次滚动式着地。

3. 脚背内侧踢球（又称内脚背踢球）

（1）脚背内侧踢定位球

斜线助跑，助跑方向与出球方向约呈 45° 角，最后一步稍大，支撑脚底积极着地，脚尖指向出球方向，距球内侧后方 20～25 厘米，膝关节微屈。在支撑的同时，踢球腿已完成后摆，并开始以髋关节为轴，大腿带动小腿由后向前摆动，当大腿摆至与支撑腿接近同一平面时，小腿做爆发式摆动，此时脚尖外转、脚背绷直，以脚背内侧触击球，如图 7-4 所示。

AR
启动增强现实动画

图 7-4 脚背内侧踢定位球

（2）脚背内侧转身踢球

助跑结束前倒数第二步应向球的侧前方跨出（即与出球方向在支撑脚一侧的侧前方），最后一步略跳动并伴随转身支撑，脚尖对准出球方向，膝关节微屈，身体向支撑脚一侧倾斜，其余各环节与踢定位球相同。

（3）脚背内侧踢反弹球

根据来球的落点及时移动到位，在球离地（反弹）的瞬间踢球，其他的动作要求与踢定位球相同。这种踢球方法多用于踢侧方或侧前方来的由空中下落的球。

4. 脚背外侧踢球（又称外脚背踢球）

由于踢这种球的脚踝灵活性较大，摆腿方向变化较多，且助跑时又是正常的跑动姿势，故其出球隐蔽性较强。足球比赛中各种距离的弧线球及非弧线球均可使用。

（1）脚背外侧踢定位球

助跑、支撑脚站位及踢球腿摆动均与脚背正面踢球技术的3个环节相同，脚触球是用脚背外侧部位，要求膝关节和脚尖内转，脚背绷紧，触（击）球后身体随踢球腿的摆动前移。

（2）脚背外侧踢地滚球

脚背外侧踢地滚球可用于踢正前方、侧前方及侧后方来的地滚球。踢球的动作、规格要求与踢定位球相同，但支撑脚站位时应考虑球的滚动速度，以保证在脚触球的瞬间支撑脚与球的相对位置符合规格要求。

（3）脚背外侧踢反弹球

脚背外侧踢反弹球与脚背正面踢反弹球的方法相同，只是接触球时用脚背外侧部位触（击）球。

5. 脚尖踢球（又称脚尖捅球）

由于脚尖踢球时出球异常迅速，雨天场地泥泞时多使用这种踢法。还可以借助踢球腿的最大长度，踢那些距离身体较远的球。具体方法是用支撑脚跳跃上步，踢球腿屈膝前跨，髋关节尽量前送，两臂上摆协助身体向前，小腿前伸，在踢球脚落地前用脚尖捅球的后中部。

6. 脚跟踢球

脚跟踢球是用脚跟（跟骨的后面）接触球的一种踢球方法。球在支撑脚外侧时，踢球脚在支撑脚前面交叉摆到支撑脚外侧用脚跟击球。球在支撑脚内侧时，踢球脚后摆用脚跟踢球。虽然人体结构的特点决定了这种踢球方法（大腿微伸小腿屈）产生的力量小，但其出球方向是向后，故有隐蔽性和突然性。

7.2.2 运球

运球是运动员在跑动中用脚连续推拨球，使球处于自己控制范围内的动作。常用的运球技术有脚内侧、脚背正面、脚背外侧、脚背内侧运球。

1. 脚内侧运球

运球前进时支撑脚位于球的侧前方，肩部指向运球方向，支撑腿膝关

运球

节微屈，重心放在支撑腿上，另一条腿提起屈膝，用脚内侧推球前进，然后运球脚着地。肩部指向运球方向，身体侧转，虽然移动速度较慢，但身体前倾有利于将对手与球隔开，因而这种技术多用在运球中做配合传球，或有对手阻拦需用身体做掩护时。

2. 脚背正面运球

运球时身体呈正常跑动姿势，上体稍前倾，步幅不宜过大。运球腿提起，膝关节稍屈，髋关节前送，提踵，脚尖下指，在着地前用脚背正面部位触球的后中部将球推送前进。

脚背正面运球时身体呈正常跑动姿势，运动者可以发挥较快的速度，因而这种技术多用在运球前方一定距离内无对手阻拦时。

3. 脚背外侧运球

运球时身体呈正常跑动姿势，上体稍前倾，步幅不宜过大。运球腿提起，膝关节稍屈，髋关节前送，提踵，脚尖绕矢状轴向内旋转，使脚背外侧正对运球方向，在运球脚落地前用脚背外侧推拨球的后中部，如图 7-5 所示。

脚背外侧运球时，身体姿势与正常跑动时相同，因而可以发挥出较快的速度，故与脚背正面运球有相同的用途。另外，利用脚踝关节的动作可以很快改变脚背外侧所正对的方向，

图 7-5　脚背外侧运球

故在运球脚一侧改变方向时也多采用这种运球方法。这种方法能用身体将对手与球隔开，故掩护时也常使用。

4. 脚背内侧运球

身体稍侧转并协调放松，步幅小，上体前倾，运球腿提起外展，膝微屈外转，提踵，脚尖外转，使脚背内侧正对运球方向，在运球脚落地前用脚背内侧推拨球，使球随身体前进。

脚背内侧运球由于身体稍侧转，不能采用正常的跑动姿势，因此不适用于高速运球。但脚背内侧运球动作幅度大，控球稳，易于运球转换方向，非常适用于掩护性运球或运球变向，是足球比赛中常用的一种运球方法。

7.2.3　接球

接球指运动员有目的地用身体的合理部位把运行中的球停下来的技术，目的是将球控制在所需的范围内，以便更好地衔接下一个技术动作。接球的方法有多种，常用的有脚内侧、脚背正面、脚底、大腿、胸部、头部等部位的接球。

1. 脚内侧接球

脚内侧接球的触球面积大，动作简单，较易掌握，比赛中经常使用这种技术接各种地滚球、反弹球、空中球。

（1）接地滚球

身体正对来球，判断来球的速度和方向，选好支撑脚位置，膝关节微屈。接球脚根据来球的状态相应提起，膝、踝关节旋外，脚趾稍翘，用脚内侧对准来球，在触球刹那，接球部位做相应的引撤或变向接球动作，将球控制在所需要的位置上，如图7-6所示。

图7-6　接地滚球

（2）接反弹球

接球腿的小腿应与地面形成一定的夹角，向下做压推动作时，膝要领先，小腿留在后面，如图7-7所示。

AR
启动增强现实动画

图7-7　接反弹球

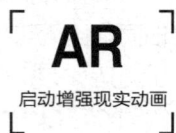

（3）接空中球

接球腿要屈膝抬起，可根据需要采用引撤或切挡动作，接球落地后应随即将球在地面控制住，如图7-8所示。

AR
启动增强现实动画

图7-8　接空中球

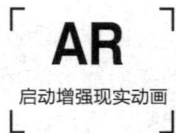

2. 脚背正面接球

脚背正面接球多用于接有较大抛物线的来球。根据球的落点，及时移动到位，脚背正面迎下落的球，当球与脚面接触的一瞬间，接球脚与球下落的速度同步，此时接球腿的膝关节、踝关节、脚趾均保持适度的紧张，脚尖微翘将球接到需要的地方，如图 7-9 所示。

3. 脚底接球

由于脚底接球技术便于掌握，易于将球接到位置，故常被用来接各种地滚球和反弹球。

图 7-9　脚背正面接球

（1）脚底接地滚球

身体正对来球方向，移动前迎，支撑脚在球的侧面（前后均可），脚尖正对来球方向，膝关节微屈。同时接球腿提起，膝关节微屈，脚背略屈，使脚底与地面夹角约小于45°（且脚跟离开地面），一般以前脚掌接触球的上部为宜。在触球瞬间，接球脚前脚掌可下点将球停住，也可根据需要在接球的同时将球推向前方或拉向身后。

（2）脚底接反弹球

根据来球落点，及时前移迎球，支撑脚在落点侧后方，脚尖正对来球方向，在球落地瞬间，用接球脚前脚掌触球的中上部，微伸膝，用脚掌将球接在体前。若需接球到身后，则应在触球瞬间继续屈膝，将球回拉，并以支撑脚前脚掌为轴旋转90°以上。

4. 大腿接球

大腿接球一般可以用来接抛物线较大的高空球和略高于膝的低平球。

（1）接抛物线较大的下落球

面对来球方向，根据球的落点迅速移动到位，接球腿大腿抬起，在球与大腿接触的瞬间大腿下撤，将球接到需要的位置上，如图 7-10 所示。

AR

启动增强现实动画

图 7-10　大腿接球

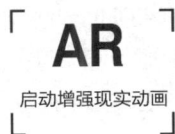

（2）接低平球

面对来球方向，根据来球的高度，接球腿大腿微屈，送髋前迎来球，在球与大腿接触的瞬间收撤大腿，使球落在所需要的位置上。

5．胸部接球

由于胸部接球部位较高，加之胸部具有面积较大、肌肉较丰满等特点，动作易于掌握，所以这是接高球的一种好方法。胸部接球包括挺胸式和收胸式两种方法。

（1）挺胸式接球

接球时，身体正对来球，两腿自然开立，膝微屈，两臂在体侧自然屈抬，上体稍后仰与来球形成一定的角度。在触球刹那，胸部主动挺送，使球触胸后向前上方弹起落于体前。挺胸式接球一般用于接有一定弧度的高球。

（2）收胸式接球

面对来球，两脚左右或前后开立，两臂自然张开，挺胸迎球，在触球瞬间收胸、收腹、臀部后移将球接在体前。若需将球接在体侧，则在触球瞬间转体将球接在转体后相应的一侧。收胸式接球多用于接齐胸高的平直球。

6．头部接球

高于胸部的来球可用头部接。根据球的运行路线，面对来球，用前额正面接触球的中下部。下颌微抬，两臂自然张开，提踵伸膝。在触球瞬间全脚掌着地，屈膝、塌腰、缩颈，全身保持上述姿势下，将球接在附近。

7.2.4 抢断

抢断技术是一种积极有效的防守手段。抢断是防守技术的综合体现，是用争夺、堵截、破坏等方式阻拦对方进攻的一种技术。一旦把球争夺过来，这就意味着组织进攻的开始。

1．正面抢断

在对方带球队员迎面而来时，可采用正面抢断方式。

两脚前后稍开立，两膝稍屈，身体重心下降，并落在两脚中间，面向对方。当对方带球或触球即将着地或刚刚着地时，立即抢球。抢球脚的脚弓正对球，并跨出一步，膝关节弯曲，上体前倾，身体重心移至抢球脚上。如对方已有准备，在双方脚同时触球时，脚触球后要顺势向上提拉，使球从对方脚背滚过，身体迅速跟上，把球控制住。当双方上体接触时，抢球人可用合理部位冲撞对方，使之失去平衡，从而将球控制在自己脚下。

2．侧面抢断

当防守队员与带球进攻的队员并肩跑动，或二人争夺迎面来球时，双方都可采用侧面抢断方式。

当与对方平行跑动争球时，身体重心要降低，两臂贴紧身体。在对方靠近自己的脚离地时，可用肩和上臂做合理的冲撞动作，使对方身体失去平衡，从而把球抢过来。

3．后面抢断（铲球）

后面抢断（铲球）是抢断技术中较困难的一种，一般是在用其他方法抢不到球时才采用铲球方式。

铲球有两种方法：一种是脚掌铲球；另一种是脚尖或脚背铲球。

当防守人追至离运球人右后方 1 米左右时，可用右脚掌或左脚尖（脚背）进行铲球。在运球人的左侧时，则用左脚掌或是右脚尖（脚背）进行铲球。如用右（左）脚掌铲球，可在运球人刚刚将球拨出时，先蹬左（右）腿，跨右（左）腿，膝关节弯曲，以脚外侧从地面滑出，用脚掌将球踢出，然后小腿、臀部、上体依次着地，身体随铲球动作向前滚动。

7.2.5 头顶球

头顶球技术是传球、射门、抢断的有效手段，特别是争高空球时头顶球技术更为重要。头顶球技术不需要等球落地就可以在空中直接处理来球，因此使用这种技术可以争取时间上的优势和主动。

头顶球的具体方法有前额正面原地顶球、助跑跳起（单脚或双脚）顶球和鱼跃式顶球等。

1. 前额正面原地顶球

面对来球，两脚前后开立，膝微屈，重心放在两脚中间。顶球前，上体先后仰，重心移到后脚上，两臂自然摆动，维持身体平衡，两眼注视来球。顶球时，两腿用力蹬地，迅速伸直，上体由后向前快速摆动，借助腰、腹和颈部力量，用前额正面将球顶出。

2. 助跑跳起（单脚或双脚）顶球

起跳前要有 3～5 步的助跑。最后一步踏跳时要用力，步幅要稍大些，踏跳脚以脚跟先着地再迅速移到脚掌，同时另一条腿屈膝上提，两臂向上摆动。身体腾起后上体随之后仰。顶球时，上体由后向前摆动，借助腰、腹和颈部力量将球顶出，然后两脚自然落地。

3. 鱼跃式顶球

对于离身体较远的低空球来不及移动到位处理，必须抢点击球时（如抢救险球、射门等）可使用鱼跃式顶球技术。当判断好来球的路线和选择好顶球点后，以单脚或双脚用力向前蹬地，身体接近水平状态向前跃出，同时两臂微屈前伸，手掌向下，眼睛注视来球，利用身体向前跃出的冲力，以额头正面顶球。顶球后，两手先着地，手指向前，接着以胸部、腹部和大腿依次着地。

7.2.6 假动作

假动作指运动员在比赛中，为了隐蔽自己真实的动作意图，利用要做动作的假象，来迷惑对方，使对方对其动作产生错误的判断或失去身体重心，形成对自己有利的形势，从而取得时间、空间位置的优势，达到自己真实动作的意图。

假动作

1．踢球假动作技术

当运动员已控制球或正准备控制球，准备与同伴配合及接球时，对手前来堵抢，挡住其路线，这时可先向一方做假动作；当对手以假当真去封堵假动作的路线时，应突然改变踢球脚法将球传或接向另一方，如图7-11所示。

图7-11　踢球假动作技术

2．头顶球与胸接球假动作技术

当队员面对胸部以上的高空来球准备接时，对手迎面逼近准备抢截，此时接球的队员可做出以胸或头接或顶的假动作诱使对手立定，以假当真；在其封堵接、传球路线时，突然改变动作，用头或胸将球顶出或接住。

3．运球假动作技术

运球假动作技术在比赛中是较常见的，它不仅用来突破正面对手，而且可以用来摆脱来自侧面和后面的对手。

当对手迎面跑来抢截球时，可用左（右）脚的脚背内侧扣拨球动作结合身体的虚晃动作，诱使对手的重心发生偏移，然后用左（右）脚的脚背外侧向同侧方向拨运球越过对手。

当对手从侧面来抢截球时，先做快速向前运球动作，诱使对手紧追，这时突然减速做停球假动作，当对手上当时，再突然起动，加速推球，向前甩掉对手。

当对手从身后来抢截球时，运球者用左（右）脚掌从球的上方擦过，做大交叉步，身体也随动作前移，诱使对手向运球者的移动方向堵截，然后以运球脚前脚掌为轴，突然向右（左）后方转身，再用右（左）脚脚背内侧将球扣回，把对手甩掉。

7.3 🏃 足球运动的战术要领

本节讲解足球运动的基本战术。

7.3.1　比赛阵形

为了适应攻守战术的需要，全队队员在场上的位置排列和职责分工称为比赛阵形。比赛阵形是本队攻守力量搭配和分工的形式。

比赛阵形根据队员的职责和排列的层次分为后卫线、前卫线和前锋线。阵形的人数排列原则是从后卫数向前锋的，守门员不计算在内。

目前，世界上普遍采用的阵形有"4-3-3""4-4-2""4-1-2-3""3-5-2"等。在以上阵形中，除"4-4-2"阵形以防守为主、反击为辅外，其他阵形均以进攻为主，尤其以"3-5-2"阵形更为突出。

选择阵形要以本队队员的特长、技能、技术水平与球队的特点为依据。此外，阵形绝不是僵化的规定，每个队员都应在明确基本位置和主要职责的前提下，进行创造性的活动。

7.3.2　局部配合进攻战术

1. "二过一"战术配合

"二过一"战术配合指两名进攻队员在局部区域通过两次或两次以上的连续传球配合，越过对方一名防守队员的战术行动。"二过一"是集体配合的基础，队员可以在任何场区、位置上运用这种方法摆脱对方的抢断或突破防线。"二过一"需要进攻的两个队员之间相距10米左右进行一传一切的配合。要求传球平稳、及时，一般多用"脚内侧""脚外侧"等脚法，以传低平球为主。球传的位置尽可能是接球人脚下或前面两三步远的地方。

2. "三过二"战术配合

"三过二"战术配合指在比赛场地中的局部区域，通过3名进攻队员的连续配合突破对方两名防守队员的防守。由于这种配合有两名同队队员可以同时接应传球，因此持球人的传球路线更多，且进攻面也更大。

7.3.3　局部配合防守战术

1. 补位

补位是足球比赛中在局部区域队员集体进行配合的一种方法。当防守过程中一名防守队员被对手突破时，另一名队员应立即上前进行封堵。

2. 围抢

围抢是足球比赛中在某局部区域，防守一方利用人数上的相对优势（通常是两三名队员）同时围堵对方的持球队员，以求在短暂时间内达到抢断球或破坏对方进攻（防守）的目的。

3. 造越位战术

造越位战术是利用规则而设计的一种防守战术，是一种以巧制胜的省力打法，因而成为一种重要的防守手段。由于该战术配合难度较大，运用不好会适得其反，让对方钻空子，因此往往被水平较高的球队所采纳，但也不宜过多运用。

7.3.4 整体进攻战术

整体进攻战术指在比赛中一方获得球后，通过队员之间的传递配合达到射门的目的而采用的配合方法。与局部进攻战术相比，整体进攻战术具有进攻面更加扩大、进攻和反击速度更快等特点。

1. 边路进攻

边路进攻一般是围绕边锋进行的配合方法，因此边锋的速度要快，个人突破能力要强，传中技术要突出。其方法是由守转攻时，获球队员将球传给边锋或其他边路上的队员，从边路发起进攻，经过局部配合突破后，一般采用下底和回扣传中方式，将球传到中央，由其他队员包抄射门。

2. 中路进攻

中路进攻时，必须要求边锋拉开，借以牵制对方的后卫，诱使对方中间区域出现较大的空隙，为中路进攻创造有利条件。前场和中场队员要机动灵活地跑位，以有效调动拉开对方的防线。进攻的推进应有层次和梯队。传球要准确，技术动作应在跑动中准确、简练地完成。

3. 快速反击

比赛中当攻方进攻时，其后卫线往往压至中场附近，防守人数也由于插上进攻和助攻而相对减少，此时如防守方能抓住对方存在防区空隙较大且回防速度较慢的机会，趁攻方失球之机发动快速反击，往往能取得很好的效果。但其难度较大，既要冒险，又要有准确、快速的传切配合技能。

7.3.5 整体防守战术

整体防守战术主要有人盯人防守、区域防守和综合防守3种。

1. 人盯人防守

人盯人防守指被盯防的对手跑到哪个位置就盯防到哪里的一种防守战术。人盯人防守分为全场盯人和半场盯人。这种防守方法是对口盯人，分工明确，但体力消耗大，一旦被突破，很难补位，会使整个防线出现很大的漏洞。因此，在比赛中单纯采用人盯人防守的方法是不利的。

2. 区域防守

由攻转守时，根据场上位置的分布，每个防守队员负责防守一定的区域；当对方队员跑到本区域时就负责盯防，离开这个区域就不再跟踪盯防。这种战术较为省力。但是，对方可以任意交叉换位，容易造成局部以少防多的被动局面。因此，目前在比赛中已很少采用这种防守方法。

3. 综合防守

综合防守指将盯人防守与区域防守相结合的防守方法。综合防守是目前在比赛中普遍采用的一种防守方法，它集中了盯人防守和区域防守的优点，从而在防守中能根据场上情况进行逼抢、盯人、保护与补位，以达到防守的目的。

7.4 🏃 足球运动的竞赛规则

正式的国际足球比赛分为上、下两个半场，每半场 45 分钟，中间休息 15 分钟。

足球比赛分组循环赛期间的积分为胜一场积 3 分，平 1 场积 1 分，负 1 场积 0 分，最终以积分多少决定小组名次。如积分相等，则根据赛前规程确定的不同名次判定标准的规定排定名次。

7.4.1 运动员和裁判员

每队上场队员不得多于 11 名，其中必须有一名守门员。如果场上一队的队员少于 7 人，则比赛不能开始。奥运会足球比赛中，每场比赛最多可以使用 3 名替补队员；场外和场上队员未经裁判员许可不能擅自进出场地。比赛时，守门员和其他队员的位置不能随意交换，如需要交换，须经过裁判员同意。

一场正式的足球比赛由一名裁判员、两名助理裁判员和一名第 4 官员负责裁判工作。裁判员的职责：有场上最终判决权，决定比赛时间是否延长、比赛是否推迟和终止。助理裁判员的职责：示意越位及球出界，协助主裁判员进行场上判罚，但没有最终判决权。

7.4.2 进球

当球的整体从球门柱间及横梁下越过球门线，而球员此前未违反比赛规则，即为进球得分。

有时在比赛中会看到球打到横梁后落地又弹回场内，裁判员可以根据自己的观察来确认球是否越过球门线，这种判决有时会引起很大争议。

7.4.3 任意球和点球

1. 任意球

足球比赛的任意球分为两种。一种是直接任意球，主要是针对恶意踢人、打人、绊倒对方的行为判罚。另外，用手拉扯、推搡对方和手触球的行为也属于这一类，还有辱骂裁判员、辱骂他人的行为也要判罚直接任意球。这种任意球可直接射门得分。如果这些行为发生在罚球区，就要判罚球点球。另一种是间接任意球的判罚，危险动作、阻挡、定位球的连踢的行为就属于这一类判罚。这种任意球不能直接射门得分，只有当球在进门前触及另外一名队员才可得分，罚球区内这种犯规不能判罚球点球。

无论直接任意球还是间接任意球，防守方都要退出 9.15 米线以外，如果不按要求退出 9.15 米线以外，裁判员可出示黄牌做出警告。

2. 罚球点球

在罚球区内直接任意球的犯规要判罚球点球。罚球点球时，双方队员不能进入罚球区。如防守方进入罚球区，进球有效，不进则重罚；如进攻方进入罚球区，进球应重踢，如不进则为防守方球门球。在罚球点球时，守门员可以在球门线上左右移动，但不可以向前移动。

7.4.4 红牌和黄牌

对于足球比赛中出现的一些严重犯规，裁判员在判罚时，根据犯规性质的不同可出示红牌或黄牌。裁判员出示红牌的情况：有恶意的犯规或暴力行为，有故意手球、辱骂他人的行为，同一场比赛中同一人得到两张黄牌。

裁判员出示黄牌的情况：有违反体育道德的行为，有用语言和行为表示不满的情况，有连续犯规、故意延误比赛、擅自进出场地的行为。

7.4.5 暂停比赛和伤停补时

1. 暂停比赛

正式的足球比赛一般场上不能暂停，只有在极特殊的情况下，如队员受伤或发生意外纠纷才鸣哨暂停。恢复比赛是在比赛停止时球所在的地点坠球，重新开始比赛。现在足球比赛的道德水准普遍很高，通常一方如看到场上有受伤队员，都会将球踢出界。恢复比赛时，对方也会将球踢回。

2. 伤停补时

足球比赛有时根据场上情况在比赛时间上需要补时，有时是 1～2 分钟，最长可达 5～6 分钟，时间长短的确定由裁判员决定。造成补时的主要原因：一是处理场上受伤者，二是拖延时间，三是其他原因。

7.4.6 越位

足球比赛构成越位要满足以下条件：在同伴传球时，脚触球的瞬间，在对方半场内如果同伴的位置与倒数第二名对方队员的位置相比更靠近对方球门线，这时该队员处于越位位置。需要说明的是，与对方倒数第二名队员处于平行时不判越位。裁判员在下列情况中判罚越位犯规：干扰比赛、干扰对方队员、利用越位位置获得利益。

Chapter 08

第8章

排球

课前思考：

1. 排球有哪些基础动作？
2. 排球有哪些战术要领？
3. 排球有哪些竞赛规则？

8.1 🏃 排球运动介绍

本节介绍排球运动的起源，阐述我国排球运动的发展。

8.1.1 排球运动的起源

排球（Volleyball）运动始于 1895 年，创始人是美国人威廉·摩根。第一部排球规则发表在 1896 年 7 月出版的《体育》杂志（美国）上。最初的排球比赛没有人数规定，赛前由双方临时商定，只要双方人数相等即可。

在美国，排球很快受到教会、学校和社会的广泛重视，同时也被列为军事体育项目。1896 年美国开始举行排球比赛。1947 年，国际排球联合会成立；1949 年，第 1 届世界男子排球锦标赛举行；1964 年，排球被列为第 18 届奥运会正式比赛项目。

20 世纪 50 年代初，东欧各国主要依靠高点强攻和个人进攻战术的变化取胜，并一直处于世界领先地位。20 世纪 60 年代，日本女排在国际排坛崛起，创造了垫球、滚翻救球、勾手飘球等技术。1965 年，排球规则进行了重大修改，允许伸手过网拦网。

8.1.2 我国排球运动的发展

排球运动于 1905 年传入我国，当时仅在广东等地开展。

自 20 世纪 50 年代起，我国排球运动有了较快的发展，形成了一套以快球为中心的快攻掩护战术，此后男排在掌握"盖帽"拦网技术的基础上，创造了"平拉开"扣球新技术，发展了我国排球快攻打法的特点。20世纪70年代中期，我国首创了"时间差"打法。男排创造了"前飞""背飞""拉三""拉四"等技术，丰富了快中有变的自我掩护打法，在世界比赛中取得了良好的成绩。1979年，中国男排、女排分别夺得了亚洲排球锦标赛男子组和女子组的冠军，并获得了奥运会参赛资格，实现了冲出亚洲的愿望。1981—1986年，中国女排连获5次世界冠军，在国际排坛上书写了辉煌的纪录。

8.2 🏃 排球运动的基础动作

本节将讲解准备姿势、移动、发球、垫球、传球、扣球、拦网等排球的基础动作。

发球、垫球、传球、扣球、拦网是排球的5个基本击球动作，这种直接触球的动作技术称为有球技术。而各种准备姿势、移动、助跑、起跳、倒地等没有直接触球的配合动作，称为无球技术。

8.2.1 准备姿势

按照身体重心的高低，准备姿势可分为稍蹲准备姿势、半蹲准备姿势和低蹲准备姿势3种，如图8-1所示。

1. 稍蹲准备姿势

两脚左右开立与肩同宽，一只脚在前，两膝微屈，身体重心位于两脚之间，并稍靠近前脚，后脚跟稍提起，上体稍前倾，两臂放松，自然弯曲置于腹前。两眼注视球并兼顾场上各种情况，两脚保持微动状态。

图8-1　准备姿势

2. 半蹲准备姿势

两脚开立略比肩宽，两膝弯曲，脚跟自然提起，上体前倾，重心靠前，两臂放松，自然弯曲置于腹前，两眼平视，注意来球，两脚始终保持微动。

3. 低蹲准备姿势

身体重心比半蹲准备姿势更低、更靠前，两脚左右、前后的距离更大一些，膝部弯曲的程度大于半蹲准备姿势。肩部垂直线过膝，膝部垂直线超过脚尖。两手臂置于胸腹之间。

8.2.2 移动

移动由起动、移动步法和制动3个部分构成。

1. 起动

起动是移动发力的开始，它的快慢是移动的关键，起动的速度取决于正确的准备姿势、反应能力和腰腿部的速度和力量。

2．移动步法

起动后应根据临场战术的需要，灵活地采用各种移动步法进行移动。

（1）并步与滑步

并步时如向前移动，则后脚蹬地，前脚向来球方向跨出一步，后脚迅速跟上做好击球准备。连续并步就是滑步。

（2）跨步与跨跳步

跨步时如向前移动，则后脚用力蹬地，前脚向来球方向跨出一大步，膝部弯曲，上体前倾，身体重心移至前腿上。跨步过程中有跳跃腾空即为跨跳步。

（3）交叉步

以向右交叉步为例，上体稍向右转，左脚从右脚前面向右交叉迈出一步，然后右脚再向右跨出一大步，同时身体转向来球方向，保持击球前的姿势。

（4）跑步

跑步时两臂要配合摆动，如球在侧方或后方时应边转身边跑。

（5）综合步

综合步即以上各种步法的综合运用。

3．制动

在快速移动之后，为了保持稳定的击球姿势和克服身体惯性的冲力，必须运用制动技术。

（1）一步制动法

一步制动时，最后跨出一大步，同时降低重心，膝和脚尖适当内转，全脚掌横向蹬地，抵住身体重心继续移动的趋势，并用腰腹力量控制上体，使身体重心的投影落在两脚所构成的支撑面内。

（2）两步制动法

两步制动时，以倒数第二步做第一次制动，接着跨出最后一步做第二次制动，同时身体后仰，重心下降，双脚用力蹬地，使身体处于做下一个动作的有利姿势。

8.2.3 发球

发球是 1 号位队员在发球区内自己抛球后，用一只手将球直接击入对方场区的一种击球方法。发球是排球技术中唯一不受他人制约的技术。

1．正面上手发球

队员面对球网，两脚前后自然开立，左脚在前，用左手托球于身前，抬高手臂，手掌平托上送，将球平稳地垂直抛于右肩前上方，高度适中。

发球

在左手抛球的同时，右臂抬起，屈肘后引，肘与肩齐平，上体稍向右转。击球时，利用蹬地、转体和收腹的力量带动手臂挥动，在右肩前上方伸直手臂到最高点，以全手掌击球的中下部，如图 8-2 所示。击球时，手指自然张开吻合球，手腕要迅速主动地做推压动作，使击出的球上旋飞行。为了加强发球的力量和攻击性，还可采用一步、两步或多步的助跑发球方法。

图 8-2　正面上手发球

跳发球是在端线附近助跑起跳的上手发球（见图 8-3），极具攻击性，但技术难度较大，需要球员同时具备相当好的弹跳力、爆发力和控制能力。

图 8-3　跳发球

2．正面上手发飘球

正面上手发飘球是采用正面上手的形式，使发出的球不规则地飘晃飞行的一种发球方法。

准备姿势同正面上手发球，但抛球比正面上手发球稍低、稍靠前。击球前，手臂自后向前做直线挥动。击球时，五指并拢，手腕稍后仰，用掌根平面击球的中下部，作用力通过球体重心。击球瞬间手指、手腕紧张，手形固定，不加推压动作，并有手臂突停动作，如图 8-4 所示。

图 8-4　正面上手发飘球

3．正面下手发球

正面下手发球是正面对网，手臂由后下方向前摆动，在腹前将球击入对方场区的发球方法。

面对球网，两脚前后开立，左脚在前，两膝微屈。上身稍前倾，重心更多地落在后脚。左手持球于腹前，将球轻轻抛起在体前右侧，离手约 20 厘米，在抛球的同时右臂伸直以肩为轴向后摆动，借右腿蹬地力量，身体重心随着右手向前摆动击球而移至前脚上。在腹前以全手掌、掌根或虎口击球的后下方，如图 8-5 所示。

图 8-5　正面下手发球

4．勾手飘球

勾手飘球采用侧面对网站位，可利用身体转动和腰部力量带动手臂快速挥动击球，比较省力。勾手飘球是目前排球比赛中常用的一种发球方法，男、女队员均可采用。

发球队员应左肩对网，左手将球平衡抛向左肩前上方，抛至相同于击球点的高度。在抛球的同时，右臂伸直向身体右侧后下方摆动，身体重心移至右脚。当球开始上升到最高点时，右脚蹬地，身体向左侧转动，带动手臂沿弧线轨迹挥动，在右肩前上方以掌根或半握拳拇指根部坚硬平面击球后中下部，击球一瞬间，手腕稍后仰并保持紧张，用力集中，作用力要通过球体的重心。击球后，可做突停或下拖动作，但不能有推压的动作。

8.2.4　垫球

垫球在比赛中主要用于接发球、扣球、拦回球及防守和处理各种困难球。现将几种常用的垫球技术做如下介绍。

1．正面双手垫球

正面双手垫球是双手在腹前垫击来球的一种垫球方法，是各种垫球技术的基础，是基本的垫球方法，适用于接各种发球、扣球和拦回球，在困难时也可以用来组织进攻。

正面双手垫球的基本手形有抱拳式、叠掌式和互靠式，如图 8-6 所示。

抱拳式　　叠掌式　　互靠式

图 8-6　正面双手垫球的基本手形

正面双手垫球在垫轻球、垫中等力量来球和垫重球时，其动作方法是有一定区别的。

（1）垫轻球

垫轻球采用半蹲准备姿势，双手呈垫球手形，手腕下压，两臂外翻形成一个平面，当球飞到腹前一臂距离时，两臂夹紧前伸，插到球下，向前上方蹬地抬臂，迎击来球，利用腕关节以上 10 厘米左右处的桡骨内侧平面击球的后下部，身体重心随击球动作前移，如图 8-7 所示。

图 8-7　垫轻球

（2）垫中等力量来球

垫中等力量来球的动作方法与垫轻球相同，由于来球有一定力量，因此击球动作要小，速度要慢，手臂适当放松。

（3）垫重球

垫重球时，根据来球的高低和角度，采用半蹲或低蹲准备姿势，击球时要含胸、收腹，手臂要随球屈肘后撤，适当放松，以缓冲来球力量。在撤臂缓冲的同时，用微小的前臂动作和手腕动作控制垫球方向和角度。

2. 体侧垫球

体侧垫球简称侧垫，是在身体侧面垫球的一种垫球方法。其特点是控制来球面宽，但较难把握垫击的方向、弧度和落点。

左侧垫球时，以右脚前脚掌内侧蹬地，左脚向左跨出一步，身体重心随即移至左脚，并保持左膝弯曲，两臂夹紧向左侧伸出，左臂高于右臂，右肩向下倾斜，再向右转腰和收腹，配合两臂在体侧截击球的后下部，如图8-8所示。

图8-8　左侧垫球

3. 跨步垫球

向前或向侧面跨出一步的垫球方法称为跨步垫球。当来球的速度较快、弧线低、距身体1米左右时，可采用跨步垫球的方法。跨步垫球时，当判断来球的落点后，迅速向来球方向跨出一大步，屈膝深蹲，臀部下降，两臂夹紧伸直插入球下，用两前臂的内侧平面击球的后下部，对准垫出方向，将球平稳垫起，如图8-9所示。

图8-9　跨步垫球

4. 单手垫球

当来球较远、速度较快、来不及或不便使用双手垫球时，可采用单手垫球方法。单手垫球动作快、垫击围大，但触球面积小，不易控制。单手垫球可采用各种步法接近球，可采用虎口、半握拳、掌根、手背及前臂内侧击球。

8.2.5 传球

传球是排球运动的一项重要技术，是组织进攻战术的基础。传球主要运用在第二传，用于衔接防守和进攻。

常见的传球方式有以下 3 种。

1. 正面传球

面对出球方向的传球动作称为正面传球。正面传球是基本的传球技术，是其他传球技术的基础。

采用稍蹲准备姿势，当来球接近额头时，开始蹬地、伸膝、伸臂，两手微张经脸前向前上方迎球。击球点在额头前上方约一球距离处。当手触球时，两手自然张开呈半球形，手腕稍后仰，两手拇指相对呈"一"字形或"八"字形，两手间有一定距离，用拇指内侧、食指全部，以及中指的二三指节触球的后下部，无名指和小指在球两侧辅助控制传球方向。两肘适当分开，两前臂之间约成 90° 夹角，传球时主要依靠腿、臂、手指、手腕的力量，以及球的反弹力，如图 8-10 所示。

图 8-10 正面传球

2. 背传球

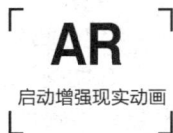

背对传球目标的传球技术称为背传球。身体背面要正对传球目标，上体保持直立或稍后仰，身体重心在两脚之间，双手自然抬起，放松置于脸前。迎球时，抬上臂、挺胸、上体后仰。击球点保持在额上方，比正面传球的击球点稍高、稍靠后。触球时，手腕后仰并适当放松，掌心向上，击球的下部，手形与正面传球相同，如图 8-11 所示。背传球的动作要领是蹬地、展腹、抬臂、伸肘，依靠手指、手腕的弹力，将球向后上方传出。

AR
启动增强现实动画

图 8-11 背传球

3. 跳传

跳传是当一传弧线较高又接近球网时，所采用的跳起传球技术，目前在比赛中运用比较广泛，一般用于二传。跳传可起到加快进攻速度和迷惑对方的作用，并且可使进攻战术多样化，扩大进攻的范围，减少二传环节中的失误。

起跳时，首先选好起跳点和掌握好起跳时间。起跳后，两臂屈肘抬起，两手置于脸前，击球点保持在额上方，在跳至最高点时，做伸臂动作，用手指、手腕的弹力将球传出，如图 8-12 所示。由于人在空中，无法用上伸腿蹬地的力量去传球，因此，要加大伸臂的幅度和速度。

图 8-12　跳传

8.2.6　扣球

扣球是有效的进攻手段，它的攻击力强，在比赛中占有非常重要的地位。

1. 正面扣球

正面扣球是扣球技术中的一种重要技术，是比赛中运用较多的一项进攻性技术，适用于近网扣球和远网扣球。

（1）准备姿势

扣球助跑前采用稍蹲姿势，两臂自然下垂，站在离网 3 米左右处，身体转向来球方向，观察来球，做好向各个方向助跑起跳的准备。

（2）助跑

助跑开始时，左脚先向前迈出一步，紧接着右脚再快速跨出一大步，左脚及时跟上，踏在右脚之前，两脚尖稍向右转。两臂绕体侧向上引摆。

（3）起跳

在助跑跨出最后一步（即第二步），左脚跟上踏地制动的同时，两臂自后积极向前摆动，随着双腿蹬地向上起跳，两臂配合起跳有力地向上摆动。

（4）空中击球

起跳后，挺胸展腹，上体稍向右转，右臂向后上方抬起，身体成反弓形。挥臂时，应迅速转体、收腹发力，依次带动肩、肘、腕各关节向前上方成鞭甩动作挥动。击球时，五指微张，以掌心为主，全掌包满球，在手臂伸直的最高点的前上方击球的后中部，同时主动用力屈腕屈指向前推压球，使扣出的球呈上旋状态。

（5）落地

落地时，以两脚前脚掌先着地再迅速过渡到全脚掌着地，同时顺势屈膝、收腹，以缓冲下落的力量，立即为下一个动作做好准备。

2. 调整扣球

调整扣球是指在接发球或后排防守垫球不到位时，二传队员为从后场区将球传到网前所进行的扣球。调整扣球技术动作与正面扣球相似，但由于二传球来自后场区，有近网球，也有远网球，还有拉开球和集中球，与球网有一定的角度并且弧线不固定，扣球队员难以判断，因此扣这种球难度较大。因此，扣球队员要准确判断来球的方向、弧线、速度和落点，调整好人和球的位置，选择好起跳点，掌握好起跳时间，根据人和球网的距离，合理地采用不同的扣球方法，控制好扣球的力量、速度、方向、路线和落点。

3. 扣快球

扣快球是扣球队员在二传队员传球前或传球的同时起跳,并迅速将二传队员传出的球,击入对方场区的扣球技术。扣快球在时间上争取主动,起到攻其不备、突然袭击的作用,可使对方拦网和防守产生判断错误。这种扣球的特点是速度快、力量大、时间短、落点近、突然性强、牵制能力大。扣快球技术动作方法较多,有近体快球、半快球、短平快球、平拉开快球、背快球、背平快球、调整快球等。

4. 自我掩护扣球

（1）时间差扣球

扣球队员利用起跳时间的差异迷惑对方拦网的扣球称为时间差扣球。这种扣球可运用在近体快球、背快球、短平快球等扣球中。扣球时,按扣快球的助跑、摆臂节奏佯作起跳,以诱使对方起跳拦网。待对方拦网队员下落后,扣球队员立即原地起跳扣半高球。

（2）位置差扣球

扣球队员按扣球的时间助跑,在助跑后佯作踏蹬、下蹲与摆臂动作明显的起跳扣球,但助跑后不起跳,待对方队员拦网起跳时,突然变向侧跨出一步,动作幅度、挥臂幅度小,速度快,用双足或单足"错"开拦网人的位置起跳扣球,称为位置差扣球,或称错位扣球。

（3）空间差扣球

扣球队员利用助跑的冲力和专门的踏蹬技术,使身体向前上方跃出,把正面区位盯人拦网的对手甩开,使扣、拦在空中出现差误,称为空间差扣球,也叫冲飞扣球。

8.2.7 拦网

1. 单人拦网

单人拦网是集体拦网的基础。其动作包括准备姿势、移动、起跳、空中动作和落地部分,如图 8-13 所示。

拦网

图 8-13 单人拦网

（1）准备姿势

队员面对球网,两脚左右开立,约与肩同宽,距网 30 ~ 40 厘米。两膝微屈,两臂屈肘置于胸前。

（2）移动

常用步法有一步、并步、交叉步、跑步等。无论采用哪种移动步法,都要做好制动动作,以避免向上起跳时触网和冲撞同队队员。

（3）起跳

原地起跳时，两腿屈膝，重心降低，随即用力蹬地，两臂以肩发力，在体侧近身处画弧或前后摆动，帮助身体迅速跳起。移动后的起跳，其动作与原地起跳一样，但要注意制动并使移动与起跳动作紧密衔接。

（4）空中动作

起跳时，两手从额前沿球网向上方伸出，两臂伸直并保持平行，两肩上提。拦网时，两臂应伸过网去接近球。两手自然张开，屈指、屈腕呈半球状。当手触球时，两手要突然收紧，手腕下压盖在球的前上方。

（5）落地

拦球后，要做含胸动作，以保持身体平衡。手臂要先后摆或上提，从网上收回至本方上空，再屈肘向下收臂。同时屈膝缓冲，双脚落地，随即转身面向后场区，准备接应来球或准备做下一个动作。

2. 双人拦网

由前排两名队员互相靠近，同时起跳组成的拦网，称双人拦网。双人拦网是集体拦网的一种，是比赛中常用的一种拦网形式，主要在对方大力扣球时采用。

双人拦网时，应以一人为主拦队员，另一人为配合队员。但主拦队员不是固定的，一般情况下距对方扣球点近的队员应为主拦队员。主拦队员必须抢先移动到正对扣球点的位置，做好起跳准备，配合队员则迅速移动靠近主拦队员准备同时起跳。两队员之间的距离一定要合适，距离太远，跳起后将出现"空门"；距离太近，起跳时互相干扰，致使双方都跳不高。双人拦网起跳时，两人的手臂应该在体前画小弧向上摆伸，身体要尽量垂直向上起跳，防止互相碰撞或干扰。手臂在空中既不能重叠，造成拦击面缩小，又不能间隔太宽，造成中间漏球。扣球靠近边线时，靠边线近的拦网队员外侧的手应适当内转，以防打手出界。

3. 三人拦网

三人拦网也是集体拦网的一种形式。它是在对方扣球进攻力强，路线变化多，但很少轻扣和吊球时采用。三人拦网的动作方法与双人拦网相似，关键在于移动迅速、取位恰当、配合密切。无论对方从哪个位置进行扣球，一般都以3号位队员为主拦队员，2号、4号位队员为配合队员。由于三人拦网对配合的要求高，加之减弱了防守、保护的力量，故只在很有必要的情况下才采用。

拦网队员要在瞬间从防守转为进攻、从被动转为主动，而完成这些都要在空中进行，所以难度较大，这就要求拦网队员应积极主动，判断准、起动快、跳得高、下手狠。

8.3 ⚡ 排球运动的战术要领

本节阐述阵容配备、进攻战术、防守战术等排球的基本战术。

排球运动是一项集体竞赛项目，不仅要求每个队员有比较熟练的基本技术，而且要求全队密切配合，战术运用得当，发挥全队每个队员的特长，取得比赛的胜利。

8.3.1　阵容配备

1.　"三三"配备

"三三"配备形式由 3 名进攻队员和 3 名二传队员组成。站位时，1 名进攻队员间隔 1 名二传队员。目前采用这种配备形式的球队比较少，它一般适用于初学者和水平较低的球队。

2.　"四二"配备

"四二"配备形式由 4 名进攻队员（主攻队员和副攻队员各 2 名）和 2 名二传队员组成，他们分别站在对角的位置上。目前，在水平一般的球队中采用这种配备形式的比较多。

"四二"配备的优点是每一轮次前排都有 1 个二传队员和 2 个进攻队员，便于组织"中二三""边二三"进攻，战术配合有一定的稳定性。缺点是前排进攻点相对较少，隐蔽性差，不能适应高水平球队的要求。

3.　"五一"配备

"五一"配备形式由 5 名进攻队员和 1 名二传队员组成。位置的安排与"四二"配备基本相同，只是由 1 名进攻队员站在与二传队员对应的位置上以接应二传队员，其目的是应对在主二传来不及到位传球时出现的漏洞，但主要还是承担进攻任务。这种阵容配备在水平较高的球队中普遍采用。

"五一"配备的优点是加强了拦网和前排进攻力量，全队的进攻队员只需适应 1 名二传队员的技术特点，有利于统一指挥、相互配合，能够更好地控制比赛的节奏，使进攻战术富于变化。缺点是当二传队员轮转到前排时，有 3 轮前排只有 2 名进攻队员，影响了前排整体进攻的威力。

8.3.2　进攻战术

进攻战术主要有以下 3 种形式："中一二"进攻战术、"边一二"进攻战术和"插上"进攻战术。

1.　"中一二"进攻战术的形式特点

"中一二"进攻战术容易组织，但战术变化少，只能两点进攻，战术意图容易被识破，战术的突然性和攻击性弱。其变化形式有：扣球队员通过二传队员传出集中、拉开、背传和平快等各种球，采用斜线助跑、直线助跑和跑动中变步起跳扣球等。

2.　"边一二"进攻战术的形式特点

"边一二"进攻战术形式简单，容易掌握，也是基本战术形式之一。"边一二"进攻战术的变化形式除"中一二"进攻战术形式变化外，还可组织"快球掩护拉开""前交叉""围绕""快球掩护夹塞""梯次""短平快掩护拉开""掩护活点进攻"等战术。

3.　"插上"进攻战术的形式特点

"插上"进攻战术的特点为保持前排 3 人进攻，充分利用网的全长，发挥每名队员的特点，能够快速、多变地组织各种战术。进攻的突破点多、变化大，使对方难以有效地组织集体拦网和防守。

8.3.3 防守战术

这里主要介绍"心跟进"和"边跟进"两种防守战术。

1. "心跟进"防守战术

在本方拦网能力强，对方采取打吊结合时采用"心跟进"防守战术。当对方4号位队员进攻时，本方2号、3号位队员拦网，后排中心的6号位队员在本方拦网时跟在拦网队员后进行保护，其余3名队员组成后排弧形防守。其优点是加强了前场区的防守能力，缺点是后排防守队员之间的空当较大。

2. "边跟进"防守战术

多在对方进攻较强、吊球较少时采用"边跟进"防守战术。当对方4号位队员进攻时，本方2号、3号位队员拦网，其他4名队员站成半圆弧形防守。如遇对方吊前场区，由边上1号位队员跟进防守。其优点是加强了拦网力量，缺点是边上的队员既要防直线，又要跟进防前区，比较困难。

8.4 ⚡ 排球运动的比赛规则

排球是一项集体比赛项目，由两队12名队员组成，两队各派6名队员在由球网分开的场区上进行比赛。

比赛的目的是各队遵照规则，将球击过球网，使其落在对方场区的地面上，而防止球落在本方场区的地面上。每队可击球3次（拦网触球除外），将球击回对方场区。

比赛由发球开始，发球队员击球使其从网上飞至对方场区，比赛由此连续进行，直至球落地、出界或某一队不能合法地将球击回对方场区。

排球比赛采用五局三胜制，胜三局的队胜一场。比赛中，某队胜1球，即得1分（每球得分制）。接发球队胜1球时得1分，同时获得发球权，队员按顺时针方向轮转一个位置。每局比赛（决胜局第五局除外）先得25分并同时领先对手2分以上的队胜一局。当比分为24：24时，比赛继续进行至某队领先2分（26：24、27：25、…）为止。决胜局先得15分并同时领先对手2分以上的队获胜。当比分为14：14时，比赛继续进行至某队领先2分（16：14、17：15、…）为止。

8.4.1 发球犯规

发球犯规包括发球击球时的犯规和发球击球后的犯规。

发球击球时的犯规包括：（1）发球次序错误；（2）发球队员在击球或击球起跳时，踏及场区（包括端线）或发球区以外地面；（3）发球队员在第一裁判员鸣哨允许发球后8秒内未将球击出；（4）球未被抛起或持球手未清楚撤离就击球；（5）双手击球或单手将球抛出、推出；（6）将球抛起准备发球却未击球。

发球击球后的犯规包括：（1）球触及发球队其他队员或球的整体没有从过网区内通过

球网的垂直平面；（2）界外球；（3）球越过发球掩护的个人或集体（在发球时，某一队员或两名以上队员密集站位或挥臂跳跃、移动遮挡接发球队员，且发出去的球从他或他们上空飞过，则构成个人或集体发球掩护犯规）。

8.4.2 击球时的犯规

1. 连击犯规

排球比赛时，队员身体任何部分均可触球，但一名队员（拦网队员除外）连续击球两次或球连续触及身体的不同部位即为连击犯规。但在第一次击球时，允许在同一击球动作中，球连续触及队员身体的不同部位。

2. 持球犯规

队员在比赛中，身体任何部分均可触球，但球必须被击出，不得被接住或抛出，否则即为持球犯规。

3. 4 次击球犯规

一个队连续触球 4 次（拦网除外）为 4 次击球犯规。队员不论是主动击球还是被动触及，均算该队击球一次。

4. 借助击球犯规

队员在比赛场区内借助同伴或任何物体的支持进行击球，皆为借助击球犯规。

5. 队员在球网附近的犯规

队员在球网附近的犯规包括过网击球犯规、过中线犯规、触网犯规和网下穿越进入对方空间妨碍对方比赛犯规等。对方进攻性击球前或击球时，在对方空间触及球为过网击球犯规。比赛进行中，队员整只脚、手或身体其他任何部分越过中线并接触对方场区，为过中线犯规。比赛过程中，队员触网或触标志杆不是犯规，但队员在击球时或干扰比赛情况下的触网或触标志杆为犯规。队员击球后可以触及网柱、全网以外的网绳或其他任何物体，但不得影响比赛。比赛过程中，在不妨碍比赛的情况下，允许队员在网下穿越进入对方空间。若网下穿越进入对方空间的队员妨碍了对方比赛则为犯规。

6. 同时击球

双方队员或同队队员可以同时触球。同队的两名或两名以上队员同时触到球，被计为两次或两次以上击球（拦网除外）。双方队员在网上同时击球后，如果球落入场内，应继续比赛，获得球的一方仍可击球 3 次。

7. 拦网犯规

拦网犯规包括过网拦网犯规、后排队员拦网犯规、拦发球犯规和从标志杆外伸入对方空间拦网犯规几种情况。在对方进攻性击球前或击球时，在对方空间拦网触球为过网拦网犯规，判断过网拦网的依据是进攻队员与拦网队员触球时间的先后。后排队员或后排自由防守队员完成拦网或参与完成集体拦网，为后排队员拦网犯规。拦对方发过来的球为拦发球犯规。从标志杆外伸入对方空间拦网并触球为拦网犯规。

8. 后排队员进攻性击球犯规

后排队员在前场区内或踏及进攻线（或其延长线），将整体高于球网上沿的球，击过球网垂直面或触及对方拦网队员，则为后排队员进攻性击球犯规。

8.4.3 位置错误

排球规则规定，当发球队员击球时，如果场上队员不在其正确位置上，则构成位置错误犯规。下列情况之一者均为位置错误犯规：（1）发球队员击球时，场上其他队员未完全站在本场区内；（2）发球队员击球时，场上队员未按"每一名前排队员至少有一只脚的一部分比同列后排队员的双脚距中线更近"的规定站位；（3）发球队员击球时，场上队员未按"每一名左边（右边）队员至少有一只脚的一部分比同排中间队员的双脚距左（右）边线更近"的规定站位。

8.4.4 暂停和换人

在比赛中，每局每队最多可以请求2次暂停并有6次换人机会，暂停时间限制为30秒。第1～4局，每局另外有2次时间各为60分的技术暂停，每当领先队达到8分和16分时自动执行。决胜局（第5局）没有技术暂停，每队在该局中可请求2次30秒的普通暂停。

8.4.5 自由防守队员的有关规定

排球比赛的各队可以在最后确认的12名队员中选择1名作为自由防守队员（Libero）。自由防守队员身着区别于其他队员颜色的服装。比赛前，自由防守队员必须登记在记分表上，并在旁边注明"L"字样，其号码必须登记在第一局上场阵容位置表上。自由防守队员仅作为特殊的后排队员参加比赛，在任何位置上（包括比赛场区和无障碍区）都不得将高于球网的球直接击入对方场区完成进攻性击球。自由防守队员不得发球、拦网或试图拦网。自由防守队员在前场区进行上手传球且所传球的整体高于球网上沿时，其同伴不得在高于球网处完成对该球的进攻性击球。

8.5 🏃 排球课教学设计

8.5.1 设计思路

1. 本次设计的目标

本次课的目标是提高学生审美能力，弘扬社会主义道德，使学生坚定理想信念，引导学生自主探究、共同进步。

2．教学设计内容

（1）课前

结合图片向学生介绍中国女排的十一连胜事迹，引导学生学习中国女排的职业精神、工匠精神、爱国奉献和拼搏进取的精神，不断加强学生的道路自信、理论自信、制度自信和文化自信，激发学生学习兴趣。

导入排球相关视频，挖掘体育运动中的美德因素，让学生学会欣赏体育独有的力量美、速度美、毅力美等，增强学生的审美意识。

（2）课中

通过活动先传授排球的文化、发球原理、发球种类和技术特点，再引入情景模拟和角色体验，以"辨违规"来学"规则"，对学生进行社会主义道德教育，培养学生的规则意识，增强自身的纪律观念。

学生自主探索实践正面上手发球技术必然会遇到瓶颈，教师通过系统地讲述和指导练习帮助学生解决问题，培养学生的实践思维能力。

（3）课后

教师通过教学比赛过程反馈的学习状态和学习成果进行总结，从课程思政出发引导学生反思自己是否完成课程目标，积极思考弘扬社会主义道德、坚定理想信念的意义，并能逐步吸收和融入自己的日常学习与生活中。

8.5.2 "排球的正面上手发球"案例描述

【课前导入】

分享课前预习课件，展示电影《夺冠》的片段，导入女排精神。

提问引导：同学们，大家这段主要视频展示了中国女排的哪场比赛？

教师小结：2016 年里约奥运会四分之一淘汰赛，中国队对战东道主世界排名第一的巴西队，最终获得了奥运会的金牌。有一种拼搏，叫使命必达；有一种精神，叫中国女排。

女排精神到底是什么？是无私奉献精神、团结协作精神、艰苦创业精神、自强不息精神、坚持信念精神、"为国争光、无私奉献、科学求实、遵纪遵法、团结友好、坚强拼搏"的中华体育精神。

【课中讲解】

1．讲解排球基本理论知识

播放教学课件，展示女排发球得分片段，讲解排球基本理论知识。

提问引导：得分高才能取胜。同学们，你们知道排球比赛中得分最直接最快捷的方法吗？大家知道发球都有哪些种类吗？怎么发的？怎样使球落在你想落的位置？我们带着这些问题一起看一看排球比赛中的发球集锦，看完后请大家回答我的问题。

教师小结：发球直接得分。发球是比赛的开始，也是进攻的开始。稳定并有攻击性的发球，可以起到先发制人的作用。发球常用的有上手大力发球、正面下手发球、侧面下手发球、高吊球等。我们今天要学的技术是上手发球，这是最简单最准确的发球方法。

2. 讲解发球规则

播放教学课件，设置情景角色体验，讲解发球规则，以"辨违规"来学"规则"。

提问引导：通过观看视频，了解发球犯规，从而了解发球规则。同学们，我们现在知道有3种发球方法，那么我们知道这个球发到哪里，怎么发才算有效球呢？我们一起来当一回奥运裁判，就都明白了。

教师小结：发球违规主要包括以下几点。第一裁判鸣哨8秒内未发球，击球时或击球起跳时踩线，球未落入有效区，发球次序错误，场内队员站位违规，双手击球或单手将球抛出、推出，球抛起未击球，球未被抛起或未使手清楚地撤离就击球等。

3. 思考发球的正确技术方法

教师引导学生，结合掌握的理论知识自主探索发球，思考发球的正确技术方法，分组分享探究成果。

提问引导：同学们，现在我们从时间、高度、距离上明确了什么是有效发球，那么我们怎么把球发到想要的位置呢？很简单，我们需要用有效的方法将球击过网，到达有效区域，大家课前已经了解过上手发球，那么现在大家尝试怎样高效准确地发球。

教师小结：用手掌包住球，击打球的中下部位等。

4. 帮助学生解决瓶颈问题

学生探究遇到瓶颈，教师讲解发球要领和原理，帮助解决瓶颈。教师带领学生练习发球技术，用辅助练习手段突破重点和难点。分组巩固练习，教师巡回纠错。

教师先介绍与示范徒手抛球引臂的动作方法。

准备姿势（以右手臂为例）：两脚自然前后开立，左手或是右手托球于体前。

抛球：左手将球沿右肩前上方平稳垂直向上抛一定高度（50厘米左右）；在抛球同时右手屈肘后引，肘略高于肩，手掌自然张开，上体稍向右侧转动，抬头、挺胸、展腹，身体重心移至后脚。

击球：转体收腹带动手臂做鞭打挥臂动作，用全手掌抱住球，击球的中下部，手腕快速有力的推压动作使球上旋飞进。

解决重难点的教学过程（抛球落点，全身协调用力）：徒手抛球引臂—网前抛球—击固定球练习—对墙发球练习—完整发球练习。

【课后总结反思】

学生通过本次课的学习，规则意识是否真正理解、审美能力提升到什么层次、是否参透中国女排精神、自主探究学习的能力是否得到提升、上手发球技术掌握多少、本次课程的成功和待改进之处在哪里等，这些问题都需要思考和记录，通过不断的加工与改进，提升课堂话语和知识传播的有效性。

Chapter 09

第 9 章

网球

课前思考：

1. 网球有哪些基础动作？
2. 网球有哪些战术要领？
3. 网球有哪些竞赛规则？

9.1 ⚡ 网球运动介绍

本节简要介绍网球运动的起源与分类。

9.1.1 网球运动的起源

网球（Tennis）运动历史悠久，早在 13—14 世纪便盛行于法国、英国的宫廷，被称为皇家网球。1873 年，英国人温菲尔德改进了早期的网球打法，使之成为能在草坪上进行的一项运动，将其取名为"草地网球"。温菲尔德因此被人们称为近代网球运动的创始人。1877 年 7 月，在英国的温布尔登举行了第 1 届草地网球比赛，这标志着近代网球运动的开始。

9.1.2 网球运动的分类

网球比赛分男子单打、女子单打、男子双打、女子双打、混合双打、男子团体和女子团体 7 个项目。影响较大、较著名的网球赛事包括温布尔登网球锦标赛、美国网球公开赛、法国网球公开赛、澳大利亚网球公开赛（合称"四大赛"）。凡参加"四大赛"的选手，如有一名（单打）或两名（双打）运动员能在一个年度内赢得这 4 个锦标赛的单打或双打冠军，便被誉为"大满贯得主"。

9.2 ⊛ 网球运动的基础动作

本节介绍基本步法、握拍、发球、接发球、截击球、底线正手击球、底线反手击球等网球运动的基本技术。

9.2.1 基本步法

网球击球时，其脚步主要采用"关闭式"和"开放式"两种步法。

1. "关闭式"步法

左脚向来球的方向迈出一步，两脚的假想连线与来球的方向平行，如图9-1所示。这种步法在底线正反手击球和网前截击中被大量运用。初学者应首先学习这种步法。

2. "开放式"步法

击球时，两脚平行站立，以前脚掌为轴，转胯转体形成击球步法，如图9-2所示。运动员通常在有一定技术基础的前提下运用这种步法。

图 9-1 "关闭式"步法   图 9-2 "开放式"步法

9.2.2 握拍

目前，网球基本的握拍法可分为3种：东方式握拍法、西方式握拍法、大陆式握拍法。

1. 东方式握拍法

东方式握拍法分为正手握拍法和反手握拍法。

（1）正手握拍法

握握拍手的虎口对正拍柄右上侧棱，手掌根与拍柄右上斜面紧贴，拇指垫握住拍柄的左垂直面，食指稍离中指，食指下关节压住拍柄右垂直面，五指紧握拍柄。这种握拍法拍面与地面垂直，手握拍柄好像与人握手一样，所以也称"握手式握拍法"。

（2）反手握拍法

在正手握拍法的基础上把手向左转动1/4（即转动90°）或拍柄向右转动1/4（即转动90°），虎口对正拍柄左侧棱面。即用手掌根压住拍柄的左上斜面，拇指直贴在拍柄的左垂直面上，食指下关节压住右上斜面。

2. 西方式握拍法

握拍时，球拍面与地面平行，拇指与食指几乎成直角，拇指直伸压住拍上平面，食指下关节握住右上斜面，与拍底平面对齐，手掌从上面握住拍柄，如图 9-3 所示。这是底线上旋攻击型打法的首选握拍方法。这种握拍法的优点是能击出强有力的上旋球，且稳定性强。但是其技术难度相对较大，初学者较难掌握。

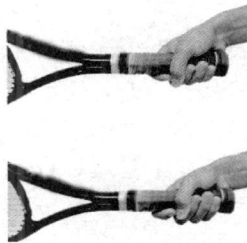

3. 大陆式握拍法

大陆式握拍法的形状像握着锤子的样子，因此又称为"握锤式握拍法"，如图 9-4 所示。由拇指与食指形成的"∨"字形虎口放在拍柄的上平面与左上斜面的交界线上，手掌根部贴住上平面，与拍柄底部平齐，大拇指与食指不分开，食指与其余 3 个手指稍分开，食指下关节紧贴在右上斜面上。这种握拍法的优点是正、反手击球时都不需要转换握拍，简单灵活。但是底线击球时不容易发力，因此是底线的攻击性打法不适宜采用的握拍方法。

图 9-3　西方式握拍法

图 9-4　大陆式握拍法

9.2.3　发球

发球动作由准备姿势和站位、抛球与后摆动作、挥拍击球和随挥动作 4 个技术环节组成。下面介绍几种常见的发球方法。

1. 平击发球

平击发球的击球点应在身体的右前上方，击球的后上部，挥拍时"鞭击"动作发力要集中，充分向上伸展身体以获得最高的击球点，提高命中率，如图 9-5 所示。平击发球几乎没有旋转，球差不多笔直地落下，力量大，往往贴着网才能进入场内，在绝大多数场地上球反弹较低，一般用于第一发球。发球成功时有时能直接得分，但平击发球失误率较高。

图 9-5　平击发球

2. 切削发球

切削发球实用且易掌握，适宜初学者学习。它是一种以右侧旋转（稍带上旋）为主的发球法，球抛在右侧前上方，球拍击球部位在球的右侧偏上方，整个挥拍动作是从右侧上方至左下方，使球产生右侧旋转。球的飞行路线是一条从右向左的弧线，可以提高命中率并把对方拉出场外回击，尤其在右区发球。切削发球的准确率高，常用于第二发球。

3. 上旋发球

上旋发球时，抛出球的位置在头后偏左的头上方；拍面的触球点在球的中部偏下方，如图 9-6 所示；击球时身体成弓形，利用杠杆力量对球施加旋转，球拍快速从左向右上方挥动，并从下向上擦击球的背面，使球产生右侧上旋。球的过网点较高，落地急速，球落地后反弹很高。上旋发球难度较大。

图 9-6　上旋发球

9.2.4　接发球

接发球在态势上是被动的，受发球方的制约，并且发球在瞬间千变万化，多数发球都指向接球方软弱的地方，因此，接发球技术是较难掌握的技术之一。

接发球的站位，一般位于端线附近，力求在接发球时向前移动击球。同时，保持两脚平行站立，比肩略宽，右手握拍者一般右脚稍前，两膝微屈，上体稍前倾，脚跟提起，将球拍置于体前。

在接发球的全过程中眼睛要始终注视来球，一直到完成还击动作。要观察对手的抛球，这样有利于判断发球的方向和旋转。对方第一次发球时多采用大力发球，站位应偏后一些；如果对方是第二次发球，站位可略向前移，这样有利于采取攻击性的还击。

接大力发球时不要做大幅度的后摆动作，主要是控制好拍面角度，并握紧球拍，以免拍面被震转动。还击来球之前要观察对方的行动，对自己的回球路线和落点要有所考虑。选择好接发球落点，对控制对手发球后抢攻有重要意义。

9.2.5　截击球

截击球指凌空击对方来球的技术动作，即球在落地之前将来球击回对方场区，可以在网前截击，也可以在场内任何地方截击空中球。截击球以网前截击为主。截击球的特点是缩短击球距离，扩大击球的角度，加快回球速度，在网球比赛中成为一种主要打法和进攻手段。

1. 正手截击球

后摆引拍时，右脚立即向右前方跨出，同时转肩，带动球拍向后引，拍头要高于握拍手，绷紧手腕，握紧球拍，如图9-7所示。截击球的动作有点像挡击或撞击，在拍面短促向前撞击的同时微微向下做切削球的动作，击球时保持拍头上翘，拍面稍向后仰。击球后有一个小幅度向前的随挥动作，随挥过程仍紧握拍。

图 9-7　正手截击球

2. 反手截击球

对大多数人来说，反手截击球比正手截击球更容易，因为它更符合人体解剖学肌肉用力的结构特点。其技术要点如图9-8所示，后摆引拍时，右脚立即向左前方跨出，左手扶拍手向后拉拍，同时转肩，做短距离后摆引拍动作，拍头高于握拍手，眼睛注

图 9-8　反手截击球

视来球。挥拍击球时，左手松开稍后伸，右手握紧球拍前挥并在身体前方切削来球。向前挥拍时，两只手的动作好像在拉长一根橡皮筋，以保持身体平衡。

9.2.6　底线正手击球

1. 正手平击球

后摆引拍时，手腕稍上翘使拍头高于手腕，并引拍至头部高度，如图9-9所示。挥拍时手腕相对固定握拍，以减少拍面挥动过程中的变化。击球时拍面与地面保持垂直并以同样拍面继续前挥。击球后，球拍向前挥动于左肩上方自然收拍。正手平击球简单易学，适合初学者使用。

图 9-9　正手平击球

2. 正手上旋击球

正手上旋击球是从网球的后下方向前上方挥拍，整个球体受摩擦，产生一种从后下方

朝前上方的旋转，如图 9-10 所示。其特点是飞行弧线高，落地迅速，落地后弹起的反射角度较小，产生较大的前冲力。正手上旋击球适合有一定技术基础、能发力击球的人使用。

3. 正手削球

图 9-10　正手上旋击球

正手削球指以底线正手切削方法击出下旋球的技术动作。后摆引拍时，直线将球拍引至身体后侧，动作较小，如图 9-11 所示。挥拍时手腕固定握拍，使拍面斜向地面稳定前挥。击球时用斜向地面的拍面以切削动作在身体侧前方击球。击球后球拍随球前送，并在身体前方以左手扶拍结束动作。

图 9-11　正手削球

9.2.7　底线反手击球

1. 反手平击球

反手平击球的特点是球速快，球的飞行路线比较平直，球落地后的前冲力量大。其动作方法：后摆引拍时右脚向左侧前方跨出并用力踏地，屈膝降低重心。击球时手腕绷紧，使球拍与地面垂直。然后，从后向前上方比较平缓地挥拍击球，同时左臂自然展开留在身后，保持身体的平衡。击球后，球拍应随着惯性挥至右肩上方，握拍手臂挥直。

2. 反手下旋球

反手下旋球又称为反手削球，一般是防御性的。削球时挥拍不要过于用力，击球后拍面向上做托盘状运动，如图 9-12 所示。击球后，不要急于把球拍提拉起来，应该让球拍平稳向前运动一段距离。反手下旋球的好处是击出的球向下旋转，飘向对方场区后回弹高度较低，落地后还可向前滑行。这种击球方法较为简单易学，且比较安全，适合于初学者使用。

图 9-12　反手下旋球

3. 双手反手击球

双手反手击球由于双手握拍，拍面容易稳定，初学者易于学习和掌握。双手反手击球的准备姿势与单手反手击球相同，左手在转肩引拍的同时，顺着拍柄下滑至双手相接，形成双手反手握拍，引拍尽量向后，转动上体，使右肩前探侧身对网，手腕固定球拍稍稍低于击球点，右脚向左前方跨一步，重心落在左脚上，球拍由低到高向前挥出，击球点同腰高，比单手反手击球点略靠后，重心前移，随上体移动将球拍充分挥向右前上方，拍头朝上，如图 9-13 所示，然后迅速回到准备姿势。

图 9-13　双手反手击球

9.3 🏃 网球运动的战术要领

本节讲解网球的单打战术和双打战术。

9.3.1　单打战术

1. 变换发球的位置

球员可以通过改变发球的位置获取得分机会，因为这种战术迫使对手必须从不同角度判断不同旋转的球，回球的难度比较大，容易失分。

2. 发球上网战术

发球上网是利用发球的力量进行主动进攻，先发制人，然后上网抢攻的一项主要战术。它是上网型选手在比赛中的主要得分手段。

3. 接发球破网战术

接发球破网战术是在对付发球后直接冲到网前的对手时挑出有深度的高球，是相当有效的破网方法。

4. 攻击对方反手

由于绝大部分球员的反手是比较弱的，因此采用攻击对方反手战术，加大力量攻击对方反手，迫使对方逐步离开场区的位置，即可掌握比赛主动权。

5. 不上网战术

不上网战术指发球或接发球之后，如果自己不上网，应该把对方也控制在端线后面，使对手也难以找到得分的机会。在一次较长的端线来回球中，谁耐不住性子，谁就有可能因失误而失分。

9.3.2 双打战术

1. 发球上网抢网战术

在双打比赛中运用发球上网抢网战术时，首先强调队友之间的默契，网前队员在背后做手势，告诉发球员应发什么落点，抢与不抢；采取此战术可以干扰对方接发球，为发上网前得分及抢网得分创造条件。其次强调发球员的发球质量、成功率和落点的变化。

2. 澳大利亚网前战术

澳大利亚网前战术的特别之处是发球方的一名队员以低姿势在网前的中央准备截击。这样能给接发方造成很大的压力，破坏对方接发球的节奏，为发球上网截击和抢网创造有利条件。运用这一战术时，要求队友间沟通好发球落点和抢与不抢，另外第一发球成功率要高，这样才能有良好的战术效果。

9.4 网球运动的竞赛规则

本节介绍网球运动的竞赛规则。

9.4.1 选手要求

网球比赛参赛选手数量要求：男、女单打各 64 名；男、女双打各 32 对。为了避免高水平球员的过早相遇，按照世界排名，单打前 16 位和双打前 8 位的球员及组合被列为种子选手，抽签时提前分开，同时来自同一国家或地区的选手也要分到不同的半区。

9.4.2 赛制

比赛采取单淘汰赛制，每轮只有获胜者才能进入下一轮比赛。除了男子单打决赛采用五盘三胜制，其他所有比赛均采用三盘两胜制。此外，在男子单打的第五盘及其他比赛的第三盘，即决胜盘的比赛中，球员只有净胜两局才能赢得该盘比赛（长盘制），其他每盘比赛都采用平局决胜制（抢七局）。

中篇
健身体育

Chapter 10

第 10 章

健美操

课前思考：

1. 健美操有哪些基础动作？
2. 健美操有哪些竞赛规则？

10.1 🏃 健美操运动简介

本节介绍健美操运动的起源、分类等。

10.1.1 健美操运动的起源

健美操（Aerobics）是一项以有氧练习为基础，融体操、舞蹈、音乐于一体的体育运动。练习健美操能有效地增进心肺功能，塑造优美的形体，陶冶艺术情操。

自古以来，人类对"美"就有着执着的追求。孔子主张"尽善尽美"，讲究身体姿态端正。古希腊人采用跑跳、投掷、柔软体操和健美舞蹈等各种体育项目进行人体美的锻炼。

1980 年，世界健美操冠军联合会成立。自 20 世纪 80 年代起，健美操运动在世界各地蓬勃发展。

健美操的起源
与发展

10.1.2 健美操运动的分类

健美操的分类方法众多，根据练习的主要目的和任务，可分为竞技健美操和健身健美操；根据练习形式，可分为徒手健美操、器械健美操和特殊场地健美操；根据性别特征，可分为女子健美操和男子健美操；根据年龄特征，可分为儿童健美操、少年健美操、青年健美操、中年健美操和老年健美操；根据锻炼部位，可分为颈部健美操、肩部健美操、臂部健美操、胸部健美操、腹部健美操、腰部健美操、髋部健美操、腿部健美操等。

10.2 🏃 健美操运动的基础动作

本节具体介绍健美操运动的基础动作。

10.2.1 上肢动作

1. 手形

健美操中，手掌随臂的姿态而灵活变化，一般而言，手臂伸展时，手指和手腕随之伸展，手背呈反弓形；手臂弯曲时，手指、手腕放松，从肩至手指成一柔和弧线。恰当地运用各种手形，能使手臂动作更加丰富多彩。健美操常见手形如下所述。

（1）并拢式：五指伸直并拢，大拇指微屈，指关节贴于食指旁。

（2）分开式：五指用力伸直，充分张开，手腕保持一定的紧张程度。

（3）一指式：握拳，食指或拇指伸直。

（4）芭蕾手势：五指微屈，后3指并拢、稍内收，拇指内扣。

（5）拳式：握拳，拇指在外，指关节弯曲，紧贴于食指和中指。

（6）立掌式：五指伸直，手掌用力上翘。

（7）西班牙舞手势：五指用力，小指、无名指、中指自掌指关节处依次屈，拇指稍内扣。

（8）花式：在分开式的基础上小指伸直向掌心回弯到最大限度，无名指会随小指回弯。

（9）剑指：拇指与无名指、小指相叠，中指、食指并拢伸直。

2. 手臂动作

健美操手臂的基本动作包括举（摆/提/拉）、屈、绕（绕环）等，如表10-1所示。

表10-1 健美操手臂的基本动作

动作分类	动作界定	动作变化
举（摆/提/拉）	以肩为轴，臂伸直向某方向抬起并停止在某一部位，活动范围不超过180°	单或双臂的前、后、侧举。其中，双臂既可以做相同的动作，又可以做不同的动作；既可同时进行，又可依次进行，还可交叉进行
屈	肘关节产生一定的弯曲角度	包括胸前平屈、肩侧屈、肩上侧屈、肩下侧屈、肩上前屈、腰间屈、头后屈。既可以一臂做动作，又可以两臂同时做相同的动作，还可以两臂依次做相同的动作
绕（绕环）	以肩关节为轴，手臂在180°～360°的运动为绕；大于360°的圆周运动为绕环	单或双臂的前、后、内、外绕（环绕），小绕、中绕、大绕。两臂动作既可以同时进行，又可以依次进行

3. 肩部动作

单肩或双肩提肩、沉肩、收肩、展肩、绕肩、振肩等。

4．躯干动作

躯干的波浪动作可向前、后、左、右依靠身体各部位依次完成，动作要协调、连贯。例如，前波浪是从下而上，后波浪是从上而下等。

10.2.2 下肢动作

健美操的基本步法有 5 类：踏步类、迈步类、点地类、抬腿类和双腿类。

1．踏步类

运动强度较低，两脚始终依次交替落地。

（1）踏步

两腿原地依次抬起，依次落地，两臂自然前后摆动，如图 10-1 所示。落地时，由脚尖过渡到脚跟，踝、膝、髋关节依次有弹性地缓冲。

（2）走步

迈步向前走时，脚跟先落地，过渡到全脚掌，如图 10-2 所示；向后走时则相反。

图 10-1　踏步

图 10-2　走步

（3）"一"字步

一只脚向前一步，另一只脚并于前脚，然后依次还原，如图 10-3 所示。前后均要有并脚过程；每一拍动作膝关节始终有弹性地缓冲。

（4）"V"字步

一只脚向前侧方迈一步，另一只脚随之向另一侧方迈一步，成两脚开立，如图 10-4 所示，屈膝，然后依次退回原位。两脚间距离略比肩宽，重心落于两腿之间。

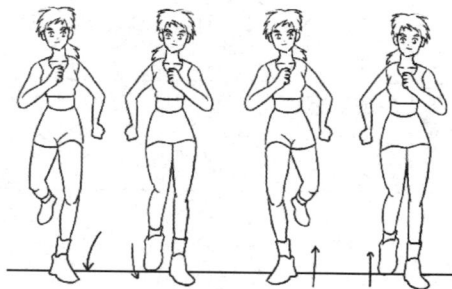

图 10-3　"一"字步

图 10-4　"V"字步

（5）漫步

一只脚向前迈出，屈膝，重心随之前移，另一只脚稍抬起，然后原地落下；或向后撤一步，重心后移，另一只脚稍抬起，然后原地落下，如图 10-5 所示。动作富有弹性，身体重心随之前后移动。

（6）跑步

两腿经过腾空，依次屈膝落地缓冲，脚跟要着地，两臂屈肘摆臂，如图 10-6 所示。

图 10-5　漫步　　　　　　　　　　图 10-6　跑步

2. 迈步类

一条腿先迈出一步，重心移至该腿，另一条腿用脚跟或脚尖点地后向另一个方向迈步。

（1）并步

一条腿迈出，另一条腿随之并拢屈膝脚点地；再向反方向迈步，如图 10-7 所示。两膝保持弹动，重心随之移动，动作幅度和力度可随风格而定。

（2）侧交叉步

一条腿向侧方迈一步，另一条腿在其后交叉，随之再向侧方迈一步，另一只脚并拢，屈膝点地，如图 10-8 所示。第一步脚跟先落地，屈膝缓冲，身体重心随脚步快速移动。

图 10-7　并步　　　　　　　　　　图 10-8　侧交叉步

3. 点地类

一条腿屈膝站立，另一条腿伸出，用脚尖或脚跟点地后还原到并腿位置。

（1）脚尖点地

一条腿稍屈膝站立，另一条腿伸出（向前、向后、向一侧），脚尖点地，然后还原到并腿姿势，如图 10-9 所示。支撑腿始终保持屈膝站立，并随动作有弹性地屈伸。

（2）脚跟点地

一条腿稍屈膝站立，另一条腿伸出，脚跟点地，然后还原到并腿姿势，如图 10-10 所示。只可做向前和向侧的脚跟点地。

图 10-9　脚尖点地　　　　　　　　　　图 10-10　脚跟点地

4．抬腿类

一条腿站立，另一条腿抬起。

（1）吸腿

一条腿屈膝抬起，落地还原，如图 10-11 所示。上体保持正直，大腿用力上提超过水平线，小腿自然下垂。

（2）摆腿

一条腿站立，另一条腿做摆动，如图 10-12 所示。摆腿时，上体顺势前倾、后倾或侧倾。

（3）踢腿

一条腿站立，另一条腿抬起，然后还原，如图 10-13 所示。踢腿时，加速用力且有控制，上体保持正直。

图 10-11　吸腿　　　　　　图 10-12　摆腿　　　　　　图 10-13　踢腿

（4）弹踢腿（跳）

一条腿站立（蹬跳），另一条腿先向后屈，再向前下方弹踢后还原，如图 10-14 所示。腿弹出时要有控制，无须太高，上体保持正直。

（5）后屈腿（跳）

一条腿站立（蹬跳），另一条腿向后屈膝折叠，放下腿还原，如图 10-15 所示。后屈腿脚跟靠近臀部，支撑腿有弹性地缓冲落地，两膝并拢。

图 10-14 弹踢腿（跳）

图 10-15 后屈腿（跳）

5. 双腿类

双腿站立或跳跃，身体重心在两腿之间。

（1）并腿跳

两腿并拢跳起，如图 10-16 所示。落地缓冲且有控制。

（2）分腿跳

分腿分立，屈膝半蹲（大、小腿夹角不小于 90°），向上跳起，分腿落地屈膝缓冲，如图 10-17 所示。

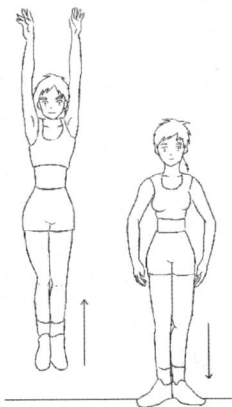

图 10-16 并腿跳

图 10-17 分腿跳

（3）开合跳

并腿跳起，分腿落地，再分腿跳起，并腿落地。分腿屈膝蹲时，两脚自然外开，膝关节沿脚尖方向弯曲。落地时，屈膝缓冲，脚跟着地。

（4）半蹲

半蹲分为并腿半蹲和分腿半蹲，两腿有控制地同时屈和伸。分腿半蹲时，两腿左右分开稍大于肩，脚尖稍外展，膝关节角度不小于 90°，与脚尖方向一致，上体保持直立，如图 10-18 所示。

（5）弓步

两脚前后分开，平行站立，一条腿屈膝，脚尖与膝垂直，另一条腿伸直，重心落于两脚之间。也可两膝皆屈，后腿的大腿垂直于地面，如图 10-19 所示。

图 10-18 分腿半蹲

图 10-19 弓步

10.3 健美操运动的竞赛规则

本节简要介绍健美操运动的竞赛规则。

10.3.1 总则

1. 年龄分组

儿童组（小学生），12 岁以下；少年组（中学生），13 ~ 17 岁；青年组，18 ~ 34 岁；中年组，35 ~ 49 岁；老年组，50 岁以上。

2. 参赛人数

规定动作：每队 6 人，性别不限，或按比赛规程执行。自选动作：每队 3 ~ 16 人，性别不限，或按比赛规程执行。

3. 出场顺序

比赛的出场顺序在赛前由组委会竞赛部指定中间人抽签确定。

4. 比赛场地与设备

（1）赛台高 80 ~ 100 厘米，比赛场地为 12 米 ×12 米的地板或地毯，后面有背景遮挡。

（2）有专业的放音设备和舞台灯光。

（3）裁判席设在比赛场地的正前方。

5. 成套动作时间

（1）规定动作：按《全国健美操大众锻炼标准》的规定时间执行。

（2）自选动作：成套动作时间为 2.5 ~ 3 分钟，计时从动作开始到动作结束。

6. 音乐伴奏

（1）规定动作音乐由主办单位提供《全国健美操大众锻炼标准》中规定的动作音乐并统一播放。

（2）自选动作音乐由参赛队自备，音乐刻录到光盘中，必须准备 2 份，其中 1 份报到后交大会放音组。

（3）自选动作音乐允许有 2×8 拍的前奏，音乐速度不限，比赛音乐必须是高质量的。

7．比赛服装

（1）着健身服或运动式休闲服和运动鞋（旅游鞋式，不可穿球鞋、体操鞋等）。

（2）服装上可有亮片等装饰物，女选手可化淡妆；比赛时选手不得佩戴首饰。

8．裁判组组成

裁判组由 1 名裁判长、5～7 名裁判员、1 名总记录长、2～3 名记录员、1 名计时员（自选动作比赛）、1～2 名放音员、2～3 名检录员、1 名宣告员组成，也可根据比赛规模大小适当增减裁判人员。

9．评分方法

（1）采取公开示分的方法，成套动作满分为 10 分，裁判员的评分精确到 0.1 分。

（2）评分计算方法是去掉 1 个最高分和 1 个最低分，中间 3～5 个分数的平均分即为得分，再减去裁判长减分即为最后得分。

（3）对比赛成绩和结果不接受申诉。

10．比赛成绩与奖励

（1）比赛成绩按比赛规程执行。

（2）奖项设置与奖励办法按比赛规程执行。

10.3.2 不安全动作

不安全动作包括各种竞技体操和技巧运动的翻转和抛接动作，过度弓背，无支撑体前屈，仰卧翻臀，头绕环和过度头后仰，膝转，足尖起，仰卧直腿起坐、仰卧直腿举腿、仰卧两头起，臀部低于膝关节的深蹲，高难度的托举动作。

在成套动作中不鼓励出现竞技健美操中的难度动作，如出现类似的动作，将不予加分，并对出现的错误动作进行减分。

10.3.3 纪律与处罚

1．裁判员纪律与处罚

严格按照《体育竞赛裁判员管理办法》的有关规定执行。

2．赛者纪律与处罚

（1）裁判示意后 1 分钟内未出场者，取消比赛资格。

（2）拒绝领奖者取消所有成绩与名次。

（3）检录 3 次未到者取消该项比赛资格。

（4）对不遵守大会其他纪律、不尊重裁判员和大会工作人员、有意干扰比赛者将视情况给予以下处罚：警告，取消比赛资格，取消健美操等级指导员资格，终身取消比赛资格。

10.3.4 成套动作评分

1. 规定动作评分（10分制）

评评分因素与分值：表演和团队精神4分，动作完成6分，如表10-2所示。

表10-2 规定动作评分表

扣分表				
评分因素	内容	一般	较差	不可接受
表演和团队精神4分	表现力与热情	0.1~0.2分	0.3~0.4分	0.5分或更多
	队形	0.1~0.2分	0.3~0.4分	0.5分或更多
	一致性（每次）	0.1分	0.2分	0.3分
动作完成6分	动作的正确性	0.1~0.2分	0.3~0.4分	0.5分或更多
	动作的熟练性	0.1~0.2分	0.3~0.4分	0.5分或更多
	身体的协调性	0.1~0.2分	0.3~0.4分	0.5分或更多
	动作连接的流畅性	0.1~0.2分	0.3~0.4分	0.5分或更多
	改变动作或附加动作	0.1~0.2分	0.3~0.4分	0.5分或更多
	动作充分表现音乐的情绪	0.1~0.2分	0.3~0.4分	0.5分或更多
	动作和音乐节奏配合准确	0.1~0.2分	0.3~0.4分	0.5分或更多

2. 自选动作评分（10分制）

评分因素与分值：动作设计集体3分/个人4分，动作完成集体4分/个人4分，表演和团队精神3分，个人表演2分，如表10-3所示。

表10-3 自选动作评分表

扣分表				
评分因素	内容	一般	较差	不可接受
动作设计集体3分/个人4分	主题健康、充满活力	0.1~0.2分	0.3~0.4分	0.5分或更多
	风格突出、富有创意	0.1~0.2分	0.3~0.4分	0.5分或更多
	动作类型丰富，动作的转换自然流畅	0.1~0.2分	0.3~0.4分	0.5分或更多
	服饰选择美观、协调	0.1~0.2分	0.3~0.4分	0.5分或更多
	音乐的选择与动作风格相一致并配合协调，录音质量高、清晰	0.1~0.2分	0.3~0.4分	0.5分或更多
	充分利用场地和空间	0.1~0.2分	0.3~0.4分	0.5分或更多
	安全性（每次）	0.1~0.2分	0.3~0.4分	0.5分或更多

扣分表

评分因素		内容	一般	较差	不可接受
动作完成集体4分/个人4分		动作完成轻松、准确、流畅	0.1 ~ 0.2 分	0.3 ~ 0.4 分	0.5 分或更多
		动作完成能体现所选择主题的风格和特点	0.1 ~ 0.2 分	0.3 ~ 0.4 分	0.5 分或更多
		动作与音乐须协调一致	0.1 ~ 0.2 分	0.3 ~ 0.4 分	0.5 分或更多
		基本姿态和技术正确,动作优美	0.1 ~ 0.2 分	0.3 ~ 0.4 分	0.5 分或更多
集体	表演和团队精神3分	表现力与热情	0.1 ~ 0.2 分	0.3 ~ 0.4 分	0.5 分或更多
		队形	0.1 ~ 0.2 分	0.3 ~ 0.4 分	0.5 分或更多
		一致性(每次)	0.1 分	0.2 分	0.3 分
		表现力与热情	0.3 分	0.4 ~ 0.5 分	0.6 分或更多
个人表演2分		表现力与热情	0.3 分	0.4 ~ 0.5 分	0.6 分或更多

3. 裁判长减分

裁判长对比赛的过程进行组织和监控,并对下列情况进行减分,每项均减0.2分:被叫到后20分内未出场,参赛人数不符合规定,成套时间不足或超过,着装不符合规定,比赛时掉物或装束散落。

10.3.5 特殊情况处理

运动员在遇到以下特殊情况时,应立即停止做动作并向裁判长反映,在问题解决后重做,在成套动作结束后提出的要求将不被接受:播放错音乐,由于音响设备而出现的音乐问题,由于设备问题而出现的干扰——灯光、舞台、会场。

Chapter 11

第 11 章

健美

课前思考：

1. 健美运动包括哪些原则？
2. 肌肉健美有哪些基础动作？

11.1 健美运动的原则

本节介绍健美运动的四项原则。

11.1.1 超负荷原则

超量负荷的刺激会造成肌肉疲劳，经过短时的恢复和营养补充，机体的机能会获得比原来水平更高的飞跃，肌肉会获得更快的生长与发育。超量负荷的刺激要适当，应控制在人体能够承受的范围内，以防止受伤或过度训练。

11.1.2 循序渐进原则

人体对环境的适应是一个缓慢的由量变到质变的过程，健美训练也是如此。初级练习者应根据自身情况，合理设计和选择健美训练计划，安排训练内容，经过一段时期的训练，再逐步增加训练的内容和运动量。如果练习者不根据自己的实际情况，盲目地追求大运动量，突然加大练习强度，身体就不能很好地适应，甚至导致伤病。

11.1.3 均衡发展原则

健美的身体应该是从头到脚，从内到外，每个部位的肌肉都应协调发展，身体的比例匀称，各器官系统平衡全面发展。因此，练习者应根据自己的生理特点，采用各种有效的训练方法，使身体各部位的肌肉群、各器官的机能及身体各方面素质都得到全面均衡的发展。

11.1.4 持之以恒原则

根据有机体的超量恢复原理，由于运动负荷造成的机体的异化作用刺激了同化作用的加强，加上营养的及时补充，机体的能源储备和机能能力不仅可以达到运动前的水平，而且会超过运动前的水平，这也就是健美运动的精髓所在。如果在超量恢复阶段不持续进行训练，机体就会进入复原阶段。机体原先获得的训练效果就会消失。

11.2 🏃 肌肉健美的基础动作

本节介绍肌肉健美的基础动作。

11.2.1 颈部肌肉练习动作

1. 前后颈屈伸

两手交叉放于脑后，头稍后仰，两手用力将头向前压，同时头部紧张对抗，至下颌贴近胸前为止，稍停后头向上抬起，两手施以适当的反抗力，至头稍后仰为止。

2. 侧向颈屈伸

用右手紧靠头部右侧，用力将头部推向左侧肩方向，同时头部对右手施以一定的反抗力，稍停后头部还原。另一侧动作原理相同。

3. 颈绕环

两脚自然分开站立，上体保持挺胸、收腹的姿势，两臂自然下垂。头部缓慢、用力、均匀、充分地向四周转动。每绕环一周后再向反方向绕环。

11.2.2 胸部肌肉练习动作

1. 卧推

卧推因体姿不同，分为平卧推、上斜卧推和下斜卧推。

练习平卧推时，练习者仰卧在长凳上，两手持杠铃，将横杠放在胸部以上（女子触胸即可）。两手握杠，初练习时可采用中握距，以后逐渐加宽至宽握距。如使用较重的杠铃，可请两人协助把杠铃抬起，或者把杠铃预先放在卧推架上来练习，垂直向上推起，至两臂伸直，稍停再放下至胸上。将杠铃放置胸部时，胸要挺起，用力上推时，要胸肌发力，头、背不得离开架子。

2. 仰卧飞鸟

身体仰卧，两臂开合，状如飞鸟，故称为"仰卧飞鸟"。根据仰卧体姿，仰卧飞鸟可分为平卧飞鸟、上斜飞鸟和下斜飞鸟。

练习平卧飞鸟时，练习者仰卧于长凳上，两脚分开，平踏在地上，两手持哑铃，掌心相对，然后两臂向上伸直与身体垂直，肘微曲，用胸肌伸展力将哑铃向两侧尽可能外展下放，到达最低点后稍停；然后再用胸肌收缩力沿原路线将哑铃内收上举成起始姿势。向两侧分臂时，肘关节可微曲，但必须缓缓下落至体侧之下。做此练习时，两臂要缓慢下降，尤其在接近最低点时，更要慢一点，避免造成肩带扭伤；上举或下降时，两臂要在肩关节的垂直面上移动，不可偏前或偏后。

3. 双杠臂屈伸

练习者直臂支撑在双杠上，身体自然下垂，然后弯屈双臂缓慢降下身体至不能再降低为止，稍停后以胸大肌和肱三头肌收缩用力撑起身体至两臂伸直，稍停再重复练习。撑起身体时，应挺腰、收腹、抬头、下颌前伸，胸大肌极力绷紧。动作要慢，即慢慢屈臂下降和缓缓伸臂撑起。如果徒手能做 15 次以上，可在双足或腰部勾挂重物，以增强锻炼的效果。

4. 俯卧撑

两手掌支撑在地上，手指向前，两臂伸直略向前倾，与肩呈 10° ~ 15° 夹角，两脚踝靠拢，两腿向后伸直，以脚尖支地，全身挺起，头稍仰起，目视前方，屈臂使身体下降至两臂完全弯曲，随即以胸大肌的收缩力量，使两臂伸直还原。若肘部贴近体侧，对胸大肌的内侧部和下胸部刺激较大；若两肘外展，则有助于锻炼上胸部。如果感觉轻松易做，可加高放脚的位置，使身体重心前倾，或背上放置重物，以此增加难度。

11.2.3 背部肌肉练习动作

1. 提肘上拉

两手握持杠铃，手心向后，握距略窄于肩宽，两臂下垂伸直，身体正直，然后耸肩并上提肘，将杠铃上提到胸部最高处稍停，再徐徐还原。耸肩与提肘同时进行，两肘应尽量向上高抬，杠铃应始终贴近身体上下运动，动作要慢，特别是还原时要缓缓回位。

2. 并握划船

两脚开立与肩同宽，横杠从腿间穿过，上体前屈与地面平行，两手一前一后并握杠铃。两腿自然伸直（或稍屈），两臂放松下垂，挺胸，头稍仰起，目前视，随即屈臂用背阔肌的收缩力量，将杠铃向上提起至接近胸骨处，使背阔肌极力收紧，稍停后用力控制背阔肌，将杠铃徐徐放下还原。

3. 颈后引体向上

两手握单杠，手心朝前，腰背部以下放松，两小腿伸直或交叉，用背阔肌和肱二头肌的收缩力将身体向上拉引，直到颈后贴近横杠。然后放松下降身体，肌肉拉长收缩，缓缓下降，直到完全放松为止。做动作时一定不要借用身体振动的力量向上引体，应保持身体自然放松。

4. 负重后展体

俯卧在长凳上，髋关节与长凳端沿齐平，两腿并拢由同伴压住，两手在颈后扶持杠铃片、哑铃或实心球等重物，然后上体前屈，接着挺身向后展体，稍停后再还原成上体前屈姿势。上体前屈时背部肌肉放松，向上抬起上体时要抬头挺胸，背阔肌充分收紧，使身体呈反弓形。

11.2.4 肩部肌肉练习动作

1. 俯身飞鸟

两脚开立稍宽于肩，腿伸直，上体前弓与地面平行，两手握哑铃，两臂自然下垂于腿前。然后两臂伸直分别向两侧举起哑铃至略高于肩处，稍停后按举起路线还原成开始姿势。上体尽量保持平稳，不要上下起伏摆动，动作要匀速、缓慢，肘关节允许稍弯曲。要格外注意的是，在上举和下放哑铃时，上体不要上下摆动。

2. 颈后推举

两脚开立，两手采用宽握距握持杠铃置于肩上。然后挺胸、紧腰，将杠铃向头后上方推起，直至两臂伸直，稍停后再按推起路线将杠铃缓缓回落至颈后肩上。上举和下放时，身体不要摆动，头可适当前收。上举要举到两臂完全伸直，下落时要徐徐下落。

3. 前平举

两脚开立，与肩同宽，两手持哑铃，两臂下垂于体前，挺胸收腹，直立，以肩部肌群的收缩力，直臂将哑铃提举至体前，与肩齐高。静止片刻后，再以肩部肌力控制哑铃，使其缓慢下落，经原路还原。

4. 侧平举

两脚开立，两手握哑铃分别置于大腿两侧，挺胸收腹，两手臂提哑铃侧平举至与肩同高，稍停后按上举线路徐徐还原。动作尽量匀速、缓慢，特别是下落时要控制速度，进行充分退让性练习。

11.2.5 臂部肌肉练习动作

1. 胸前弯举

两脚开立与肩同宽，两手握杠铃，自然下垂于大腿前侧，然后两臂同时用力屈肘，将杠铃向上弯举至胸前，稍停后慢慢伸直肘部下落还原。在此动作中，身体应基本固定，不得前后摆动借力，大臂要紧贴上体，慢举慢落。

2. 俯立臂屈伸

练习者两脚左右开立与肩同宽，俯身使上体与地面平行，一手手心向前握持哑铃，上臂贴近体侧，前臂自然下垂，另一手支撑在凳上或同侧膝盖上，然后将哑铃向后上方抬起，伸直手臂，略停还原。

3. 颈后臂屈伸

练习者可选择站立或坐姿，两手握杠铃（正、反握均可）高举于头上，然后屈肘将杠铃慢慢向颈后放落至最低处，这时两肘尖朝上，两上臂与地面垂直，稍停后两臂用力将杠铃慢慢上举还原。

4. 腕弯举

练习者坐在凳上或半蹲，两手掌心向上正握杠铃（或手背向前反握杠铃），将腕关节垫放凳子上或膝盖处，手腕悬空，然后手腕用力向上弯起，直至不能再弯曲为止，稍停后手腕逐渐放松成开始姿势。

5. 手指俯卧撑

练习者十指张开撑地，其他动作与俯卧撑相同。此动作主要锻炼手臂肌、指伸肌等。

11.2.6 腹部肌肉练习动作

1. 两头起

练习者仰卧在垫子上，腹部肌肉收缩，两腿和上体同时抬起，使手脚在肚脐垂直上方汇合，手触脚尖，稍停，然后双腿和上体同时按原路线还原。

2. 悬垂举腿

练习者两手正握单杠，握距与肩同宽，身体自然，然后腹部与腿部肌肉收缩，两腿伸直上举，使两脚触及单杠，慢放还原。为练习腹内、外斜肌，可在悬垂屈膝上举的同时，两腿向两侧做转腰动作。

3. 侧卧侧身起坐

两手抱头侧卧于垫上，同伴压住双脚，练习者侧身起坐至最高处，然后再慢慢还原。

4. 体侧举

两脚开立，右手持哑铃，拳眼向前，哑铃下垂于体侧。随即上体向左侧屈体至极限，稍停，还原直立状态，再循环练习。左手持哑铃方法同上。上体向左、右侧屈体时，动作速度要平稳、缓慢，两腿伸直，不要弯曲。上体向不持哑铃的一侧屈时，持哑铃的手臂应完全放松，紧靠体侧。

11.2.7 腿部肌肉练习动作

1. 负重深蹲

练习者将杠铃置于颈后肩上，两手正握扶持杠铃，两脚平行开立略宽于肩，然后抬头、挺胸慢慢屈膝下蹲至大腿低于水平线，静止片刻后缓慢起立还原至直立姿势。

2. 深蹲跳跃

将杠铃放在颈后肩上，两手握住横杠，两脚并立，稍屈膝，利用屈膝的反弹力使身体向上跃起，两脚同时向两侧分开蹲下（两脚间距离与肩同宽），大腿贴住小腿的同时迅速向上跳起。

3. 腿后弯举

将哑铃等重物绑在脚上，俯卧在凳上使胸腹部和大腿紧贴凳面，两手抓住凳端，随即以股二头肌的收缩力量，将小腿举至与大腿垂直，使股二头肌彻底收缩，静止片刻后缓慢还原。躯干要始终紧贴凳面，不得晃动。

4. 坐姿腿屈伸

练习者坐在凳上，两脚托住脚柄滚筒，用力向上抬脚伸直膝关节，使大小腿在一条直线上，稍停后慢慢还原。如果没有腿屈伸器或综合健身器，可以把重物（如杠铃片）绑在足踝处。

5. 负重提踵

将杠铃置于颈后肩上（或两手持哑铃下垂于体侧），两脚平行开立，使脚掌站在垫木上，脚跟露在垫木外，然后尽力提起脚跟至最高位置，略停顿，慢降至着地。

6. 摇绳纵跳

摇绳纵绳即直腿跳绳。动作要点是直膝前踢跳过绳，脚后跟不得着地。

Chapter 12

第 12 章

瑜伽

课前思考：

1. 练习瑜伽有哪些基本要求？
2. 瑜伽有哪几种呼吸方法？
3. 瑜伽有哪些基础动作？

12.1 瑜伽的基础知识

本节讲解练习瑜伽的基本要求、瑜伽的正确呼吸方法。

12.1.1 练习瑜伽运动的基本要求

1. 时间

对专业瑜伽练习者而言，清晨 6 点前后是练习瑜伽的较好时刻，此时周围万籁俱寂，空气纯净，肠胃活动基本停止，大脑尚未活跃起来，容易进入瑜伽的深层练习状态。一般而言，饭后 3～4 小时，饮用流体后间隔半个小时以上练习瑜伽为佳，即只要保证空腹的状态，一天中的任何时间都可以练习瑜伽。

2. 地点

室内练习：空气清新、流通，环境干净、舒适，空间能保证练习者充分地伸展身体。

室外练习：可以选择露天的自然环境，如花园、草坪、森林等。要避免在大风、寒冷天气的室外或有污染的空气中练习瑜伽，也不要在太阳直射下练习（黎明除外，因为黎明光线柔和，有益于健康）。

3. 服装

练习瑜伽时应穿着宽松柔软的衣服，保证面料透气，练习时肌体不受拘束，衣服的材质以棉麻质地为佳。裤子最好是有抽绳的，可调节松紧。练习瑜伽时，鞋、袜（天冷时脚部须注意保暖）、手表、眼镜及其他饰物等都应除下。

4. 用具

练习瑜伽应使用专业的瑜伽垫，不宜在过硬的地板或太软的床上直接练习，还可以使用一些道具来辅助练习某些姿势，如瑜伽砖、瑜伽绳等。

5. 其他

练习瑜伽后 20 分钟内不宜沐浴，沐浴后 20 分钟内和长时间的太阳浴后也不宜练习瑜伽。但在练习瑜伽前 1 小时左右洗冷水澡，可以使练习效果更好。

练习瑜伽时，可以少量饮用清水，帮助排出体内毒素。练习瑜伽结束 1 小时后再摄取食物，但应避免食用油腻、辛辣或导致胃酸过多的食品。

在练习瑜伽时要根据自己的实际情况温和地伸展身体，不可用力推拉。如果在练习过程中出现体力不支或身体颤抖，不可过度坚持，应立即收功还原。

12.1.2　瑜伽的呼吸法

采用正确的呼吸方法能使身体和心灵得到放松，对身心健康有明显的裨益。瑜伽呼吸方法主要有以下 3 种。

1. 胸式呼吸法

慢慢吸气时，把气体吸入胸部区域，胸骨、肋骨向外扩张，腹部应保持平坦。当吸气量加深时，腹部会朝脊椎方向收紧。呼气时，缓慢地把肺内浊气排出体外，肋骨和胸部回复原位。

2. 腹式呼吸法

腹肌放松，吸气时，通过鼻子缓慢深长地吸气入肺的底部，随着吸气量的加深，胸部和腹部之间的横膈膜下降，腹内脏器官下移，将空气压入腹部底层，小腹慢慢隆起。呼气时，腹部向内、朝脊椎方向收紧，横膈膜升起，把肺内的浊气完全排出体外，内脏器官恢复原位。呼气时间约是吸气时间的 2 倍。

3. 完全呼吸法

完全呼吸法是把胸式呼吸法和腹式呼吸法结合在一起的呼吸方式。首先轻轻吸气，腹部区域涨起，继续吸气，腹部回收，横膈膜向上抬起，吸气吸满胸腔，从腹式呼吸过渡到胸式呼吸。当吸气吸到双肺的最大容量时，腹壁和肋骨下部向外推出，胸部只有些微移动。呼气，按相反的顺序，先呼出胸腔中的气体，再把腹腔的气体呼出，横膈膜下沉，尽量把气吐尽。整个呼吸过程自然顺畅，富有节奏，就像一个波浪轻轻从腹部波及胸膛中部进而波及胸膛的上半部，然后减弱消失。

12.2 🏃 瑜伽的基础动作

本节介绍瑜伽的基础动作。

1. 肘部练习

（1）挺直身躯站立，两臂垂于体侧，两脚并拢，自然呼吸。两臂向前伸出，与地面平行，掌心朝上。两肘弯曲，手指轻拍肩头，再把双臂向前伸直，重复动作，如图 12-1 所示。

（2）将两臂向两侧伸出，同样在肘部弯曲双臂，重复动作，如图 12-2 所示。

图 12-1　肘部练习 1　　　　　　　　图 12-2　肘部练习 2

2. 蹬自行车练习

（1）背部贴地仰卧，两腿伸直，两手臂放在体侧，掌心向下，自然呼吸。屈膝抬高两腿，保持身体其他部位平放于地面，做蹬自行车的动作，如图 12-3 所示。

（2）前蹬数圈后，稍停，然后开始向后蹬。后蹬数圈后两腿并拢，两脚同时向前做数圈蹬车动作，如图 12-4 所示，然后再同时向后蹬数圈。

图 12-3　蹬自行车练习 1　　　　　　　图 12-4　蹬自行车练习 2

3. 顶峰式

跪坐于地，臀部落在两脚跟上，两手放于大腿上，自然呼吸，放松全身。上身躯干前俯，两手掌心在膝盖前方撑地，与肩同宽，抬高臀部，两手两膝着地，跪在地板上。吸气，两腿伸直，膝盖打直，脚后跟密贴于地，将臀部升高，放松颈部，头部自然下垂处于两臂之间，身体呈倒"V"形。自然呼吸，保持这个姿势约 1 分钟，如图 12-5 所示。呼气，逐步还原到最初的跪坐姿势。重复这一动作 3 ~ 5 次。

4. 莲花坐

正坐，双腿伸直。弯曲左腿，双手抓左脚，把它放在右大腿根部，脚心朝上，脚跟放在肚脐区域下方，触及骨盆。弯曲右腿，双手抓起右脚，扳过左小腿上方，放在左大腿根部，脚心朝上。脊柱伸直，两膝平放于地面，保持姿势，如图 12-6 所示。还原，按摩膝盖和脚踝。交换双腿位置，重复做。

图 12-5 顶峰式

图 12-6 莲花坐

5. 平衡式

全身放松，自然呼吸。右腿笔直站立，左腿自膝盖处弯曲，上抬左脚跟至紧贴臀部，脚尖朝上。左手抓住左脚。右臂伸直，手指并拢，自下而上慢慢抬起右臂，直至高举过头，掌心向前，身体平直，自上而下呈一条直线，如图 12-7 所示。保持 10 ~ 20 秒，右臂缓慢放下，手掌始终保持绷紧，左手松开，左腿落地。休息 10 秒，换另一侧肢体继续练习。每侧各练习 3 ~ 4 次。

6. 船式

仰卧在地面上．两脚并拢，两臂置于体侧，手心向下，自然呼吸。吸气，双臂、双脚、上身躯干、头、颈同时提起，头部和双脚离地约 0.3 米，双臂向前伸直，同地面平行，双腿同时用力伸直。闭气，全身绷紧，两眼注视脚尖，保持 20 ~ 30 秒，如图 12-8 所示。把双腿、躯干放回地面，缓缓呼气，全身放松，还原到预备姿势，重复练习 3 ~ 5 次。

图 12-7 平衡式

图 12-8 船式

7. 向太阳致敬式

挺身直立，放松，两脚并拢，两掌在胸前合十，全身正直，目视前方，自然呼吸。缓慢而深长地吸气，双臂举向天空，两手食指相触，掌心向前，两臂和背部向后弯，两腿、两臂都伸直，如图 12-9（a）所示。

呼气，上身躯干和双臂肢向前沿弧形向地面弯曲，两手保持平行。用双掌或两手手指触及地板，不可弯曲双膝。屏住呼吸，身体上肢（腰部以上）自然放松，下肢（腰部及以下）保持笔直。头部自然垂于两臂之间。保持姿势 6 ~ 8 秒，如图 12-9（b）所示。

两掌和右脚保持不动，缓缓吸气，同时把左脚向后伸展，头部后仰，胸部前挺，背部成为凹拱形，如图 12-9（c）所示。

缓缓呼气，右脚向后滑动，使两脚靠拢，两脚脚跟提起，臀部向后上方拱起，两臂和两腿伸直，两掌和脚尖支撑地面，使身体如同一个三角形，如图 12-9（d）所示。

吸气，臂部向下向前放落，直至两臂与地面垂直。蓄气不呼，弯曲两肘，膝盖着地，胸膛向地板放低，略高于地面。缓缓呼气，胸部向前移动，直到腹部、大腿依次触及地面。吸气，同时两臂缓缓伸直，上身从腰部向上升起，背部成凹拱形，头部向后仰起，如图 12-9（e）所示。

呼气，臀部升高，还原到图 12-9（d）的姿势。吸气，双掌和右脚稳稳着地，左腿弯曲，左脚向前移动，放在两手靠后的地方。头部后仰，胸部前挺，脊柱再次呈凹拱形，如图 12-9（f）所示。

缓缓呼气，两掌支撑地面，将右脚抬起放在左脚边。头部垂下，双膝伸直。吸气，缓缓抬高身躯，两臂和背部向后弯。

呼气，还原到直立姿势。充分休息，重复练习 3 ~ 5 次。

（a）　　　　　　　　　（b）　　　　　　　　　（c）

（d）　　　　　　　　　（e）　　　　　　　　　（f）

图 12-9　向太阳致敬式

Chapter 13

第 13 章

体育舞蹈

课前思考:

1. 体育舞蹈有哪些种类?
2. 体育舞蹈有哪些竞赛规则?

13.1 🏃 体育舞蹈简介

本节介绍体育舞蹈的起源和发展,讲解体育舞蹈的基础动作。

13.1.1 体育舞蹈的起源与发展

    体育舞蹈也称国际标准交谊舞(简称国标舞),集娱乐、运动、艺术于一体,是男女为伴的一种步行式双人舞。

    体育舞蹈的发展经历了原始舞、公众舞、民间舞、宫廷舞、交际舞、新旧国际标准交谊舞等演变过程。早在殷商乐舞"韶"中,便有"相与连臂踏歌行"的集体舞之说。20 世纪 20 年代,英国皇家舞蹈教师协会对原舞种、舞步、舞姿等进行了规范整理,制定了比赛方法,形成了国际标准交谊舞。1947 年,在德国柏林举办了第 1 届世界标准交谊舞锦标赛。1992 年,国标舞被列为奥运会表演项目。

13.1.2 体育舞蹈的种类

    按舞蹈的风格和技术结构划分,体育舞蹈可分为摩登舞(现代舞)和拉丁舞两大类。摩登舞包括华尔兹、探戈、狐步舞、快步舞和维也纳华尔兹 5 种;拉丁舞包括伦巴、桑巴、恰恰、斗牛舞和牛仔舞 5 种。每个舞种均有各自的舞曲、舞步及风格,根据各舞种的乐曲和动作要求,编排成各自的成套动作。

1. 摩登舞

（1）华尔兹

华尔兹也称圆舞，是体育舞蹈中历史悠久、生命力较强的舞蹈形式，有"舞中之后"的美誉。其动作庄重典雅、舒展大方、华丽多姿、飘逸优美。音乐为3/4拍，每分钟28～30小节，舞步为1拍1步，每音乐小节跳3步。前进并合步（追步）、前进锁步、后退锁步等步伐中每小节跳4步。

（2）探戈

探戈起源于非洲中西部的民间舞蹈"探戈诺"舞，据传为情人之间的秘密舞蹈，有"舞中之王"的美誉。其动作刚劲挺拔、热烈狂放且变化无穷，沉稳中见激越，奔放中显顿挫，在"情绪抑制"的内向中具有丰富的"引诱性"。其伴奏音乐为4/4拍，每分钟30～34小节。

（3）狐步

狐步起源于美国舞蹈，20世纪初从美国逐渐流行于世界。其动作流动感强、轻盈恬适、舒展流畅、平稳大方、悠闲从容。其伴奏音乐为4/4拍，每分钟28～30小节。

（4）快步

快步是一种快速4拍子舞蹈，由美国民间舞演变而来，早期吸收了狐步舞动作，后又引入了芭蕾舞的小动作。其动作轻快活泼、圆滑流利、富于激情、洒脱自由、奔放灵活、快速多变、饱含动感和表现力。其伴奏音乐为4/4拍，每分钟48～52小节，基本节奏是慢慢快快，慢快快慢。

（5）维也纳华尔兹

维也纳华尔兹俗称快三步，起源于奥地利的农民舞蹈，又称"快乐尔兹"。其动作流畅华丽、轻松明快、翩跹回旋、活泼奔放。其伴奏音乐称为圆舞曲，3/4拍，每分钟56～60小节，第1拍为重拍，第4拍为次重拍。基本步伐是6拍走6步，2小节为1个循环，第1小节为1次起伏。

2. 拉丁舞

（1）伦巴

伦巴起源于古巴，最初是表现男女爱情的哑剧舞蹈。其动作风格浪漫奔放、性感热情、曼妙婀娜，被称为拉丁美洲音乐和舞蹈的精神与灵魂。其伴奏音乐是4/4拍，每分钟27～29小节。舞步从第4拍起跳，由1个慢步和2个快步组成。4拍走3步，慢步占2拍（第4拍和下一小节的第1拍），快步各占1拍（第2拍和第3拍）。胯部摆动3次。

（2）桑巴

桑巴是一种集体性的交谊舞蹈，源自非洲的黑人舞蹈，原指一种激昂的肚皮舞。男舞者钟情于脚下各种灵巧的动作，两脚飞速移动或旋转。女舞者则以上身的抖动及腹部与臀部的扭动为主。其动作狂放不羁，动作幅度很大，节奏强烈，给人以激情似火的感觉。舞者沿舞程线方向绕场移动，是一种行进性舞蹈，伴奏音乐是2/4拍或4/4拍，每分钟52～54小节。

（3）恰恰

恰恰是模仿企鹅的动作创编而成的舞蹈，借以表达青年男女之间追逐嬉戏的情景，起源于非洲，传入拉丁美洲后，在古巴获得了很大发展。其动作风格风趣诙谐、热烈俏美、步法利落、花哨紧凑。伴奏音乐是 4/4 拍，每拍跳 5 步，每分钟 30 ~ 32 小节。

（4）斗牛

斗牛即帕索多布累，也称西班牙两步舞，起源于法国，是模仿西班牙斗牛士的动作而创编的舞蹈，主要表现斗牛士的强壮和豪迈气概。其动作风格澎湃激昂、雄壮强悍、动静鲜明、敏捷顿挫。伴奏音乐是 2/4 拍，每分钟 60 ~ 62 小节，1 拍 1 步，8 拍为 1 个循环。

（5）牛仔

牛仔又称为捷舞、摆舞、吉特巴、水兵舞，源于美国西部，原是美国西部牛仔跳的踢踏舞。其动作风格快速粗犷、自由奔放、热情欢快。伴奏音乐是 4/4 拍，每分钟 42 ~ 44 小节，每小节有 2 拍或 4 拍，6 拍为一个舞步。

13.2 体育舞蹈的基础知识

本节介绍体育舞蹈的基础知识。

13.2.1 舞程线

跳舞中为避免互相碰撞，规定跳舞者必须按逆时针方向行进，这个行进线路称为舞程线，如图 13-1 所示。其中，长的两条为 A 线，短的两条为 B 线。

13.2.2 方位

以舞场正前方（多为乐队演奏台）为基点，定为"1 号位"，每顺时针移动 45° 则变动一个方位，以此类推，分别为 2 ~ 8 号位，如图 13-2 所示。

13.2.3 角度

交谊舞中，舞者旋转的方向有左转和右转，旋转的角度一般分为 45°、90°、135°、180°、225°、270°、315° 和 360°，如图 13-3 所示。

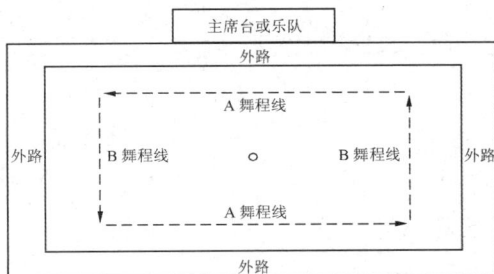

图 13-1　舞程线

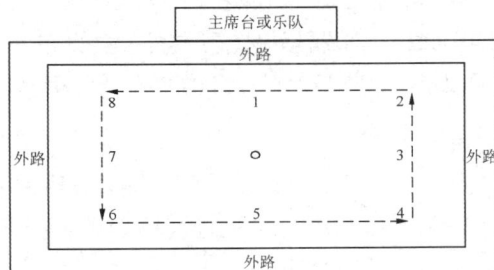

图 13-2　方位

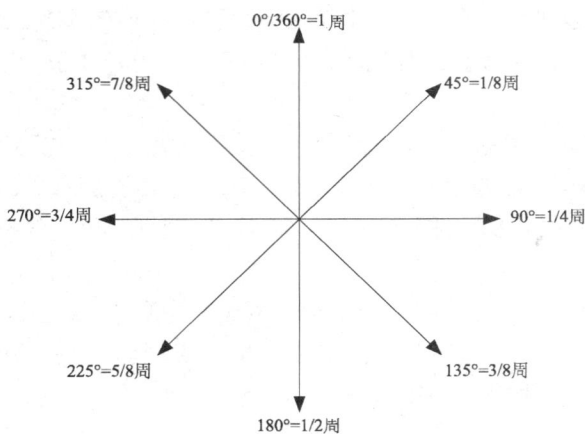

0°/360°=1 周

315°=7/8周

45°=1/8周

270°=3/4周

90°=1/4周

225°=5/8周

135°=3/8周

180°=1/2周

图 13-3　角度

13.3 体育舞蹈的基础动作

本节讲解体育舞蹈的基础动作。

13.3.1 标准握持

标准握持，应当使共舞双方形成整体性结构，融为一体。它不仅关系到造型的优美，而且影响信息的传递、重心的稳定、用力方法的正确与统一，以及特殊技巧的运用等一系列问题。在体育舞蹈中，除探戈之外，所有舞种的标准握持都是一样的。其要点如下。

13.3.2 肢体动作

1. 脚部

双脚平行并拢，切忌不可"八"字形张开；右脚尖对准舞伴的两脚之间；重心集中于前脚掌且不能抬起脚跟。

2. 手部

男舞者的右手掌心向里，扶在女舞者左侧腰部的上方，五指并拢，肘与指尖形成一条直线，大臂与肩膀呈椭圆形展开；女舞者左手轻放在男舞者右上臂三角肌处，四指并拢，用虎口定位；男舞者左手和女舞者右手相握。

3. 躯干

在保持双方肩横线平行的前提下，各自的头部向左侧转动 45°，双眼平视前方。女舞者上体后展约 15°，呈挺拔式弯曲状态，以表现出曲线美。

13.3.3 舞姿

舞姿泛指舞者跳舞的姿态，是舞步变化的基础。

（1）合对位舞姿（闭式舞姿）："合"指两舞者交手握抱，"对"指面对面，泛指男女面对面双手扶握的身体位，女舞者应偏向男舞者右侧约 1/3。

（2）散式舞姿：指男舞者的右侧与女舞者的左侧身体紧密贴靠，身体的另一侧略向外展开成"V"字形的站立或行进的身体位置。双方的视点集中在握手的延伸方向。

13.3.4 舞步

（1）直步：面向舞程线，双脚并拢，脚尖对正前方，脚跟对正后方，前进或后退。

（2）横步：以直步为参考点，向脚外侧方向平移。

（3）切步：以直步为参考点，运步时，动作脚内侧朝向前进方向。

（4）扣步：以直步为参考点，运步时，动作脚外侧朝向前进方向。

（5）擦步：当动力脚从一个开位向另一个开位移动时，必须先与主力脚靠拢，且重心不变。

（6）滑步：舞步由 3 步组成，在第 2 步时双脚并拢。

（7）锁步：两脚前后交叉。

（8）蹉蹰步：前进暂时受阻时，而重心停留于一只脚后时间超过一拍舞步的时间。

（9）逗留步：身体运动或旋转受阻时，双脚几乎静止不动的舞步。

（10）轴转：一脚脚掌旋转时，另一只脚处于或前或后的反身动作位置。

13.4 体育舞蹈的竞赛规则

本节介绍体育舞蹈的竞赛规则。

13.4.1 比赛着装

摩登舞部分：男舞者服装必须为黑色或藏蓝色。拉丁舞部分：允许男舞者穿彩色的服装，但每队的所有男队员必须服装颜色统一，不允许使用道具。

13.4.2 舞蹈动作

（1）摩登舞比赛队的动作编排必须是基于华尔兹、探戈、维也纳华尔兹、狐步舞和快步舞，并最多可选 16 小节任何其他舞（包括拉丁舞）。

（2）拉丁舞比赛队的动作编排必须是基于桑巴、恰恰、伦巴、斗牛舞、牛仔舞和任何其他拉丁节奏，并最多可选16小节任何其他舞（包括摩登舞）。

（3）摩登舞的每段独舞将严格限制在8小节以内，在整个舞蹈编排中最多24小节。此规则不适用于拉丁舞，在拉丁舞中独舞通常作为一部分。两种舞中都不允许有托举动作（托举动作指1名舞者在舞伴的协助或支持下双脚同时离地的动作）。

13.4.3　人数与时间

（1）在所有比赛中，参赛队应由6对或8对选手组成。在同一比赛中，任何人不得参加超过一队的比赛。

（2）在比赛中的任何阶段，各队队员最多可以有4名替补。

（3）包括入场和出场，每队的表演不得超过6分钟。在此6分钟内，将评判不超过4.5分钟的表演，表演的开始和结束应有明确的指示。未遵守这些要求的队可由主席决定取消比赛资格。

（4）当比赛参赛队超过5支时，必须举行第2轮比赛。

13.4.4　裁判

（1）比赛必须安排不少于7名有团体舞经验的裁判。

（2）必须为各队的彩排做充足的安排，为各队在舞厅安排充足的时间带音乐排练。

（3）必须任命1名主席。主席必须参加彩排并警告违反规则的队。如有参赛队在比赛中违反规则，主席有权和裁判们协商后取消该队的比赛资格。在比赛时只允许使用彩排时的动作编排和音乐，比赛时不允许更换服装。

Chapter 14

第 14 章

武术

课前思考：

1. 武术的基本功和基本动作都有哪些？
2. 形神拳有哪些基础动作？

14.1 武术运动简介

本节介绍武术的起源和分类。

14.1.1 武术的起源

武术是以技击动作为主要内容，以套路和格斗为运动形式，注重内外兼修，增强体质、培养意志的中华传统体育项目。

武术萌芽于原始社会人类与野兽的搏斗。随着部落战争的此消彼长，攻防格斗技术不断积累。自卫本能的升华、猎取食物的需求和实战技术的积累为武术发展奠定了基础。青铜兵器的使用，战车、机弩的发明，刀、剑、钩、钺、戟的出现，武器向多样化发展，使武术的技击性进一步突出。从单纯的军事技术到带有健身色彩的体育运动，从相击形式的搏斗到舞练形式的演练，从单练、对练到套路，武术的内容不断丰富。

狭义的武术特指中华武术，它是中华民族的宝贵遗产，以中华传统文化为基础。在其源远流长的发展过程中，摄养生之精髓，集技击之大成，攻防自卫，强身健体，具有"内外合一""神形兼备""尚武崇德"的特点。

我国武术代表团曾多次出访，以精湛的技艺和表演在众多国家和地区引起强烈反响，"武术热"风靡全球。1990 年国际武术联合会（简称国际武联）在北京成立。在 1990 年第 11 届亚运会上，武术被列为正式比赛项目；2008 年，第 29 届奥运会将武术作为特别项目。

14.1.2 武术的分类

我国武术运动根深叶茂，流派众多。战国时代的《司马法》中记有"长兵""短兵"的分法。戚继光在《纪效新书》中介绍拳技时则使用了打、踢、跌、拿 4 种技法的概念。清初黄宗宪又提出了内家拳、外家拳的分类概念。此外，民间还流传着"南拳""北腿"的说法。

1. 按运动形式分类

（1）功法运动

功法运动是以单个武术动作为主体进行练习，以达到增强专项体能或健体目的。其包括内功（内养功）、外功（外壮功）、轻功（弹跳）、硬功（击打和抗击打）等，既是套路运动和搏斗运动的基础，又是极好的锻炼方法。例如，习浑元桩可以调心、调身、调息，站马步桩可以增强腿力等。

（2）套路运动

套路运动指以踢、打、摔、拿、击、刺等技击动作为主要内容，根据攻守进退、动静疾徐、刚柔虚实等矛盾运动的变化规律编成的整套练习形式。按练习形式可将其分为单练、对练、集体表演3种类型。

① 单练指单人练习的套路运动，包括徒手拳术与器械。徒手拳术种类众多，有长拳、南拳、太极拳、形意拳、八卦拳、通背拳、劈挂拳等。器械又可分为短器械、长器械、双器械和软器械4种。短器械主要有刀、剑等；长器械主要有棍、枪等；双器械主要有双刀、双剑、双钩、双枪、双鞭等；软器械主要有三节棍、九节鞭、流星锤等。

② 对练是由两人或两人以上，在预定条件下进行的假设性攻防练习套路，包括徒手对练、器械对练、徒手与器械对练等。

③ 集体演练指6人或6人以上徒手或持器械同时进行练习的演练形式，有一定的集体造型和队形变化，可有音乐伴奏。

（3）搏斗运动

搏斗运动，是两人在一定条件下，按照一定的规则，运用相应的攻防技法，斗智、斗勇、较技、较力的对抗性练习形式，如散打、推手、短兵等。

2. 按依附地域分类

传统的武术流派往往是依托不同的山川名胜而自然形成的，并传承至今，如少林派（嵩山）、武当派、峨眉派、青城派、华山派、崆峒派、天山派等。

3. 按二分法分类

按技术、技击风格的不同，兴盛地域的差异等，民间多以二分法，通过比较对武术进行分类，如南拳与北腿、长拳与短打、内家拳与外家拳等。

14.2 武术运动的基础动作

本节介绍武术的基本功、基础动作。

14.2.1 基本功

练习武术的基本功能有效地提高关节的伸展性和灵活性，增强韧带的柔韧性和肌肉的力量，它既是武术入门不可或缺的基础功夫，又是提高体能和武术技能的必要手段。

武术的基本功按人体的身体部位可划分为肩臂功、腿功、腰功和桩功。

1. 肩臂功

肩臂功，主要是加大肩关节的活动范围并增进其韧带的柔韧性，发展肩臂部肌肉力量，提高上肢运动的伸展、敏捷、松长、转环等能力。

练习方法主要有压肩、吊肩、转肩、绕肩等。

（1）压肩

开步（两脚平行，左右站立）站立，与肩同宽或稍宽，上体前俯，手握肋木，下振压肩。也可两人面对面站立，互相扶按肩部，做体前屈振动压肩动作。

动作要点：挺胸、塌腰、收髋，两臂、两腿伸直；振幅逐步加大，压点集中于肩部。

（2）吊肩

并步（两脚内侧相靠）站立，背对肋木，两手反臂抓握，然后下蹲，两臂拉直或悬空吊起，如图 14-1 所示。

动作要点：两臂伸直，肩部放松。

图 14-1 吊肩

（3）转肩

开步站立，两手正握棍于体前，如图 14-2 所示。以肩关节为轴，两臂伸直上举经头顶绕至体后，再从体后向上绕至体前。

动作要点：两臂始终伸直；两手握棍距离应由宽到窄，一般与肩同宽。

（4）绕肩

单臂绕环，成左弓步姿势，左手按于左膝上（也可两脚开立，左手叉腰），右臂上举，由上向后、向下、向前环绕，为后绕环（见图 14-3）；右臂由上向前、向下、向后环绕，为前绕环。左右臂交替练习。

动作要点：臂要伸直，肩应放松，贴身划立圆，逐渐加速。

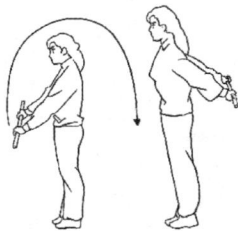

图 14-2 转肩　　图 14-3 单臂绕环

第 14 章 武术

153

双臂绕环，两脚开立，与肩同宽。3 种形式如下。

① 前后绕环：两臂垂于体侧，依次由下向前、向上、向后绕环，如图 14-4 所示。数次后，再做反方向的绕环。

② 左右绕环：左右两臂同时向右、向上、向左、向下绕环，如图 14-5 所示。数次后，再做反方向绕环。

图 14-4　前后绕环　　　　　　　　　图 14-5　左右绕环

③ 交叉绕环：两臂直臂上举，左臂前绕环，同时右臂后绕环，如图 14-6 所示。数次后，再做反方向绕环。

动作要点：松肩、探臂，划立圆绕环。

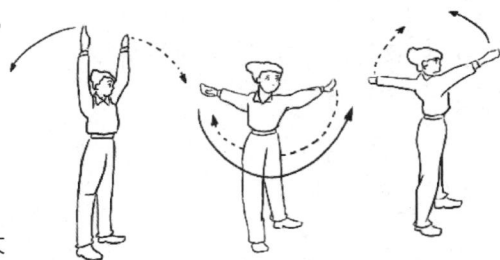

图 14-6　交叉绕环

2. 腿功

腿功主要是拉长腿部的肌肉和韧带，加大髋关节和膝关节的活动范围，增强腿部的柔韧性、灵活性、协调性和力量等。练习方法主要有压腿、搬腿、劈腿等。

（1）压腿

① 正压腿。右腿直立支撑，将左脚脚跟放在与髋同高或稍高于髋的肋木上，脚尖勾紧，两手扶按在膝关节上（或双手抱脚），立腰、收髋、挺膝，上体前屈，向前、向下做压振动作，如图 14-7 所示。左右腿交替练习。

动作要点：逐渐加大振幅，先以前额、鼻尖触及脚尖，然后过渡到下颏触及脚尖，以提高腿的柔韧性。

② 侧压腿。身体侧对肋木，右腿伸直支撑，脚尖外展，如图 14-8 所示。左脚脚跟放在肋木上，脚尖勾紧，右臂上举，左掌附于右胸前，立腰、展髋，上体向左侧压振。左右腿交替练习。

动作要点：逐步加大振幅，直到右手握左脚掌、上体侧卧在左腿上。

③ 后压腿。背对肋木，右腿支撑，左脚脚背放在肋木上，脚面绷直，上体后仰做压振动作，如图 14-9 所示。左右腿交替练习。

动作要点：挺胸、展髋、腰后屈。

图 14-7　正压腿　　　　图 14-8　侧压腿　　　　图 14-9　后压腿

④ 仆步压腿。右腿屈膝全蹲，左腿挺膝伸直，脚尖内扣。两脚全脚掌着地，两手分别抓握两脚外侧，呈仆步向下压振，如图 14-10 所示。左右腿交替练习。

图 14-10　仆步压腿

动作要点：挺胸、塌腰、沉髋，左右移动不宜过快，臀部尽量贴近地面。

（2）搬腿

① 正搬腿。右腿直立与上体保持正直，左腿屈膝提起，右手托握左脚外侧，左手抱膝。然后，左腿挺膝向前上方举起，脚尖勾紧，也可由同伴托住脚跟上搬。左右腿交替练习。

动作要点：挺胸、立腰、收髋，上搬高度应由低到高。

② 侧搬腿。左腿直立与上体保持正直，右腿屈膝提起，右手经小腿内侧托住脚跟，然后将右腿向右上方搬起，左臂上举亮掌；也可由同伴托住脚跟向侧上搬腿。左右腿交替练习。动作要点：挺胸、立腰，髋关节放松。

③ 后搬腿。手扶一定高度的物体或肋木，左腿支撑，由同伴托起右腿从身后向上搬举，挺膝，脚尖绷直，上体后屈。左右腿交替练习。

动作要点：挺胸、塌腰、髋放正、腰后屈。

（3）劈腿

① 竖叉。两臂侧平举或扶地，两腿前后分开成一直线。左腿后侧着地，脚尖勾起，右腿内侧或前侧着地，如图 14-11 所示。

动作要点：挺胸、立腰、沉髋、挺膝。

② 横叉。两臂侧平举或在体前扶地，两腿左右分开成一直线，两腿内侧着地，如图 14-12 所示。

动作要点：挺胸、立腰、展髋、挺膝。

图 14-11　竖叉

图 14-12　横叉

3．腰功

腰是贯通上下肢体的枢纽，是表现身法技巧的关键。腰功主要发展脊椎和腰部各肌肉群的柔韧性和弹性，加大腰部的活动范围。练习方法主要有俯腰、甩腰、涮腰、下腰等。

（1）俯腰

① 前俯腰。并步站立，两手手指交叉，直臂上举，掌心朝上。上体前俯，两掌心尽量贴地，如图 14-13 所示；也可两手分别抱住两脚跟腱部位，头贴近腿部，持续一定时间后再起身。

动作要点：两腿挺膝伸直，挺胸、塌腰、收髋，尽力向前折体。

② 侧俯腰。基本同前俯腰，但两手手指交叉在脚外侧触地，向左或向右转体。

动作要点：两腿挺膝伸直，两脚不可移动，上体尽量下屈。

（2）甩腰

两脚开步站立，两腿挺膝伸直，两臂上举。以腰、髋关节为轴，上体做前后屈的甩动动作，如图 14-14 所示，两臂随之摆动。

动作要点：快速、紧凑而有弹性。

图 14-13　前俯腰

（3）涮腰

两脚开立，略宽于肩，上体前俯，两臂向左前下方伸出，然后以髋关节为轴，向前、向右、向后、向左翻转绕环一周，如图 14-15 所示。左右交替练习。

动作要点：尽量增大绕环幅度。

（4）下腰

两脚开步站立，与肩同宽，两臂伸直上举。腰向后屈，抬头、挺胸、顶腰，两手撑地成桥形。

动作要点：挺膝、挺髋、挺胸、腰向上顶，桥弓要大；脚跟不可离地。

图 14-14　甩腰

图 14-15　涮腰

4．桩功

桩功是以静站的方式锻炼气息、修养意念、增强力量并形成动作动力定型的锻炼方法。通过桩功练习能增强并稳固下肢力量，使内劲饱满、气血畅活，达到壮内强外的效果。练习方法主要有马步桩、虚步桩、浑元桩（升降桩和开合桩）等。

14.2.2　基础动作

武术运动讲究心、神、意、气和手、眼、身、步的配合与统一，利关节、强筋骨、壮体魄、理脏腑、通经脉、调精神，使身心得到全面发展。武术的基本动作是武术各项目中基础、简单、典型、不可缺少的动作，主要包括手形、手法、步形、步法、腿法、平衡和跳跃等。

1．手形

（1）拳

四指并拢卷握，拇指紧扣食指和中指的第二指节，如图 14-16 所示。拳眼朝上为立拳，拳心朝下为平拳。

动作要点：拳握紧，拳面平，直腕。

（2）掌

四指并拢伸直，拇指弯曲紧扣于虎口处，如图 14-17 所示。手腕伸直为直掌，掌指朝上为立掌。

动作要点：竖指并拢，掌心展开。

（3）勾

五指第一指节捏在一起，腕屈紧，如图 14-18 所示。

动作要点：五指指尖齐平，腕屈紧。

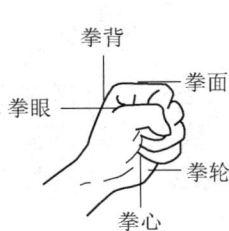
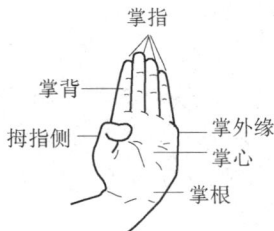
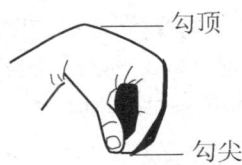

图 14-16　拳　　　　　　　图 14-17　掌　　　　　　　图 14-18　勾

2．手法

（1）冲拳

预备姿势：双脚开步站立，与肩同宽；两手握拳分别抱于腰侧，拳心向上，肘尖向后，目视前方。

动作说明：右拳从腰间猛力向前冲出，肘关节过腰后，前臂内旋，力达拳面，臂伸直高与肩平，同时左肘向后牵拉，目视右拳。左右臂交替练习。

动作要点：挺胸、收腹、拧腰、顺肩，出拳应快速有力且有寸劲（即爆发力）。

（2）推掌

预备姿势和动作要点同冲拳。

动作说明：拳变掌，以掌根为力点立掌（翘掌、沉腕）推出，力达掌外沿。

（3）亮掌

预备姿势同冲拳。

动作说明：右拳变掌，由腰间经体侧向上方画弧至头部右上方，肘微屈，抖腕翻掌；同时头向左转，目视左方。

动作要点：挺胸、收腹、立腰，抖腕翻掌与转头要同时完成。

3. 步形

步形与步法的练习主要是增进腿部的速度和力量，提高两腿移动的灵活性和稳固性。

（1）弓步

前腿屈膝，大腿接近水平，脚尖微内扣，脚掌与膝垂直；后腿挺膝伸直，脚尖内扣斜向前（约呈45°角），如图14-19所示；两脚全脚掌着地，间距为本人脚长的4～5倍；上体正对前方，两手抱拳于腰间，平视前方。弓左腿为左弓步，弓右腿为右弓步。

动作要点：前腿弓，后腿绷；挺胸、塌腰、沉髋。

（2）马步

两脚开步站立，两脚间距约为本人脚长的3倍，脚尖正对前方；屈膝半蹲，大腿接近水平，膝关节不超过脚尖，如图14-20所示；两手抱拳于腰间，目视前方。

动作要点：挺胸、塌腰、直背，膝微内扣，脚跟外蹬。

（3）虚步

两脚前后开立，后腿屈膝半蹲，大腿接近水平，脚尖外展约45°角，全脚掌着地；前腿微屈，脚尖前伸虚点地面，脚面崩平并稍内扣，如图14-21所示；重心落于后退，目视前方。左脚在前为左虚步，右脚在前为右虚步。

动作要点：挺胸、塌腰、虚实分明。

（4）仆步

两脚左右开立，间距约为本人脚长的4倍；一条腿屈膝全蹲，大小腿紧靠，臀部接近小腿，脚和膝稍外展，如图14-22所示；另一条腿挺直平仆接近地面，脚尖内扣；两脚全脚掌着地，两手抱拳于腰间，眼向仆出腿一方平视。仆左腿为左仆步，仆右腿为右仆步。

动作要点：挺胸、塌腰、沉髋。

图 14-19　弓步　　　图 14-20　马步　　　图 14-21　虚步　　　图 14-22　仆步

（5）歇步

两腿交叉靠拢，屈膝全蹲，前脚全脚掌着地，脚尖外展，如图 14-23 所示；后脚脚跟离地，膝部贴近前腿外侧，臀部坐于后小腿接近脚跟处；两手抱拳于腰间，眼向前腿一方平视。左脚在前为左歇步，右脚在前为右歇步。

动作要点：挺胸、塌腰、两腿靠拢并贴紧。

（6）丁步

两腿并拢半蹲，一只脚全脚掌着地支撑（重心落于此脚），如图 14-24 所示；另一只脚脚面绷直，脚尖内扣并虚点地面，靠于支撑脚的脚弓处；两手抱拳于腰间，目视前方。左脚尖点地为左丁步，右脚尖点地为右丁步。

动作要点：挺胸、塌腰、虚实分明。

图 14-23　歇步　　　　　　　　　　　图 14-24　丁步

4. 步法

（1）击步

预备姿势：两脚前后开立，与肩同宽，两手叉腰。

动作说明：上体略前倾，前脚蹬地前纵，后脚提起在空中向前碰击前脚脚跟；两脚依次落地，后脚先落，前脚后落；目视前方。

动作要点：腾空时，上体保持正直并侧对前方。

（2）弧形步

预备姿势与击步的预备姿势相同。

动作说明：两腿略屈半蹲，沿弧形路线迅速连续行步，脚跟先着地并迅速过渡到全脚掌着地，步幅略比肩宽，目视前方。向左跨为左弧形步（或左环绕步），向右跨步为右弧形步（或右环绕步）。

动作要点：挺胸、塌腰；身体重心要平稳；注意转腰。

5. 腿法

（1）正踢腿

预备姿势：并步站立，臂侧平举，立掌，目视前方。

动作说明：左脚向前上半步，左腿伸直支撑，右腿挺膝，脚尖勾起向前额处快速踢起；上体正直，目视前方。左右腿交替练习。

动作要点：收腹、挺胸、立腰；踢腿过腰后加速；踢腿时脚尖勾起绷落或勾起勾落。

（2）斜踢腿

预备姿势和动作要点同正踢腿。

动作说明：一条腿向异侧耳际踢起。

（3）侧踢腿

预备姿势同正踢腿。

动作说明：右脚向前上半步，脚尖外展；左脚脚跟稍提起，身体略右转，左臂前伸，右臂后举。随即左腿挺膝，勾脚向左耳侧踢起；同时右臂上举亮掌，左臂屈肘立掌于右肩前。踢左腿为左侧踢，踢右腿为右侧踢。

动作要点：挺胸、立腰、开髋、侧身、猛收腹。

（4）外摆腿

预备姿势同正踢腿。

动作说明：右脚上步支撑，左脚脚尖勾紧向右侧上方踢起，经面前向左侧上方摆动，而后直腿下落，还原成预备姿势。左掌可在左侧上方迎击左脚脚面。左右腿交替练习。

动作要点：挺胸、立腰、收腹、展髋，摆腿呈扇形，幅度要大。

（5）里合腿

预备姿势同正踢腿。

动作说明：左脚向左上方踢起，经面前向右侧上方直腿摆动。

动作要点：挺胸、立腰、合髋，腿呈扇形里合，幅度要大。

（6）弹腿

预备姿势：并步站立，两手抱拳于腰间，目视前方。

动作说明：左腿支撑，右腿屈膝提起，右脚绷直，大腿与腰齐平，迅速挺膝，小腿猛力向前弹击，力达脚尖。大腿与小腿呈一条直线，与腰齐平。左右腿交替练习。

动作要点：挺胸、直腰、收髋，脚面绷平，弹踢有力。

（7）后扫腿

做左弓步，同时两掌从腰侧向前推出，掌指朝上。然后，左腿屈膝全蹲，脚尖内扣，呈右仆步，同时上体右转并前俯，两掌在右腿内侧撑地，随上体向右后拧转的惯性力量，以左脚前脚掌为轴，右脚贴地向后扫转一周。

动作要点：转体、俯身、撑地，扫转要连贯协调，一气呵成。

6．平衡

平衡练习的主要作用是增加腰、髋的柔韧性和肌肉的控制力量。

（1）提膝平衡

右腿伸直支撑，左腿屈膝高提过腰，脚面绷直，垂扣于右腿前侧。右臂上举于头上亮掌，左手反臂后举成勾手。两眼向左平视。

动作要点：挺胸、立腰、收腹；平衡站稳，提膝近胸，脚内扣。

（2）燕式平衡

左腿支撑站稳，右腿屈膝提起，两掌在身前交叉，掌心向内。然后，两掌向两侧直臂分开平举，上体前俯，略高于水平，脚面绷平向后上蹬伸，至高于头顶水平部位。

动作要点：两腿伸直，挺胸、抬头、腰后屈。

7．跳跃

跳跃指蹬地跳起，身体腾空时完成各种手法、腿法等动作。它能增强腿部力量，并提高弹跳能力。

（1）腾空飞脚

预备姿势：并步站立，两臂垂于体侧，目视前方。

动作说明：上体稍后仰，右脚向前迈步，以脚跟着地，蹬地跃起。左腿随之向前、向上踢摆，同时，两臂向头上摆起，右掌背碰击左掌心，双眼平视前方。身体向上腾起，右腿挺膝向前上方弹踢，脚面绷平过腰，右掌迎击右脚面，同时左腿屈膝收控于右腿侧，脚面绷直，脚尖向下，左掌直臂摆至头部左上方，变勾手，勾尖向下，略高于肩；上体微前倾，目视右脚。左右脚依次落地，以前脚掌先着地，然后过渡到全脚，随之屈膝加以缓冲。

（2）旋风脚

预备姿势：高虚步亮掌站立。

动作说明：开步站立，两臂垂于体侧，目视前方。右臂向前上方弧形摆掌，掌心向斜上方；同时左臂屈肘，左掌收于左腰侧，掌心向下；上体微左转，目随右掌。右掌经体前向左、向下、向右、向头上抖腕亮掌，掌心向上，掌指朝左；同时左掌从右臂内穿出，经胸前向上、向左摆至左侧，掌指朝上，高于肩平。在右臂抖腕亮掌的同时，头部左转，两眼转视左侧，左脚收于体前，脚尖虚点地面，成高虚步。

关键动作说明如下。

左脚左上步，同时左掌向前、向上摆起，右臂伸直向后、向下摆动。右脚随即上步，脚尖内扣，左臂随之向下摆动并屈肘收至右胸前。左臂向上、向前抡摆，上体向左旋转前俯。重心右移，右腿屈膝蹬地跳起，左腿提起向左上方摆动。上体向左上方翻转，身体旋转一周（不少于270°），右腿挺膝里合，左手在面前迎击右脚掌，左腿舒展外摆自然下垂，并在击响的刹那间离地。当腾空动作较熟练后，左腿应逐步高摆，屈膝或直腿收控于身体左侧。

（3）腾空摆莲

预备姿势：高虚步挑掌站立。

动作说明：并步站立，右脚后撤一大步，同时右臂向前、向上挑掌，左臂后摆至体后。重心后移，左脚回收至身前虚点地面，成高虚步；同时右臂向上、向后、向下、向前环绕一周于身前挑掌，左臂向前、向上、向后绕环抡摆至身后，两臂与肩齐平，两掌掌指朝上；挺胸、直腰、顺肩，目视前方。

关键动作说明如下。

左脚向前进半步，右脚随之向前进一大步，脚尖外展，屈膝微蹲。同时右掌弧形回收至腰间，左臂由后经上摆至头前上方。右腿蹬伸上跳，左脚屈膝提起收扣于身前，身体腾空。同时右臂经左臂内侧向上弧形斜上举，左臂顺势摆向身后，头部左转，右肩前顺。右脚落地，左脚随之在身前落步，右脚再进一步，脚尖外展，身体右转，同时右臂顺势下落，左臂前摆。

重心前移右腿，右脚蹬地跳起，同时左腿向右上方里合踢摆，两手上摆于头上击响，上体向右旋转，身体腾空。右腿上踢外摆呈扇形，两手先左后右依次拍击右脚面，左腿屈膝收控于右腿侧，上体微前倾，两眼随视两手。空中击响时，左腿充分伸直分开摆动控于体侧。

14.3 🏃 形神拳

本节简单介绍形神拳的特点，讲解其基础动作。

14.3.1 形神拳概述

形神拳属于长拳套路，其特点是动作舒展、刚劲有力、节奏鲜明。全套动作加上预备势和收势共有 32 个动作，正常速度完成约需 1 分钟。完整套路练习可增加肺活量、提高内脏机能，增强身体的协调能力，增大上下肢的伸展幅度。同时，长拳对于身体姿势和演练技法有一定要求，可以使大学生形成良好的身体姿势，体现出武术的"精、气、神"。

14.3.2 基础动作

1. 预备势

提肘抱拳和转头要快速、协调，做到头正、颈直、颏收、挺胸、立腰、收腹，精神饱满，眼视左前方。

2. 并步抱拳礼

撤步转身与两臂左右分开要一致，收步与抱拳要一致。抱拳礼动作刚柔相济，眼看前方。抱拳礼的动作规格：双脚并步站立，左掌右拳在胸前相抱，高于胸齐，掌拳与胸间距为 20 ～ 30 厘米。整个动作强调用力均匀、精神饱满。

3. 左右冲拳

侧上步并步与冲拳动作要同时完成，左右冲拳时拳从腰间冲出，另一拳收抱腰间，做到挺胸、立腰、步稳、眼随手动。

4. 开步推掌、翻掌抱拳

向前推掌时要头正、颈直、挺胸、立腰、敛臀，眼看两掌。翻掌收抱动作要快速有力，收左脚并步抱拳与转头要同时完成。

5. 震脚砸拳

提膝与向上拧臂、震脚与砸拳要协调一致。砸拳时不可低头弓腰。

6. 蹬腿冲拳

冲拳时要拧腰、顺肩，上体正直。

7. 马步左右冲拳

马步左右冲拳要步稳、身正，冲拳快速有力。

8. 震脚砸拳

同第 5 步。

9. 蹬腿冲拳

同第 6 步。

10. 马步右左冲拳

同第 7 步。

11. 插步摆掌

插步与双摆掌要同时完成。

12. 勾手推掌

右后转体时要两掌收于腰间，然后再做勾手推掌动作。转身要圆滑，勾手推掌与弓步要协调一致、快速有力。

13. 弹踢推掌

弹腿与推掌要同时完成，力达掌根。

14. 弓步冲拳

落步成弓步与冲拳同时完成，弓步后腿蹬直。

15. 抡臂砸拳

转体抡臂绕环要协调，砸拳与震脚要同时完成。

16. 弓步冲拳

左弓步转换成右弓步时左脚要内扣，右脚要外展。随转体左右冲拳要快速有力，眼随手动。

17. 震脚弓步双推掌

转身震脚与两臂交叉上举绕至腰间动作、落步与双推掌动作要协调一致。震脚有力，转身震脚与两臂交叉上举绕至腰间，动作要有瞬间停顿，落步时推掌，以突出动作的节奏。

18. 抡臂拍脚

抡臂要走立圆，踢摆时脚面绷直，快速有力，击拍响亮。

19. 弓步顶肘

顶肘动作刚劲有力，强调攻防内涵，用肘尖用力撞击，腰身要协调配合。

20. 歇步冲拳

撤步与盖掌、歇步与冲拳要协调连贯。

21. 提膝穿掌

强调提膝要过腰，右掌在左掌背上穿出，提膝与穿掌要同时完成。

22. 仆步穿掌

仆步拧腰、转头与穿掌动作要协调一致。仆步右腿要全蹲、立腰。

23. 虚步挑掌

虚步时支撑腿要蹲下，重心落在后腿上，前脚掌虚点地面。挑掌要翘腕立掌上挑，力达四指。

24．震脚提膝上冲拳

提膝、上冲拳与转头要同时完成。上冲拳时注意上臂要贴近耳。定势动作要求挺拔、稳定、精神饱满。

25．弓步架拳

转身落步要轻、稳，弓步与架拳、冲拳要同时完成。

26．蹬腿架拳

压肘要有力，与蹬踹同时完成。右腿后落成弓步与架拳同时完成。

27．转身提膝双挑掌

提膝时重心要稳，挑掌时肩腕放松。转身摆掌走立圆与提膝同时完成。挑掌抖腕要先柔后刚、手眼相随。支撑腿五趾抓地。

28．提膝穿掌

落左脚和左掌盖压右抱拳、提膝与穿掌要同时完成。支撑腿与右臂要充分伸直。

29．仆步穿掌

仆步甩头、拧腰、穿掌要同时完成，眼随手动，身法、眼法与动作要协调配合。

30．仆步抡拍

抡臂时松肩，以腰带臂走立圆，快速有力。上抡臂要贴耳，下抡臂要贴近腿，眼看拍地方向。

31．弓步架栽拳

弓步架栽拳动作要自然，架、栽拳与转头要同时完成。

32．收势

上步和分掌、并步与抱拳要协调配合，眼随手动。还原姿势要做到两臂下垂，贴靠大腿外侧的同时转头，目视前方。

Chapter 15

第 15 章

跆拳道

课前思考：

1. 跆拳道有哪些级别？
2. 跆拳道有哪些基础动作？

15.1 🏃 跆拳道运动简介

本节简要介绍跆拳道运动的起源与发展，说明其级别划分。

15.1.1 跆拳道运动的起源与发展

跆拳道，是一项运用手脚技术进行搏击格斗的体育项目。"跆"意为以脚蹬踢、腾跃，"拳"意为以拳头击打、防御，"道"意为人生的正确道路，是技术方法和精神的修炼。跆拳道是在我国传统武术和日本空手道的基础上，创新与发展起来的一门独特技击术。由品势（拳套）、搏击、功力检验 3 部分内容组成。跆拳道较为注重的并非格斗，而是提高技艺和磨炼品质，使练习者在艰难的练习中培养出理想的人格和体魄。

1973 年，世界跆拳道联合会在汉城（现首尔）成立，同年，跆拳道第一届世界锦标赛举行。1974 年，第一届亚洲锦标赛举行。1980 年，其被国际奥委会正式承认。1986 年，跆拳道被列为第 10 届亚运会正式比赛项目。1988 年，其成为第 24 届汉城奥运会表演项目。2000 年，其被列为第 27 届悉尼奥运会正式比赛项目。每年的 9 月 4 日为世界跆拳道日。

15.1.2 跆拳道运动的级别

跆拳道有"十级""三品""九段"的划分。"级"分为 10 级至 1 级，10 级水平最低，1 级较高。1 级以后入"段"，段位从低到高分为一段至九段。未成年选手达到一段至三段水平，则授予"一品"至"三品"。腰带的颜色代表选手的技术水平，从低到高依次为白带（10 级）、白黄带（9 级）、黄带（8 级）、黄绿带（7 级）、绿带（6 级）、绿蓝带（5 级）、蓝带（4 级）、蓝红带（3 级）、红带（2 级）、红黑带（1 级、一品至三品）、黑带（一段至九段）。

15.2 🏃 跆拳道运动的基础动作

本节讲解跆拳道运动的基础动作。

15.2.1 实战姿势

实战姿势即预备姿势。两脚前后开立（左脚在前为左势，右脚在前为右势），与肩同宽，前脚脚尖右摆 15°～45°，后脚尖为 90°～110°，后脚跟稍提起，膝微屈，身体重心落于两脚之间，如图 15-1 所示。上体直立，斜向右前方，双手握拳，两臂微屈肘，自然垂放，目视前方。

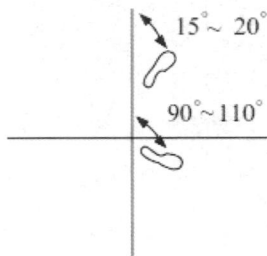

图 15-1　实战姿势

15.2.2 进攻拳法

进攻拳法（直拳）如图 15-2 所示，左脚蹬地，上体快速有力地向左前方扭转。同时，右臂内旋，拳心向下方转动，拳面、前臂、肘关节与肩成一条直线，快速弹伸。

动作要点：蹬地、转髋，转腰、顺肩一气呵成，力达拳面；击打时，全身关节应富有弹性。

图 15-2　进攻拳法

15.2.3 进攻腿法

1. 前踢

以实战姿势开始，右脚蹬地，髋关节向左旋转，双手握拳置于胸前；右腿屈膝上提，脚面稍绷直，当大腿抬至水平或稍高时，小腿快速向前上方弹出，右腿端直，用脚面或前脚掌击打目标，如图 15-3 所示；踢击后快速右转髋，使小腿沿原路折叠返回，右脚落于左脚前，仍成实战姿势。前踢发力部位由脚尖改为脚跟时，前踢动作即变为前蹬动作。

前踢的主要攻击部位为面部、下颚、腹部等，亦可用于防守。

图 15-3　前踢

动作要点：抬腿时，膝关节夹紧，小腿放松；高踢时，髋关节往前送，膝关节抬高；小腿前踢与回收速度一样迅速。

2. 横踢

以实战姿势开始，右脚蹬地，重心前移至左腿，右腿屈膝提起，双手握拳置于胸前；左脚外旋180°，髋关节左转，左膝内扣，同时小腿迅速有力地向左前方横向踢出，力达脚背；顺鞭打之势上体右转，右腿屈膝回收，右脚落回原处，成实战姿势，如图15-4所示。

横踢的主要攻击部位为头部、胸部、腹部、肋部等。

动作要点：转身、踢腿要一气呵成；踢腿时，腰、髋、膝、腿、踝成一直线，踝关节下扣。

图15-4　横踢

3. 侧踢

以实战姿势开始，右脚蹬地屈膝提起，左脚以前脚掌为轴外旋180°，髋关节左转；同时右脚向右前方直线踢出，力点在于脚刃与脚跟，如图15-5所示。发力后沿起腿路线收腿落地，成实战姿势。

图15-5　侧踢

侧踢的主要攻击部位为头部、胸部、腹部、肋部、膝部等。

动作要点：起腿时，大小腿、膝关节夹紧；提膝、转体、展髋一气呵成；踢击时，头、肩、髋、腰、膝、腿、踝在同一直线上。

4. 后旋踢

以左势开始，两脚掌均内旋约180°，身体随之右转约90°，上体持续右转，与双腿拧成一定角度，右脚蹬地，以髋关节为轴提膝摆起，右腿继续向右后旋摆鞭打，呈弧形摆至身体右侧后，右腿屈膝回收，顺势放松，仍成左势实战姿势。

后旋踢的主要攻击部位为头部、胸部等。

动作要点：转身、旋转、踢腿一气呵成，无停顿；重心在原地旋转360°，屈膝抬腿的速度要快；蹬地、转腰、转上体、摆腿顺序发力，击打点在正前方，呈水平弧线。

5. 下劈

以左势开始，右脚向后蹬地，身体重心前移至左腿，双手握拳置于胸前；右腿以髋关节为轴屈膝上提，左脚跟提起，左腿伸直；膝关节至胸部时，小腿迅速向上伸直，右脚尽量上举至头部上方。然后放松、快速下落，以右脚掌与脚跟为力点劈击目标，右脚落地，成右势实战姿势，如图15-6所示。

下劈的主要攻击部位为头顶、面部等。

动作要点：身体重心往高起，向上送髋；脚尽量高抬，往头后举；起腿要快速、果断；脚、踝关节放松往下劈落，落地应有控制。

图 15-6　下劈

6. 推踢

以实战姿势开始，右脚蹬地，身体重心前移至左脚，右腿屈膝提起，左脚以前脚掌为轴外旋约90°，重心向前压，同时右脚迅速向正前方水平推踢，力达脚掌，如图15-7所示，推踢后迅速屈膝，身体重心前落成左势。

推踢的主要攻击部位为腹部。

动作要点：提膝时尽量收紧膝关节；身体重心往前移，增加前推力度。

图 15-7　推踢

7. 后踢

以实战姿势开始，转身，背对对方，右脚前蹬后屈膝提起，髋关节收紧，右脚贴近左大腿；随即左腿蹬地伸直，右脚向右后方随展髋伸膝向后方直线踢出，上体侧倾，力达脚跟，如图15-8所示；踢击后，右腿按原路线迅速收回，成实战姿势。

图 15-8　后踢

后踢的主要攻击部位为头部、胸部、腹部、裆部、膝部等。

动作要点：起腿后上体和大小腿应折叠收紧，蓄势待发；转身、提腿、出脚、发力一气呵成。

15.3 🏃 跆拳道运动的竞赛规则

本节介绍跆拳道运动的竞赛规则。

15.3.1 基本规则

1. 赛制

跆拳道比赛分为 3 局，每局 2 分钟，局间休息 1 分钟。蓝方和红方选手使用规则允许的技术动作努力击败对手。比赛结果根据双方运动员 3 局的得分总和来判定，得分多者为胜者。

2. 允许攻击的部位

跆拳道竞赛中允许攻击的部位只有两个，一是头部，二是躯干。在对抗中，允许使用拳和脚的技术攻击躯干被护具包裹的部分，但禁止攻击后背脊柱。允许使用脚的技术攻击对手头部，但不能攻击对手的后脑部位。即可以用脚踢击对手头部和被护甲包裹的躯干部位，但不能用脚踢击对方后脑部分，同时禁止用拳击打头部。运动员可以使用拳的技术击打被护甲包裹的躯干的前面和侧面部位。

15.3.2 得分与失分

1. 得分

在比赛中，用脚踢击对手躯干部位一次只能得 1 分，用脚击打对手头部则可以得 2 分；如果击倒对手，裁判员读秒后再加 1 分。因此，虽然用脚踢技术击打对手头部的难度比较大，但许多运动员在比赛中还是千方百计地使用脚击打头部的技术，以尽可能多得分。比赛由一名主裁判员在场上主持，其他 4 名边裁判员根据运动员的技术使用情况负责评判并打分。在比赛中，判断一名运动员是否得分，关键要看运动员的技术是否准确、被允许、有力及有效。跆拳道赛场上加油声、呐喊声不断，判断一方运动员是否得分，可以看双方运动员进攻和反击时的动作，并随时看计分板；一个运动员如果得分了，在 1 秒内裁判员会按压手中的采分器，该运动员的得分也就及时公布在计分板上了。

2. 警告和扣分

现在的跆拳道竞赛规则对运动员倒地的判罚比较严厉。一般来说，运动员故意倒地有可能被裁判员判罚一个警告。如果是意外滑倒和被对手重击倒地或是技术性倒地（即在使用动作时无法控制身体平衡而倒地）则不被判罚。如果一名运动员被对方合理技术击中而身体摇晃或摔倒（一般是被击中头部），裁判员要数秒数到 8。如果数到 8 时，该运动员站起来表示能继续比赛，则比赛继续进行；如果运动员没有站起来，则另一方赢得比赛。在比赛中，如果一方搂抱、推拉对手，消极逃避比赛，用肘、膝顶击对手，摔倒对手，故意用拳攻击对手面部等，则会被判罚警告或扣分。

场上的教练员打断比赛进程或使用过激言语、行为，严重违犯体育道德也会被主裁判警告或扣分。如果一名运动员累计被扣掉 4 分，则要被判"犯规败"，也就意味着输掉了这场比赛。

15.3.3　加时赛

在一场比赛中，如果双方打满 3 局出现平分的情况，则要进行加时赛。加时赛实行"突然死亡法"，即先得到 1 分的一方获胜。比赛结束后，运动员在比赛区域内相对而站，听到裁判员的口令后互相行礼，等候裁判员的判定。裁判员举起哪一侧的手臂，就说明哪一侧的运动员获胜。

Chapter 16
第 16 章
民族传统体育

课前思考:

1. 民族传统体育有哪些运动?

2. 八段锦和五禽戏对身体有哪些好处?

3. 舞龙舞狮属于节庆必备的民俗文化活动之一, 它有哪些美好寓意?

16.1 🏃 八段锦

八段锦是我国劳动人民根据生产和生活的需要创编的一套动功锻炼方法, 至今已有八百多年的历史。经常练八段锦, 能增强臂力和下肢肌肉力量, 发展胸部肌肉, 并有助于防治脊柱后突和圆背等。因为其口诀易记, 动作简单, 不受年龄限制, 所以深受广大群众喜爱。

16.1.1　八段锦的起源

关于八段锦的起源学术界有一些不同观点。八段锦编辑成形始于南宋, 北宋末年开始流传, 在明清时期有了较大发展, 创编人尚无定论, 也可以说八段锦是历代养生家和习练者共同创造的知识财富。现在普遍认为八段锦是由唐代的钟离拳所创编。

八段锦由八节动作组成, 但"八"字不单是指八个动作, 还表示其功法有多种要素。

在长期流传中, 八段锦又形成了许多流派, 北派托名岳飞所传, 以刚为特色, 动作繁难, 姿势多用马步, 又称武八段锦; 南派所谓梁世昌所传, 以柔为特点, 动作简易, 采用站式, 故又称文八段(一般的八段锦即指此)。在流传中, 为便于诵记, 人们又编了歌诀, 经过不断修改, 至清光绪初期逐渐定型为七宫诀: 两手托天理三焦 左右开弓似射雕, 调理脾胃须单举, 五劳七伤往后瞧, 摇头摆尾去心火, 两手攀足固肾腰, 攒拳怒目增气力, 背后七颠百病消。这基本概括了这种功法锻炼的基本要领和作用。

16.1.2 八段锦的特点

第一，刚柔结合。全身肌肉神经放松，然后轻缓用力做动作，这对消除脑力和体力疲劳帮助很大。练功始终要求松中有紧，柔中有刚。

第二，意守丹田。脐下3厘米左右处为丹田。做到意守丹田，才能更好地使内外俱壮。

第三，呼吸均匀。呼吸要自然、平稳，用鼻作腹式呼吸。八段锦的练习有用力和不用力两种。动作用力时，力要用得均匀稳定且含蓄在内。

16.1.3 八段锦的动作要领

1. 两手托天理三焦

（1）预备姿势

立正，或两脚平行站立，两脚间的距离与肩宽相等，两眼平视前方，舌尖轻抵上腭，用鼻呼吸。全身关节放松，两臂自然垂于身侧，各指伸展，躯体自然正直，足趾抓地，足心上提，站立片刻，以求精神集中。

（2）动作

① 两臂徐徐自左右侧方上举，至头顶，两手手指相叉，翻掌，掌心朝上托起，如托天状；同时两脚跟提起离地。

② 两臂下落复原，同时两脚跟放下着地。

如此反复多遍。上托时深吸气，复原时深呼气。

两手托天理三焦动作如图 16-1 所示。

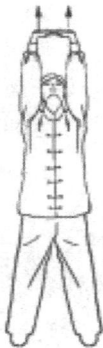

图 16-1　两手托天理三焦

2. 左右开弓似射雕

（1）预备姿势

立正。

（2）动作

① 左脚向左踏出一步，两腿弯曲成骑马式。两臂在胸前交叉，右臂在外，左臂在内，眼看左手；然后，左手握拳，食指翘起向上，拇指伸直与食指成八字撑开。接着，左臂向左推出并伸直，头随之左转，眼看左手食指；同时右手握拳，展臂向右平拉如拉弓状。

② 复原。

③ 右脚向右踏出一步，两腿弯曲成骑马式。其余动作同①，但方向相反。

④ 还原，成立正姿势。

如此反复多遍。展臂及拉弓时吸气，复原时呼气。

左右开弓似射雕动作如图 16-2 所示。

图 16-2　左右开弓似射雕

3．调整脾胃须单举

（1）预备姿势

立正，或两脚平行站立，两脚间的距离与肩宽相等，两臂自然垂于身侧。

（2）动作

① 右手翻掌上举，5 指并紧，掌心向上，指尖向左，同时左手下按，掌心向下，指尖向前。

② 复原。

③ 左手翻掌上举，五指并紧，掌心向上，指尖向右，同时右手下按，掌心向下，指尖向前。

④ 复原。

如此反复多遍。上举下按时吸气，复原时呼气。

调整脾胃须单举动作如图 16-3 所示。

图 16-3　调整脾胃须单举

4．五劳七伤向后瞧

（1）预备姿势

立正，两手掌心紧贴腿旁。

（2）动作

① 头慢慢向左转，眼望后方。

② 复原。

③ 头慢慢向右转，眼望后方。

④ 复原。

如此反复多遍，向后望时吸气，回收复原时呼气。

五劳七伤向后瞧动作如图 16-4 所示。

图 16-4　五劳七伤向后瞧

5．摇头摆尾去心火

（1）预备姿势

两腿分开，相距约为 3 个脚长的宽度，屈膝，成骑马式，两手扶大腿，虎口向内。

（2）动作

① 上体及头前俯深屈，随即在左前方尽量做弧形摇转，同时臀部相应右摆，左腿及左臀适当伸展，以辅助摇摆。

② 复原。

③ 上体及头前俯深屈，随即在右前尽量做弧形摇转，同时臀部相应左摆。

④ 复原。

如此反复多遍。头左前或右前摇摆时吸气，复原时呼气；两手扶腿随体转而稍移动。

摇头摆尾去心火动作如图 16-5 所示。

图 16-5　摇头摆尾去心火

6. 两手攀足固肾腰

（1）预备姿势

立正。

（2）动作

① 上体缓缓向前深屈，膝保持挺直，同时两臂垂下，两手握住两足尖（如做不到，可改为两手尖触两足踝），头略抬高。

② 复原。

③ 两手在背后抵住脊骨，上体缓缓向后仰。

④ 复原。

如此反复多遍。此式最好采用自然呼吸。

两手攀足固肾腰动作如图 16-6 所示。

图 16-6　两手攀足
固肾腰

7. 攒拳怒目增气力

（1）预备姿势

两腿分开，屈膝，成骑马式，两手握拳放在腰间，拳心向上。

（2）动作

① 右拳向前方缓缓击出，右臂伸直，拳心向下，两眼睁大，向前虎视。

② 复原。

③ 左拳向前方缓缓击出（动作要领同①）。

④ 复原。

如此反复多遍。拳向前击时呼气，回收复原时吸气。

攒拳怒目增气力动作如图 16-7 所示。

图 16-7　攒拳怒目
增气力

8. 背后七颠百病消

（1）预备姿势

立正。两掌心贴大腿前。两膝保持伸直。

（2）动作

① 两脚跟提起，离地约 3 厘米至 7 厘米，同时头向上顶。

② 两脚跟放下着地复原。

如此反复多遍。脚跟提起时吸气，脚跟放下时呼气。

16.1.4　八段锦的作用

练习八段锦可以通经活络、和气柔体。练习八段锦时手臂的旋转可以增加扭矩、加大压力，这样有利于经络畅通。

1. 强体增智、醒脑宁神

这个作用的原因在于八段锦的动作"双手攀足固肾腰"。有理论认为肾为先天之本，肾气旺盛的人往往精力充沛、动作强劲有力。

2．按摩内脏、节省能量

八段锦中的"调理脾胃须单举"。这个锻炼可以使得呼吸细缓深长，减少呼吸次数，节省能量。

3．减脂降压、消结化瘀

八段锦是一种典型的有氧运动，套路可长可短，运动时心律都不会太大。

4．保津益气、壮中补元、增力补钙

八段锦涉及了一些平时很难运动到的部位，起到一个平衡作用。比如"攒拳怒目增气力"，要求肌肉用力而且马步蹲裆，使得腿部肌肉得到很好的锻炼，而且在手指握拳和脚趾抓地的时候增加了肌肉的锻炼并且使得血液中的钙不至于流失。"两手托天理三焦"可吐故纳新，调理脏腑功能，消除疲劳，滑利关节（尤其是对上肢和腰背）。"左右开弓似射雕"通过扩胸伸臂可以增强胸肋部和肩臂部肌力，加强呼吸和血液循环，有助于进一步纠正姿势不正确所造成的病态。"调理脾胃须单举"有助于防治胃肠病。"五劳七伤向后瞧"可消除疲劳，健脑安神，调整脏腑功能，防治肩颈酸痛。"两手攀足固肾腰"可增强腰部及下腹部的力量，"攒拳怒目增气力"可激发经气，加强血运，增强肌力。"背后七颠百病消"可疏通背部经脉，调整脏腑功能。长期坚持练习八段锦可增强体质，防止疾病。

16.1.5　练习八段锦的注意事项

八段锦包括肢体运动、呼吸、意念，练习时要注意使身体动起来，使精神静下来，要求动作一致、准确，呼吸深缓、匀长。

1．学习八段锦的注意事项

先学动作；次加呼吸；后加意念；动作缓慢柔和，松紧结合；动其梢节，加强旋转。如八段锦的"两手托天理三焦"，动作要注意不要太直来直去，这样有利于血液运行。"摇头摆尾去心火"，动作注意上肢放松，加强旋转，转头的目的是要刺激大椎穴。

2．呼吸练习的注意事项

动作和呼吸的配合，起吸落呼，开吸和呼，松吸紧呼，先吸后呼。另外，意念活动也应该注意：意念专一、意随形变、用意要绵。

16.2 🏃 五禽戏

五禽戏是我国一种传统的健身方法，由五种模仿动物的动作组成。五禽戏又称"五禽操""五禽气功""百步汗戏"等。五禽戏是我国民间广为流传的也是流传时间最长的健身方法之一。

16.2.1　五禽戏的起源

据说五禽戏是汉代名医华佗所编创的一套养生健身术。五禽戏的创始人华佗，被后世尊为"外科鼻祖"。华佗一生救人无数，而且用的都是十分简单而又有效的方法。华佗曾说过"是以古之仙者（长寿者着），为导引之事，熊经鸱顾，引挽腰体，动诸关节，以求难老"。这句话的意思就是说，人要像熊那样晃动脖子，像鸟儿一样转动眼睛，让腰身关节经常活动，才能长寿。这段话中的"熊经鸱顾"，也是最早的关于五禽戏的文字描述。华佗在治病时，发现了好多疑难症，不太好治。所以他就观察很多动物。五禽戏是华佗在观察了很多动物之后，以模仿虎、鹿、猿、熊、鹤五种动物的形态和神态，发展出的达到舒展筋骨、畅通经脉目的的一种健身方法。它是一种外动内静、动中求静、动静兼备，有刚有柔、刚柔并济、练内练外、内外兼练的健身功法。

16.2.2　五禽戏的特点

1．形松意充、动静结合

（1）形松意充

五禽戏源于对动物的形态动作模仿，五禽戏通过对"五禽"动作和姿势的模仿，可以很好地舒展身体和活络筋骨。在进行五禽戏练习时，要求练习者的身体要保持放松状态，肌肉松而不弛，做到舒适自然，放松，不僵硬，不软塌。五禽戏练习时只有做到肢体松沉自然，才能以意引气，气贯全身；以气养神，气血通畅，达到形松意充的效果。

（2）动静结合

五禽戏的练习具有以下特点，即在功法的起势、收势以及每一戏结束后，都会配以短暂的静功站桩，以此来让练习者进入相对平稳的状态和"五禽"的意境，帮助练习者宁心安神、调整气息，起到"外静内动"的功效。"外静"主要表现在，在五禽戏练习过程中，人们把意识、神韵贯注于动作中，排除杂念，思想达到相对的"入静"状态；"内动"主要表现在进行静功站桩时，虽然形体处于安静状态，但是必须体会到体内的气息运行以及"五禽"意境的转换。在五禽戏的练习过程中，动与静的有机结合，两个阶段相互交替出现，实现了练与养的互补。

2．以腰为轴、呼吸独特

五禽戏的动作体现了身体躯干的全方位运动，对人体的胸椎、颈椎、腰椎等部位能起到很好的锻炼功效。总的来看，五禽戏是以腰为主轴和枢纽，带动上、下肢向各个方向运动，以增大脊柱的活动幅度来实现增强健身功效的。

腹式逆呼吸是五禽戏运动主要的呼吸方式，这种呼吸方式细、匀、深长，而且方法多变。此外，五禽戏所要求的腹式呼吸运动形式，常需要用自身意识来进行调节。

3．回归自然、安全可靠

五禽戏练习重视人对意念的控制，要求练习者在练习过程中要进入一种意境，进入"戏"中所表现出的角色，将自己置于大自然的环境之中，实现与大自然的结合。此外，意念的张弛交替、刚柔相济和虚实转换，可以让人的"神"得到充分的锻炼、修养，促使练习者返璞归真、回归自然。在五禽戏运动中，所有的动作简捷易操作且左右相称。五禽戏的练习极少发生运动损伤，安全性非常高。

16.2.3　五禽戏的基本动作

1. 基本手形

（1）虎爪

五指张开，虎口撑圆，第一、二指关节弯曲内扣。

（2）鹿角

拇指伸直外张，食指、小指伸直，中指、无名指弯曲内扣。

（3）熊掌

拇指压在食指指端上，其余四指并拢弯曲，虎口撑圆。

（4）猿钩

五指指腹捏拢，屈腕。

（5）鸟翅

五指伸直，拇指、食指、小指向上翘起，无名指、中指并拢向下。

（6）握固

拇指抵掐无名指根节内侧，其余四指屈拢收于掌心。

2. 基本步形

（1）马步

两腿前后分开一大步，横向之间保持一定宽度，右（左）腿屈膝前弓，大腿斜向地面，膝与脚尖上下相对，脚尖微内扣；左（右）腿自然伸直，脚跟蹬地，脚尖稍内扣，全脚掌着地（见图 16-8）。

（2）虚步

右（左）脚向前迈出，脚跟着地，脚尖上翘，膝微屈；左（右）腿屈膝下蹲，全脚掌着地，脚尖斜向前方，臀部与脚跟上下相对。身体重心落于左（右）腿（见图 16-9）。

（3）丁步

两脚左右分开，间距约 10 ~ 20 厘米，两腿屈膝下蹲，左（右）脚脚跟提起，脚尖着地，虚点地面，置于右（左）脚脚弓处，右（左）腿全脚掌着地踏实（见图 16-10）。

图 16-8　马步　　　　　图 16-9　虚步　　　　　图 16-10　丁步

3．平衡

（1）提膝平衡

左（右）腿直立站稳，上体正直；右（左）腿在体前屈膝上提，小腿自然下垂，脚尖向下（见图 16-11）。

（2）后举腿平衡

右（左）腿瞪直站稳，左（右）腿伸直，向体后举起，脚面绷平，脚尖向下（见图 16-12）。

图 16-11 提膝平衡   图 16-12 后举腿平衡

16.2.4 五禽戏的内容

五禽戏最初的动作主要是模仿虎的扑动前肢、熊的伏倒站起、鹿的伸转头颈、猿的脚尖纵跳、鸟的展翅飞翔。模仿这五种动物的动作，不仅能锻炼四肢的筋骨，而且能使五脏六腑得到全方位的运动。

1．虎戏

虎戏包括虎举和虎扑两个动作，在神韵的体现上要表现出作为百兽之王——虎的威猛。神发于目，虎视眈眈；威生于爪，伸缩有力；神威并重，气势凌人。

（1）准备动作

脚跟靠拢成立正姿势，两臂自然下垂，两眼平视前方。

（2）虎举

这是手形的变化。首先五指充分展开；在手指第一、二关节处弯曲，掌心外凸，成虎爪；随后手臂内旋，小指先弯曲，其余四指依次弯曲握紧拳。三个环节变化要先后分明变化清晰。握拳要紧，松开要慢，反复体会。

（3）虎扑

这也是手形的变化。虎扑的手形主要有握空拳和虎爪。当双手上提或在体前画弧时，一般都是手握空拳，这时五指弯曲，大拇指指腹压在食指上；而当手臂充分向前伸出或下扑到尽点时，展开窄拳，手指第一、二关节弯曲，掌心外凸，成"虎爪"。可以反复在体前画弧练习，体会手形在运行过程中的转换。

2．熊戏

熊戏由熊运和熊晃组成，主要运动腰腹中焦。以腰为轴带动四肢，动作姿势合理转换，是完成动作质量的关键。首先，要理解腰腹部的运动变化特征，表现在腰腹的立圆松紧摇转和左右挤压晃动。其次，就是在腰腹的带动下，身体的其他部位与之协调配合，相辅相成。熊运的核心部位在腹部丹田，以脐中为圆心，以内动向外延伸，带动躯干做立圆摇转，两手轻附于腹前，随之运行。熊晃可分为两个部分：首先是提髋、屈腿、落地，提髋为紧，屈腿为松，落地为实；落地后，随着腰腹的左右转动，带动两臂的前后摆动，协调自然，不拘不僵。熊戏起到按摩内脏，运化丹田的功效。

（1）熊运

可先领会腰腹摇转的要领，再练习两手在腰腹部位的画圆，最后掌握以腰腹摇转带动两手画圆的协调配合。

① 腰腹摇转

开始时，两手可以自然下垂于体前，体会腰腹的立圆摇转。腰腹摇转的动力源来自丹田内气的运转。这种运动的方式和钟表的运转十分相似，钟表运转的动力源来自发条的弹力，内气运转好似发条的弹力；脐中就像钟表的中轴，而躯干就像钟表的分针，是中轴的运动带动了分针的运行，上体也是随腰腹摇转而进行运动；下肢就像时钟的底座，保持相对的稳定，不能随着躯干的摇转而晃动，其目的就是为了使腰腹能最大幅度地进行竖直摇转。当摇转到下半圈时，含胸松腹，身体顺势向下摇转，挤压肝脾、肠胃；当摇向上半圈时，提胸收腹，展开腹壁，使肝脾、肠胃脏器上提。腰腹摇转要做到圆活、连贯、均匀、自然。

② 两手画圆

熊戏的手形为手握空拳，四指弯曲，大拇指压在食指的第一指节上。两手虎口相对，靠近，但不能相碰。以肚脐为圆心，两手绕肚脐画圆，间距约 10 厘米。画圆时，肩不能上耸，两手轻附腹部运转，画圈要圆，速度要匀。这一练习的目的，仅仅是为了明确两手运行的路线和位置。在完整的动作中，两手的运行是由腰腹摇转带动的。

③ 协调配合

力发于腰，腰腹摇转带动两手画圆，以顺时针摇转为例。起始，髋部和下肢相对固定，身体放松，重量压于腹部，两臂自然下垂，手成熊掌，虎口相对，放于脐下，轻附腹前。随着腰腹摇转，两手被牵动，向左、向上、向右、向下，绕肚脐画圆腰腹摇转和两手画圆，在速度、角度上均要相互对应，同步一致。

（2）熊晃

可先练习下肢向前移步，要掌握提髋的技巧和落步的沉稳，再体会腰腹带动两臂的摆动，最后掌握移步、转腰、摆臂的协调配合。

① 提髋、移步

可先练习交替提髋，运动腰侧肌群，熟练后再练习向前移步。两脚开立，约与肩宽；两肩保持水平，身体重心移向右侧，收提左腰侧肌群，牵拉左髋向上脚离开地面；腰侧肌群放松，脚原地顺势落下，全脚掌着地踏实，使震动感上传至髋部左右交替练习，直至熟练。提髋时要防止提肩，恰恰相反，此时肩宜下沉，使两肩仍能保持水平。随后练习两脚向前移步。左腿提髋后，腰侧肌群随即放松，微屈腿弯膝，重心左移，脚顺势落下，脚尖朝前，全脚掌着地踏实，踝膝关节放松，使震动感上传至髋部，体现熊步的沉稳厚实。再按同样的要求提右腿向前，左右交替向前移步，体会提髋为紧、屈腿为松、落地为实的技术要点。

② 转腰带臂

两脚开立，比肩稍宽，膝微屈。左腰侧下压，沉肩垂臂，随即左腰侧放松，身体向右转足，左肩前靠，带动左臂向前摆动，同时右肩向后，带动右臂向后摆动；然后右腰侧下压，沉肩垂臂，随即右腰侧放松，身体向左转足，右肩前靠，带动右臂向前摆动，同时左肩向后，带动左臂向后摆动。此时，要体会腰部两侧紧压与松提的交替变化，带动两肩如车轮上下摇转，两臂随之前后摆动。

③ 配合协调，向前迈步

完整动作的顺序应该是：提左髋，松腰胯，屈腿膝，移心，落地沉，震腰胯；压左腰，即放松，转体右，靠左肩，摆臂前；坐重心，压右腰，即放松，转体左，靠右肩，摆臂前；再压左腰，即放松，转体右，靠左肩，摆臂前；然后提右髋，向前迈步。腿为底盘，厚重沉稳；腰为中轴，左右转动；臂若垂柳，随风摆荡。

3. 猿戏

猿戏由猿提和猿摘两个动作组成。

（1）猿提

分解为上体动作和提踵直立。

① 上体动作

手形变化主要是"掌"和"钩"之间的变换。两臂内旋，手掌在腹前背屈，手指伸直分开，再快速旋腕捏握成"猿钩"，意在锻炼"神经—肌肉"反应的灵敏性。然后，勾手再慢慢地变掌，旋腕幅度逐渐加大。反复练习。

两手提按。两掌旋腕捏握成"猿钩"后，屈臂上提至胸前，虎口相对，两手间距为 5 ～ 10 厘米，钩尖朝下。然后，勾手变掌，虎口相对，掌心向下，按至腹前。两手上提下按，反复练习。

耸肩团胸。掌握两手提按和掌钩变化后，可以进入上体动作的完整练习。当两手上提至胸前时，肩上耸，脖下缩，收腹提肛，形成上下合力；含胸团背，肩臂内夹，形成左右合力。此时，上下左右的向内合力汇集于一点，即胸部膻中穴处，再转头眺望肩后。动作做到位后，头转正，凝视正前方。再虚领顶劲，沉肩松腕，舒胸落肛，两手下按至腹前。反复体验躯干松紧开合动作，并和呼吸相配合。缩脖耸肩，含胸团背，挤压胸腔，虚领顶劲，沉肩松腹，舒展胸腔，可以起到按摩心肺脏器、增强呼吸功能、改善脑部供血作用。

② 提踵直立

猿提是五禽戏功法中唯一的提踵直立动作，经常锻炼能有效地增强腿部力量，提高平衡能力。猿提的提踵直立，要意念头顶百会处先向上领起，牵动身体，收腹提肛，脚跟离地；下落时，意念下行，松腹落肛，气沉丹田，全身放松，脚跟着地。要使身体平衡，首先，在提踵、下落的过程中，身体重心要上下保持垂直运动。其次，身体向上时，意念头顶上领，同时两膝伸直，对提高稳定性有一定的帮助。提踵直立可以单独练习，待掌握平衡技巧后，再和上体动作相结合，进行完整练习。这样，不仅可以加快完整动作的掌握，而且还可以体悟到动作的细节，提高练功效果。

（2）猿摘

猿摘是五禽戏功法中比较复杂的一个动作。手形、步形较多，运行路线较长，还要前进后退，需要眼神配合。

① 动作意境

密林之中，果树之上，一只猿猴，精神饱满，灵机无限。它向后一跳，左顾右盼，寻找果实，忽而发现远处树叶掩映之处藏着一枚鲜艳的蜜桃，于是就屈膝下蹲，蓄力向上跃起，一手抓住身旁的树枝，借力一荡，纵身而上，舒胸展腹，另一手屈腕摘桃，紧握在手。然后，屈身后坐，手托鲜桃，注目细看心旷神怡。

② 上肢动作

手形变化。猿摘的手形主要有钩、拳（握固）、掌的变化。钩除了要求五指指尖捏拢外，还要屈腕下扣，摘桃时，握钩要快速敏捷。为了体现功法内涵，猿摘中的握拳选用了握固，握固有助于思想安宁，同时也可避免因握拳而使劲用力，因比以轻握为妥。掌在动作的变化过程中，有着不同的用法，猿摘中按顺序出现的掌法有：摆掌、抄掌、按掌、搂掌、甩掌、托掌等。

运行路线。上肢运行的路线、方向比较复杂，有前摆、画弧、下按、上挥、伸屈等变化。运动方向基本上在 45° 的斜方向进行。动作变化依照意境的发展而进行。以左式为例：动作起始，左手成钩手置于腰间，右手前摆，掌心向下，自然放松。

③ 下肢动作

为了调整熊晃向前行走的距离，猿摘按同样的步数向斜后方撤步，这样功法结束时基本可以回到原地。以左式为例：左脚向斜后方撤步，脚尖点地，右腿屈膝，身体重心完全落在右腿上。然后重心后移至左腿，右脚脚尖翘起过渡到虚步，再提起落于左脚内侧，两脚相距约半肩宽，成丁步。接着右脚向右前方迈出，脚跟着地，继而过渡到全脚掌着地，重心前移，右腿伸直。同时左腿由屈到伸，落于身后，脚尖点地。此时身体充分向上伸展，与右腿成一垂直线。然后重心后坐，左腿屈膝，右脚回收，脚尖点地，收于左脚内侧，还原成丁步。下肢动作有进有退，无论进退，步法都要轻灵，表现出猿猴灵活敏捷的特点。

4. 鹿戏

鹿戏由鹿抵和鹿奔两个动作组成。鹿抵要掌握手臂的运行路线和手指的相应变化，还要顾及手臂运动和迈步出脚的运动方位。鹿奔要掌握提腿前迈的步幅大小以及握拳扣腕的手形变化，尤其要注意重心后坐，上体形成背部"横弓"和脊柱"竖弓"，还要注意换步时脚掌要富有弹性，不僵不滞地交替着地动作。

准备动作：身体自然直立，两臂自然下垂，两眼平视前方。

（1）鹿抵

手形变化。鹿角是鹿戏的一个基本手形。做鹿角时，要求五指伸直展开，然后将中指和无名指弯曲扣紧，拇指用力外张，食指和小指伸直。鹿抵演练时，手形交替变换，先握空拳，再变鹿角，握空拳时要松，变鹿角时要紧，变换过程不能突然加速，要逐渐握拢和展开。

（2）鹿奔

首先可以练习两手同时向前画立圆，模仿鹿向前奔跑的动作；然后手握空拳，两臂前平举，反复练习两臂内旋动作，要求做到两臂伸直，掌背相对，拳变鹿角，手指向前；

后还原。上述两个分解动作练习熟练后，可以进行上肢动作的完整练习：两手握空拳提，向前上方画半个立圆，两臂平举，扣腕（即握空拳快速向下屈腕），然后两臂内旋前伸，拳变鹿角，再由鹿角变握空拳，两臂下落，完成向下的半个立圆，还原。上肢动作要做得好，需要掌握运行过程中的松紧变化。两臂向前画立圆时，在腰腹的带动下，松柔连贯；两臂内旋前伸时。要尽力转肩内夹；最后松肩下落于体侧。动作要做到刚柔相济，才能显现韵味。

5. 鸟戏

鸟戏的上下肢运行路线与其他戏相比，略显简单。上肢运行的路线虽然幅度较大，但只要把握好两臂升降开合的要点，就比较容易掌握；下肢主要是平衡动作，无论直腿后抬还是屈膝前提，只要注意将身体重心落在支撑腿上，动作就能保持稳定。

准备动作：两脚平行站立，两臂自然下垂，两眼平视前方。

（1）左式

① 左脚向前迈进一步，右脚随之跟进半步，脚尖虚点地；同时两臂慢慢从身前抬起，掌心向上，与肩平时两臂向左右侧方举起，随之深吸气。

② 右脚前进与左脚相并，两臂自侧方下落，掌心向下；同时下蹲，两臂在膝下相交，掌心向上，随之深呼气。

（2）右式

右式同左式，唯左右相反。

16.2.5　五禽戏的作用

1. 修心

《黄帝内经》曰："心为五脏六腑之大主，心动，五脏六腑皆摇。"这里的"心"指意识，说明人的思维活动和情绪变化都能影响五脏六腑的功能。因此，在练习五禽戏时要尽可能排除杂念，做到心静神凝。如《灵枢·本神》说："心藏脉，脉舍神。"而神通过"面"来体现，即心的生理功能是否正常，可以显露于面部的色泽变化。练虎戏，要神发于目，虎视眈眈，这是"眼"的审美需求；鹿戏，练习时神态安娴雅静，想象自己在自由快乐地活动，这是"神态"的审美需求；猿戏，讲究外动内静，欲静则似静月凌空，万籁无声，这是"耳"的审美需求等，这些有利于改变面部色泽。另外，练习五禽戏时都要求舌抵上腭，相当于有氧耐力练习，每戏结束时，都有意念放松能间接按摩心脏的作用等。最后，五禽戏的各个动作都有所侧重加强脏腑的练习，如鹿抵，重在按压肾脏等。

2. 养气

《素问·宝命全形论》说："人以天地之气生，四时之法成。"也就是说，人的形体构成，实际上也是以"气"为其最基本的物质基础。气具有活力很强的不断运动的特性，对人体生命活动有推动和温煦等作用。在练习五禽戏时，需习练者有意识地注意呼吸调整，不断去掌握运用与自己身体状况或与动作变化相适应的呼吸方法。正确的调气方法能协调平衡各种生理功能，反之则会出现"气滞"。五禽戏的呼吸和动作的配合有以下规律：起吸呼落、开吸合、先吸后呼、蓄吸发呼等，其主要呼吸形式有自然呼吸、腹式呼吸、提肛呼吸等。也就是说，肺吸人之清气，必须下达于肾，肺的呼吸要保持一定深度依赖于肾的纳气作用，而肘抵左肾使纳气功能增强。这对于气喘、呼多吸少的病人无疑是一个很好的运动处方。

3. 调形

张景岳在《类经》中说："象，形象也。藏居于内，形见于外，故曰藏象。"五禽戏的动作之形充分考虑了对脏腑的积极影响。在练习五禽戏之前，头身正直，含胸垂肩，体态自然。使身体各部位放松、舒适，不仅肌肉放松，而且精神上也要放松，逐步进入练功态。以"猿提"为例，猿钩的快速变化，意在增强神经、肌肉反应的灵敏性，两掌上提式，缩项、耸肩，团胸吸气，挤压胸脏和颈部血管，两掌下按时，伸颈，沉肩松腹，扩大胸腔体积，这样可加强呼吸，按摩五脏，改善脑部供血。尽管"形"显示于外。但内在的"意""神"却通过仿效虎之威猛、鹿之安舒、熊之沉稳、猿之灵巧、鸟之轻捷得到体现。同理，每戏都要讲究意气相随，内外合一，寓意于形。

16.3 舞龙运动

舞龙的起源有悠久的历史。最初舞龙与古代劳动人民在农业生产中对自然现象缺乏科学认识有关，他们认为龙可施雨，便以舞龙来祈求神龙，希望龙能保证来年风调雨顺、五谷丰登。

16.3.1 舞龙运动的起源

舞龙又叫"龙舞""玩龙""龙灯""龙灯会""耍龙""玩龙灯""盘龙灯""闹龙灯"等。关于"舞龙"的起源，至今仍没有一个权威的说法。以目前所有的资料看，龙的起源远远早于舞龙的出现，也就是说，尽管人们认为人类的求雨仪式是最古老的祭祀仪式之一，而龙的形象一直和求雨有十分密切的联系，但无论如何，舞龙运动的发展只是龙之历程的一个后发现象，一个带有延伸意义的现象。

16.3.2 舞龙运动的定义

舞龙运动是指舞龙者在龙珠的引导下，手持龙具，随鼓乐伴奏，通过人体运动和姿势的变化，完成龙的游、穿、腾、跃、翻、滚、戏、缠、组图造型等动作和套式，充分展示龙的精、气、神、韵等内容的一项传统体育项目。一直深受广大人民群众的喜爱并在民间广泛流传和开展。

16.3.3　舞龙运动的基本特点

1. 鲜明的民族风格与特色

舞龙运动项目内容丰富，形式多样。不同民族、不同地区的舞龙都具有各自的独特风格和浓郁的民族特色，带有强烈的民族文化气息和内涵。舞龙运动的产生与发展是与其民族传统文化一脉相承的，与他们的生活息息相关，是他们对自己的宗教信仰、民族文化、风俗习惯的一种寄托及表达方式，而且各地舞龙的来源、造型、配乐，服饰、技术都蕴含着不同文化特色，带有鲜明的民族特征，在相当程度上成为本民族和地区的象征。例如，北方的舞龙，性格较粗犷，风格上突出气势和大起大落，动作刚猛有力，激烈奔放，而动作粗中有细，并无毛糙之处，令人感受到雄者之风；南方的舞龙，以精巧与纤丽的荆楚之风见长，动作节奏轻快细腻，但又不失勇者风范；蒙古族在"那达慕"节日的舞龙，让人更多地感受游牧民族自由奔放的生活；红河哈尼族彝族自治州石屏县"凤舞龙"女子舞龙队，则表现其独特、美丽的民族服饰、优美独到的舞姿；二峡库区铜梁的"组龙"，五条九节的龙同时相互组合，穿绕缠结，其复杂之程度，连接之巧妙，画面之精美，几乎令人眼花缭乱，叹为观止。因此，舞龙运动无论是在形式上，内容上、表现形式上都具有鲜明的民族风格与特色。这正是舞龙运动项目自问世以来，一直深受各族人民的喜爱，历代相传，经久不衰的原因。

2. 舞龙运动是寓多种功能于一体的综合运动项目

舞龙运动是一项集体育、武术，舞蹈、音乐、艺术于一体的民族传统体育运动项目，它以强身健体、表演娱乐为主要目的。今天，在华夏各民族的传统节日，庆典和各种社会活动里，自然少不了舞龙的队伍表演助兴，在表演中，节奏鲜明的民族配乐将动作技术和艺术表现有机结合起来，在变化多端的节奏中，舞龙者利用人体多种姿态，在动态行进和静态造型中将力度、幅度、速度、耐力等糅合于舞龙技巧当中，完成各种"高、难、美"的动作，充分展现了舞龙者的形体美、姿态美、动作美、精神美、音乐和服饰美，展示出浓郁的民族风格和特色，给节日增添了许多吉祥、喜庆和欢快的气氛，成为广大人民群众喜爱、集多种功能于一体的综合民族传统体育运动项目。

3. 舞龙种类、样式的多样性

中华民族是拥有 56 个成员的大家庭，同汉族样，各少数民族也都与龙有千丝万缕的联系，同时也有许多动人的关于龙的传说和各种各样的龙舞。它不受场地、性别、人数的限制，可有三人龙舞、九人龙舞、十一人龙舞；有男子龙舞、有女子龙舞；有成人龙舞、有少年龙舞等，也不受地域特色的限制。例如，广州佛山的"伞笼""草龙"、陕西汉中的"板凳龙"、云南的"牵手跳龙门"、湖南湘西的"龙头蚕身灯"、铜梁的"草把龙"等，一般来讲，舞龙活动不受场地、性别、人数的限制，月二小年龙舞等。同时，它受时间、百人的舞龙，有男子龙舞、女子龙舞；有成人龙舞、少年龙舞等。同时，它受时间、季节的限制也很小，对舞龙器械的要求也较低，完全可根据当地的情况，自制舞龙器械。例如，盛产草的地方可制作"草龙"；盛产布的地方可制作"布龙"；有长板凳的地方可舞"板凳龙"。即使没有器械，也还可以徒手组合起来舞"人龙"。总之，人们完全可以根据自己的条件，场地的大小和器械的变化来选择练习的内容和方法，较之不少体育运动项目更具多样性，这也是舞龙运动能在民间历久不衰的原因之一。

16.3.4 舞龙的基本方法

1．执珠舞法

持龙珠者，即为龙队指挥者，在鼓乐伴奏下，引导舞龙者完成龙的游、穿、因、跃、翻、该、戏、缠、组图造型等动作，整个过程要生动顺畅、协调。

目的：（1）引导出场，认清出场方向；（2）了解比赛场地的大小，熟悉表演动作的方位，避免比赛时出现方位不正或场地利用不充分；（3）必须熟悉本队比赛的套式中的各种队形的变化以及场上的应变能力。

要求：（1）双眼随时注视龙珠，并环视整队及周边环境的情况变化；（2）与龙头保持适当的距离；（3）与龙头保持协调配合；（4）龙珠应保持不停地旋转。

2．龙头舞法

持龙头者身材必须高大魁梧、动作有力，舞动时龙头动作紧随着龙珠移动，龙嘴与龙珠相距 1 米左右，似吞吐之势，注意协调配合，时时注意龙头应不停地摆动，展现出龙的生气有力、威武环视之势。龙头的舞法因龙头的重量而不同：通常小龙可以左右前后大幅度摆动，而中龙亦可以左右上下摆动，这两种舞法在换手时：必须将龙头尽量抬高；而左右放下时，应以嘴向下，再向上抬起，才能突出追珠之势；大龙因其重量达 15 公斤以上，能抬着前进翻转，就难能可贵了。舞龙头至少二位以上替补手，替补时，必须在龙头高举时交接；另外在穿龙时，因头部体积大且高，应注意勿勾到龙身或舞龙者。

3．龙身基本握法

（1）正常位

双手持把，左（或右）臂时微弯曲，手握于把位末端与胸同高，右（或左）臂伸直，手握于把的上端。

要点：挺胸，塌腰，手握把要平稳，把位距离胸为一拳。

（2）滑把

一手握把端不动，另一手握把上下滑动。

要点：滑动要连贯均匀。

（3）换把

结合滑把动作，在滑动手接近固定手位，双手转换，滑动手握把成固定手位，固定手位变成滑动手位。

要点：换把手位时，要保持平稳，并随龙体轨迹运行。

4．基本步形和步法

（1）步形

① 正步

两脚靠拢，脚尖对前方，重心在双脚上。

要点：挺胸，立腰，眼平视前方。

② 小八字步

两脚跟靠拢，脚尖分开，对左、右前角。

要点：挺胸，立腰，眼平视前方。

③ 大八字步

两脚跟间相距一脚半，其他同小八字步。

要点：挺胸、立腰，眼平视前方。

④ 丁字步

右（左）脚跟靠拢左（右）脚足弓处，脚尖方向同小八字步。

要点：挺胸、立腰、膝挺直，眼平视前方。

⑤ 虚丁步

（前点步）站丁字步，右（或左）脚顺脚尖方向伸出，绷脚面，大腿外旋。

要点：挺胸、立腰，虚实分明。

⑥ 虚步

两脚前后开立，右脚外展 45°，屈膝半蹲，左脚脚跟离地，脚面绷平，脚稍内扣，虚点面，膝微屈，重心落于后腿上。两眼向前平视。左脚在前为左虚步；右脚在前为右虚步。

要点：挺胸、塌腰、虚实分明。

⑦ 弓箭步

右脚（或左脚）向前迈出，屈膝，小腿垂直，脚尖朝前，左腿（或右腿）挺直，脚尖内扣。重心在两腿中间，上身与右（或左）脚尖同一方向。

要点：挺胸、塌腰、前腿弓，后腿绷，前脚同后脚成一直线。

⑧ 横弓步

当弓步的上身左（或右）转与左（或右）脚尖同，方向。

要点：挺胸、塌腰。

（2）步法

① 圆场步

沿圆线行进，午脚上一脚动作保持在一条线上。右脚做法同左脚，两脚动作保持在一条线上。

要点：上腿部分相互靠拢，膝微屈放松，快与慢走时都要求身体平稳。

② 矮步

两腿半屈，勾脚尖迅速连续地以脚跟到脚尖滚动向前行进。

要点：挺胸、塌腰、身型直。身体重心要平稳，不要有上下起伏现象。落步时，由脚迅速过渡到全脚掌，并注意步幅。

③ 弧形步

两腿微屈，两脚迅速连续向前行进。每步大小略比肩宽，走弧形路线。眼注视龙体。

要点：挺胸、塌腰，身体重心要平稳，并随龙体上下运行起伏行进。落步时，由脚跟迅速过渡到全脚掌，并注意方向转换、转腰。

④ 单碾步

脚站小八字步，手握把位上举姿势，右脚以脚掌为轴，脚跟微提起，左脚脚掌微提起，两脚同时向右旁碾动，由正小八字步碾成反小八字步，然后左脚以脚掌为轴。同时向右旁碾动，成正小八字步，反复按此进行。

要点：碾动时膝放松，动作连贯，碾动时保持身体平稳。

⑤ 双碾步

预备姿势：站正步，以双脚跟为轴，双脚尖同时向右（或左）碾动，然后再以双脚尖为轴，双脚跟同时向右（或左）碾动，反复按此进行。

要点：重心在双脚上，必须同时碾动，膝放松，动作连贯，碾动时保持身体平稳。

5. 跳跃翻腾

（1）腾空箭弹

右脚向前上步，膝关节伸直，以脚后跟着地；右臂前摆，持龙珠后摆；眼视前方。接着右脚踏实蹬地向上跳起，左脚随之向前、向上摆起，同时右脚蹬地向上跳起，使身体腾起；右腿迅速挺膝向前上方弹踢，左腿屈膝回收。

（2）旋风腿

左脚向左上步，同时左手向前、向上摆起，右臂持龙珠伸直向后，向侧摆动。右腿随即上步，脚尖内扣，准备蹬地踏跳。左臂向下摆动并屈肘收至右胸前，同时左臂向上，向前抡摆，上体向左转前俯。重心右移，右腿屈膝蹲地跳起，左腿提起向左上方摆体旋转一周，右腿做里合腿，左手在面前迎击右掌，左腿自然下垂。

（3）踺子

经助跑、起步后，上体侧转前压，两手体前依次撑地，随即两腿依次向后上蹬、摆。经倒立部位后，推地，并腿后踹。当前脚掌蹬地后，急速带臂，梗头，向外转体 90° 跳起。

（4）后手翻

"绷跳小翻"由两臂前举站立开始，体稍前屈，直膝，臀部后移，当失去重心时两脚蹬地，倒肩，两臂后甩，抬头挺胸，体后屈翻转。撑地经手倒立后，顶肩，推手，屈髋，插腿，立腰起立，用于连续接后手翻。

（5）后空翻

站立开始，两臂预先后摆，配合两腿屈膝后蹬地跳起。腾空后提膝团身，抱腿向后翻转，至 3/4 周时，两臂上举，展体落地成站立。

（6）侧空翻

左脚向前上步蹬地，伸展髋、膝、踝关节，右腿向后上摆起。同时上体向左侧倾，利用摆腿惯性使身体在空中向左侧翻转，然后右、左脚相继落地。

（7）旋子

两脚并步站立。身体右转，左脚向左迈步；两手向右平摆。接着，上体前俯并向左后上方拧转，左腿屈膝，两臂随身体平摆，同时，右腿向后上方摆起，左腿蹬地伸直相继向后上方摆起，使身体在空中平旋一周。随后，右、左脚依次落地。

（8）鲤鱼打挺

身体仰卧，两腿伸直向上举起，两掌扶于两大腿上。接着，借助两手推力，两腿向前上方快速摆动，同时挺胸、挺腹、头顶地。随两腿摆动的惯性使身体腾空跃起。然后，两腿同时落地站立。

6. 舞龙单个动作技术分类

（1）按动作的难易分类

舞龙动作按动作的难易分为基本动作和难度动作。

① 基本动作。基本动作是指舞龙的基础动作和技术较为简单的舞龙技巧动作。

② 难度动作。难度动作是指必须具备较高的身体专项素质和专项技能才能完成的高难度舞龙技巧动作、舞龙组合动作，并有较高的锻炼价值和审美价值。

（2）按形态特征分类

舞龙动作可分为"8"字舞龙动作、游龙动作、穿腾动作、翻滚动作、组图造型动作。

① "8"字舞龙动作。运动员将龙体在人体左右两侧交替做"8"字形环绕的舞龙动作，可快可慢，可原地可行进，也可以利用人体的多种姿势做"8"字形的舞动。

② 游龙动作。运动员较大幅度奔跑游走，通过龙体快慢、高低、左右的起伏行进，展现婉转回旋、左右盘翻、屈伸绵延等龙的动态特征。

③ 穿腾动作。龙体动作线路呈纵横交叉形式，龙珠、龙头、龙节依次在龙身下穿过，称"穿越"；龙珠、龙头、龙节依次在龙身上越过，称"腾越"。

④ 翻滚动作。龙体呈立圆或斜圆状运动，展现龙的腾跃、缠绕的动势。龙体做立圆或斜圆状连续运动，当龙身运动到运动员脚下时，运动员向上腾起依次跳过龙身，称"跳龙动作"。运动员利用滚翻、手翻等方法越过龙身，称"翻滚动作"。

⑤ 组图造型动作。龙体在运动中组成活动的图案和相对静止的造型。

16.4 舞狮运动

舞狮运动是我国传统的民间体育活动，自诞生至今已有1000多年的历史，自古以来一直深受大众的喜爱，且历代相传，形成了极其灿烂的舞狮文化。舞狮运动集武术、舞蹈、编织、刺绣、绘画和音乐等多种艺术于一身，通过两人密切合作，模仿狮子的各种形态动作来"表形体意"，是最能体现我国民俗民风的传统体育项目之一。如今，舞狮运动不仅仅盛行于民间，同时，也逐步成为我国高校的一门课程。

16.4.1 舞狮运动的起源

唐段安节《乐府杂寻》中说："戏有五方狮子，高丈余，各衣五色，每一狮子，有十二人，戴红抹额，衣画衣，执器，照而胡人假狮子。"刻木为头居易《西凉伎》诗中对此有生动的描绘："西凉伎，西凉伎，假面胡人假狮子。刻木为头丝作尾，金镀眼睛银帖齿。奋迅毛衣摆双耳，如从流沙来万里。"诗中描述的是当时舞狮的情景。舞狮运动从一种以自发性、娱乐性、随意性为特点的我国民间传统文体活动，逐步发展成为一项具有健身功能的体育运动项目，充分体现了民族精神展示出的一种团结力量。

16.4.2 舞狮运动的表演种类

在 1000 多年的发展过程中，狮舞形成了南北两种表演风格。

1. 北派舞狮

北派狮舞以表演"武狮"为主，即魏武帝钦定的北魏"瑞狮"。小狮一人舞，大狮由双人舞，一人站立舞狮头，一人弯腰舞狮身和狮尾。舞狮人全身披包狮被，下穿和狮身相同毛色的绿狮裤和金爪蹄靴，人们无法辨认舞狮人的形体，它的外形和真狮极为相似。引狮人以古代武士装扮，手握旋转绣球，配以京锣、鼓钹逗引瑞狮。狮子在"狮子郎"的引导下，表演腾翻、扑跌、跳跃、登高、朝拜等技巧，并有走梅花桩、窜桌子、踩滚球等高难度动作。

2. 南派舞狮

南派狮舞以表演"文狮"为主，表演时讲究表情，有搔痒、抖毛、舔毛等动作，惟妙惟肖，逗人喜爱，也有难度较大的吐球等技巧。南狮虽也是双人舞，但舞狮人下穿灯笼裤，上面仅仅披着一块彩色的狮被而舞。和北狮不同的是"狮子郎"头戴大头佛面具，身穿长袍，腰束彩带，手握葵扇而逗引狮子，以此舞出各种优美的招式，动作滑稽风趣。南狮除外形不同外，尚有性格不同。白须狮舞法幅度不宽、花色品种不多，但沉着刚健，威严有力，民间称为"刘备狮"。黑须红面狮，人称"关公狮"，舞姿勇猛而雄伟，气概非凡。灰白胡须狮，动作粗犷好战，俗称"张飞狮"。狮子为百兽之尊，形象雄伟俊武，给人以威严、勇猛之感。古人将它当作勇敢和力量的象征，认为它能驱邪镇妖、保佑人畜平安。所以人们逐渐形成了在元宵节时及其他重大活动里舞狮子的习俗，以祈望生活吉祥如意，事事平安。

16.4.3 舞狮运动的基本特点

1. 鲜明的民族特色

舞狮活动在我国，原是一种以娱乐、表演为特点的民间传统习俗活动，后逐渐发展成为一种现代的体育运动比赛项目，无论是形式还是内容，都带有鲜明的民族特征。

2. 强调集体配合

舞狮运动是两个人相互配合共同完成的一个集体表演项目，两个人通过狮被将其联系在一起，来完成各种动作。因此，如果没有集体的智慧和力量，就不可能将狮舞好。

3. 鼓乐伴奏

鼓乐伴奏是舞狮运动不可分割的一个组成部分。但是，由于舞狮运动本身存在着地区差异，因此在舞狮的鼓乐配合上不尽相同，南狮有南狮的鼓乐风格，北狮则更多地融入了北方鼓乐的特点。

4. 种类繁多、竞技性强

舞狮这种形式的民俗民间体育活动，由于地区的不同，受当地传统文化和民间习俗的影响，其形式和种类也是丰富多彩的。舞狮的表演，技巧性较高，因此也有着极强的竞技性。

5. 与节日娱乐密切联系

在各民族的节日和庆典里，有许多传统节日和社会活动都与舞狮有着千丝万缕的联系。像北方地区正月十五各地举行的庙会上，自然少不了舞狮的队伍，由于舞狮表演热烈，加上人们对狮子的崇敬，给节日增添了许多吉祥、喜庆的气氛。

16.4.4 舞狮运动的基本技术

1. 南狮

南狮的舞法以武术功架为基础，融狮子舞于一体，以"三、五、七星鼓"配之。鼓手是舞狮子的核心和灵魂，它能增强南狮的威猛剽悍、声势，烘托气氛，转换节奏，激励队员情绪。同时南狮历来十分注重头、眼、口的使用，要想形、神、意演绎得逼真，就必须步到眼到，头、眼、口要合理、协调。根据不同的动作表情，狮子会做出不同的眼法、口法、头法的演示。

（1）狮头

基本握法：单阴手、单阳手、双阴手、双阳手、开口式、合口式等。

（2）狮尾

基本握法：单手握法、双手握法、摆尾等。

（3）采青方法

① 采青的含义

采青是南狮套路演练的主题，其种类繁多。"长命草"是"采青"之源，"青肉"通常是摆设青菜、树叶、生果、烟、酒、米、水、筷子、红包等吉祥物品。狮子出洞为南狮始演套路，也是最为传统的舞法，而其中采地青、蟹青、桥青、樵青、盆青等是最为流行的舞法。"采青"通常经过有寻青、见青、喜青、惊青、探青、弄青、拆（散）青、吃青、吐青、醉青等程序，根据实际情况，做到合情、合理、合法，切忌有"饿狮"（没有采青程序，一下子吃完青）、"盲狮"（有青不采）、"外行狮"（无采青程序或拆青、破阵、吃青时不合情理）等的出现。

② 采青的类别

采青主要分为采高青（天青）、地青、水青三大类。

高青（天青）：悬挂在天空（上门框、二三层楼高的阳台、树上等）、约3米以上的青物，狮子常用站肩式（骑膊一至三层），爬杆式（竹、彬、铁杆，约3～4米长）、藤叠式（藤、抬、绕层层叠起来）、飞轮式（绳标、腰带）、戏狮式（童子或大头佛戏狮或智取）等进行采青。

地青：青阵摆设在地面上（平地、山、岭、岩、林、洞、字、画、对联等）、设在器械上（抬橇、石、树根、盘、桶、瓦罐、沙煲、猪笼、生果等）。

水青：摆设有水的青阵（如桥、井、溪，河、钓鱼等）。

上述3种青阵均取不同名称和阵型进行摆设，而采青者则以不同的智慧和技巧进行拆青、破阵、采青。

2．北狮

北狮是在引狮员手持绣球的引导下，以球引诱狮子起舞，并配以京鼓、京锣、京钹，乐声抑扬、动作合拍、生动活泼、惟妙惟肖。舞狮一方面须将狮子勇猛剽悍、顽皮活泼的姿态表演出来，同时须把狮子的驯服及一些细腻的小动作展现出来。

（1）北狮的基本步法

有行步、跑步、盖步、错步、碎步、颠步等。

（2）引狮员基本动作

① 静态动作：是指引狮员的静止造型动作。如弓步抱球、马步探球、仆步戏球、高虚步亮球。

② 动态动作：是指引狮员行进间动作或跳跃动作。如圆场步、旋风脚、腱子、后手翻、后空翻、鱼跃等。

（3）狮头

① 基本握法：两手紧握头圈嘴巴下摆的关节处，以便于控制嘴巴张合。

② 基本手法：摇、点、摆、错、叼等。

（4）狮尾

基本握法：双手扶位、单手扶位、脱手扶位等。

Chapter 17

第 17 章

冰雪运动

课前思考:

1. 你所了解的冰雪运动有哪些?

2. 滑雪有哪些注意事项?

冰雪运动是指在冰上和雪地举行的体育运动,一般分为冰上运动和雪上运动。冰上运动主要包括速度滑冰、短道速滑、花样滑冰、冰球和冰壶等。雪上运动主要包括高山滑雪、单板滑雪、越野滑雪、跳台滑雪、自由式滑雪、冬季两项、北欧两项、雪橇等。

17.1 🏃 滑冰运动

17.1.1 滑冰运动简介

有关滑冰运动的起源,众说纷纭。据我国史书记载,远在唐代北方结冰地区已经有了滑冰;宋代,滑冰已发展成为一项体育运动,被称作"冰嬉";到了清代,由于满族自古就有滑冰的传统,入关建立清王朝后便每年在北京举办大型滑冰运动会。在欧洲,滑冰起源于荷兰。1882 年,在维也纳举行了第一次国际滑冰会议,会议决定滑冰比赛分速度滑冰和花样滑冰两大类,并制定了竞赛规则。

1892 年,在荷兰的提议下,成立了国际滑冰联合会,规定每年举行一次世界男子速滑锦标赛和世界花样滑冰锦标赛。在第四届奥运会上,花样滑冰被列为正式比赛项目。1920 年,在第五届奥运会上冰球也被列为正式比赛项目。

1957 年,我国速滑选手第一次参加世界比赛,仅女子一人取得全能第 21 名。1963年,在日本的世界速滑锦标赛中,我国男运动员罗致焕在 1500 米比赛中获第一名,并创世界锦标赛纪录,为我国第一次赢得世界锦标赛的金质奖章。20 世纪 90 年代,我国在世界冰坛上取得了十分优异的成绩。1990 年,女选手王秀丽首先在世界女子速滑锦标赛上取得 1500 米第一名。1992 年,在法国阿尔贝维尔举行的第十六届冬季奥运会上,叶乔波获得 500 米和 1000 米两块银牌,实现了我国在冬奥会速滑比赛中"零"的突破。

17.1.2 滑冰运动分类

1. 速滑比赛

速度滑冰又分为大跑道速滑和室内短跑道速滑（即短道速滑）。速滑通常指的是大跑道速滑。大跑道速滑比赛在周长 400 米的跑道上进行。跑道分内、外两条，每组两人同时滑跑。每滑 1 圈交换 1 次内、外道。运动员滑跑时呈蹲屈姿势，借助窄而长的冰刀，通过两腿轮流蹬冰、收腿、下刀、滑进及与全身协调配合而形成的周期性动作来获得滑行的最快速度。速滑比赛分为全能比赛和短距离全能比赛，通常是分开进行或分为两个赛会。

（1）速滑跑道

标准速滑跑道是由两条直线跑道连接两条弧度为 180° 的半圆式曲线组成的两条封闭跑道。最大周长为 400 米，最小周长为 333.33 米。国际比赛应在 400 米周长的跑道上进行，其直线跑道长为 111.98 米，跑道宽为 5 米，内跑道的内圈半径为 25 米，外跑道的内圈半径为 30 米。假定跑道为南北方向，终点应设在西南角，东边直线跑道为换道区。跑道分界线应用宽 10 厘米、高 5 厘米严密整齐的雪砌成（冰刀稍触及即能清楚地看出痕迹）。除换道区无雪线外，其余均应堆砌雪线，但不使雪线冻结在冰面上。如无雪，可将宽 5 厘米、长 10 厘米、高不超过 5 厘米的橡皮、木块或其他合适的物质涂上协调颜色代替雪线。起点线、边线、起跑预备线、终点线前 5 米每隔 1 米的标线均为蓝色，终点线为红色，线宽均为 5 厘米。

（2）速滑装备

速滑装备包括冰刀、冰鞋和滑冰服装。速滑冰刀是由刀刃、刀身管、前小刀托、前大刀托、前托盘、后刀托和后托盘等部分组成。现代高级速滑刀刀刃多由优质高碳钢制成，其他部分由轻合金制作。

速滑刀的特点是：刀身比花样刀高，比冰球刀低，刀身比这两种刀长，刀刃比这两种刀薄（厚度为 1 ~ 1.3 毫米）而轻，刀刃平，与冰面接触距离长，可保持滑行的良好直线性。

速滑冰鞋选用优质厚牛皮缝制，为半高腰瘦长形，鞋跟部为坚硬式，以包围和固定脚跟。鞋底为硬皮、冰刀以螺钉或铆钉固定在鞋底上。

一般运动员冰刀与冰鞋的匹配长度是：从鞋尖到刀尖为 8 ~ 9 厘米，从鞋跟到刀跟为 5 ~ 6 厘米。由于两只刀的刀刃在滑跑中使用的程度不同，加之弯道滑跑时身体向左倾倒，所以两脚冰刀与鞋固定的位置也不同。一般右脚冰刀将冰刀尖装于右脚大脚趾正下面，冰刀后跟位于鞋跟的正中间。左脚冰刀将冰刀尖装于左脚大脚趾与二脚趾中间，冰刀跟位于鞋跟中间。速滑运动员的服装应具备保暖、轻便等特点。速滑运动员的比赛服为尼龙紧身运动服和连衣服。连衣服是帽子、上衣、裤子、袜子连成一体的，具有轻便、紧身、阻力小、动作灵活等特点。

2. 花样滑冰

花样滑冰是冬季冰上运动项目。运动员脚蹬冰鞋在冰面滑行中配合音乐滑出各种图案，做出各种跳跃、旋转和造型动作。1924 年，在第 1 届冬季奥运会上，花样滑冰被正式列为比赛项目。现有项目包括男女单人滑、双人滑和冰上舞蹈。

（1）单人滑

单人滑分为男子单人滑和女子单人滑两项。比赛内容原来包括规定图形、创编节目、自由滑三项。国际滑联 1988 年代表大会决定，从 1990 年 7 月 1 日起取消规定图形的比赛，只比其余两项。规定图形的比赛已有近百年的历史，作为比赛内容虽已取消，但它仍是单人滑的技术基础。

（2）双人滑

双人滑由男女共同表演。双人滑强调相互间动作配合协调。表演时除具备所有的单人滑动作，还包括一些典型的双人动作，如托举、捻转托举、双人旋转、螺旋线、抛跳等。双人滑的比赛分两项：①创编节目。原称双人规定自由滑或短节目。国际滑联公布了双人创编节目的规定动作，每组包括八个动作，全套动作不得超过 2 分 40 秒，音乐自选，每个动作只允许做一次，附加动作要扣分。②双人自由滑。运动员自选音乐，自编套路，在 4 分 30 秒内滑完，包括单人动作和双人动作（典型的双人动作）。双人滑与单人滑的评分方法相同，但要顾及两人动作的一致性。

（3）冰鞋、冰刀

花样滑冰的冰鞋用优质牛皮制成，高腰高跟硬底，男子鞋为黑色，女子鞋为白色。冰刀固定在鞋底上，冰刀较矮，刀刃、刀托为一体。刀身有一定弧度，刃较厚，呈浅"凹"沟形，沟两边刃锋利，既便于滑行，又能使冰刀在冰面上留下清晰的图案。刀刃前端有 5 ～ 6 个锯齿，根据锯齿的大小分为图形刀和自由滑刀两种。图形刀的锯齿较小，以免滑图形时刮冰。自由滑刀锯齿较大，便于急停、跳跃或迅速改变动作。冰刀应与鞋的大小相适应，一般刀身前端的刀齿应在鞋底前端的边缘处，刀身前端安装在脚的大脚趾与二脚趾之间的正下方，刀跟装在脚跟正中间的下方，刀尾应超出鞋后跟 1 ～ 2 厘米。

3. 短道速滑

短道速滑是在室内冰球场进行的速度滑冰比赛，是速度滑冰演变的分支，但已自成独立的竞赛项目。在 1988 年第 15 届冬季奥运会上，短道速滑被列为表演项目，在 1992 年第 16 届冬季奥运会上，被列为正式比赛项目。短跑道速度滑冰源于北美的加拿大和美国。在 1905 年，加拿大首次举行全国锦标赛，次年美国也举行了全国比赛，后来又多次举行两国间的比赛，并逐渐传入欧洲和日本等。

国际滑冰联盟于 1978—1980 年试举办了三次国际锦标赛，取得了较好的成绩，于 1981 年在法国的麦顿举办第一届世界短跑道速滑锦标赛，以后每年举办一届短跑道速滑比赛的项目通常是：男、女的单项均为 500 米、1 000 米、1 500 米、3 000 米，另有男子 5 000 米接力和女子 3 000 米接力比赛。在 1992 年的第 16 届冬季奥运会上，短道速滑被列为正式比赛项目，男子为 1 000 米和 5 000 米接力，女子是 500 米和 3 000 米接力。比赛时运动员必须头戴护盔，手戴防护手套，身穿长袖连身服，冰刀后跟必须呈圆弧形。

（1）场地设施

短跑道速度滑冰比赛一般均在室内冰球场上进行，使用椭圆形、周长为 111.12 米的跑道，直道长 28.855 米，直道宽不少于 5.71 米；弯道半径为 8 米，弯道弧顶标志物到界墙的距离不少于 4 米。

（2）冰鞋冰刀

短跑道速滑冰刀的特点是刀身短，刀刃底部有弧度，与冰面接触面积很小，便于在弯道时滑弧线前进。冰刀的刀身较高，在冰刀倾斜度很大时冰鞋也不会接触冰面。现代高级专用短跑道速滑刀的刀托不是圆桶式，而是可移动的板式，运动员可随时根据比赛项目或个人习惯，将刀管、刀刃向左或向右调整到适合自己的位置。

17.1.3 滑冰运动基本技术

本节简单介绍速度滑冰的技术。

1. 直道滑跑技术

（1）滑跑姿势

动作方法：上体向前倾斜，肩部稍高于臀部，或肩部与臀部水平。上体与冰面呈15°～25°角，两腿向前弯曲，膝关节大约呈90°角，踝关节与冰面呈50°～70°角。两手相互握住，自然背在腰部，身体重心放在两腿之间，并且要稍含胸、收腹和团身。上体不要向前探出，臀部不要向后坐，背部肌肉要自然放松，膝关节前弓，头稍微抬起，目视前方 4～5 米处。

（2）蹬冰动作

动作方法：蹬冰时蹬冰幅度要大。蹬冰幅度是指滑跑者的身体总重心点从蹬冰前的位置移动到蹬冰结束后的位置之间的距离。蹬冰时，要快速伸展蹬冰腿，就是要做到快蹬冰，同时和其他技术动作紧密而协调地配合，才能达到快蹬冰。

（3）收腿动作

动作方法：从蹬冰结束后的侧位收到后位，再从后位摆到前位，即浮腿冰刀做下刀动作的位置，贴近支撑腿冰刀内侧。

收腿要以髋关节为轴，大腿带动小腿，从侧位沿着最短路线做积极的快速收、摆动作，用最短的时间与支撑腿靠拢。冰刀要紧贴支撑腿冰刀内侧悬起，做好冰刀着冰的准备。

（4）下刀动作

动作方法：下刀要积极、速度快，带有冲滑动作。在做下刀动作之前，浮腿从后位用膝关节领先，带动小腿加速向前摆。浮腿和支撑腿膝盖靠拢时，浮腿冰刀做下刀动作的位置是在支撑腿冰刀内侧，浮腿冰刀和支撑腿冰刀滑进方向平行，两只冰刀几乎没有开角，但要保持身体的倾斜度。浮腿下刀动作和支撑腿蹬冰动作几乎同时进行。

（5）自由滑行

自由滑行是指借助蹬冰后向前滑进的惯性滑行，也叫惯性滑进。

动作要领：冰刀平刃支撑，支点在中后部位，滑行的直线性，身体的纵向"三点成一线"，鼻、膝、刀尖三个部位沿着滑行方向成一条纵向垂直的线。

（6）全身配合动作

① 两腿的动作配合。滑冰时，单脚支撑滑行、蹬冰、收腿、交换蹬冰，完成两腿动作的循环配合。

② 上体、臀部与腿的配合。滑行时，上体和臀部需保持平稳，移动协调，与滑跑方位纵向一致，蹬冰时上体、臀部向蹬冰相反方向水平移动。

③ 摆臂动作与腿的配合。当左臂摆于前位高点时，右臂也处于后位高点，这时左腿处于蹬冰结束阶段，右腿处于单脚支撑惯性滑行阶段；当左臂摆至下垂点时，右臂也是摆至下垂点，左腿处于收腿最后阶段，右腿又转为蹬冰开始，两臂的配合摆动构成上述动作循环。

（7）摆臂动作

当右臂摆动到前高点、左臂摆动到后高点时，正是右腿蹬冰结束、左腿冰刀做惯性滑进动作。当右臂和左臂都摆到下垂点时，正是右腿冰刀做收腿动作、左腿冰刀做惯性滑进动作。当右臂摆到后高点、左臂摆到前高点时，正是右腿冰刀做惯性滑进动作、左腿冰刀做蹬冰结束动作。摆臂最好是前、后大幅度摆动，前摆时要用力，后摆时要放松。

2. 弯道滑跑基本技术

（1）滑跑姿势

弯道滑跑姿势与直道滑跑姿势基本相同。在滑跑中身体始终向圆心倾斜，并且还要稍微含胸、团身。整个身体向左倾斜时，臀部不要有意识地向里倾倒，肩部不要向外倾斜，左肩和右肩要平齐，整个上体呈水平状态，并保持鼻、冰刀、膝盖呈一条直线向左倾斜。在弯道滑跑时，调整好身体倾斜度，是掌握弯道滑跑技术的关键之一。初学滑跑要选用小冰场，弯道半径越小，掌握弯道压步动作越快。

（2）蹬冰动作

弯道蹬冰动作结构与直道蹬冰动作结构基本一样，但也有不同点。在弯道滑跑中，左腿冰刀和右腿冰刀都是向身体右侧做蹬冰动作，而且还是用交叉压步的方式，不停地交替进行蹬冰。单腿向前滑进时间比直道单腿向前滑进时间短些。滑跑时的身体重心是沿着弧线向前移动的。

当左腿冰刀蹬冰结束后，冰刀离开冰面，右脚冰刀用后部内刃开始蹬冰，等左脚冰刀接近右脚冰刀时，右脚蹬冰进入最大用力蹬冰阶段。当右脚冰刀蹬冰结束后，冰刀抬离冰面，左脚冰刀开始做蹬冰动作，等右膝越过左膝前面时，左脚蹬冰进入最大用力蹬冰阶段。

做蹬冰动作时，要快速而有力，并且要有一种"前送蹬"的肌肉感觉，还要使膝关节有前弓、前送并往下压的动作。

做蹬冰动作后，要利用冰面的反弹力和重力，做快速、积极的收腿动作。如果浮腿在侧位有停留时间，就会延长单腿支撑滑进动作步幅和长度，也加重了支撑腿的负担，又消耗体力，影响滑跑速度。

（3）收腿动作

右腿蹬冰结束后，顺着蹬冰后的反弹力积极由外侧向内侧收腿，在侧位不停留，浮腿冰刀抬离冰面。以髋关节为轴，大腿带动小腿，膝盖领先，用积极内压、快收的方法，向左腿靠拢。当右脚冰刀刀跟超过左脚冰刀刀尖时，右脚冰刀用内刃中后部准备在新的切线方向上着冰，完成右腿的收腿动作。

左腿冰刀结束蹬冰后，借助蹬冰的反弹力，冰刀抬离冰面，以髋关节为轴，大腿带动小腿，膝盖领先，用拉收的方法，向右腿靠拢，左腿冰刀刀尖收到右腿冰刀刀跟时，左腿膝盖和右膝窝贴近。然后，左腿冰刀继续贴近右腿冰刀内侧向前移动。当左腿冰刀刀尖稍越过右腿冰刀刀尖时，靠近右腿冰刀顺势用外刃做下刀动作，但小腿不要向前伸出。

两腿在收腿过程中，要紧密配合身体重心的移动。完成收腿动作时，身体始终一致，不能向内摆肩，向外扭臂，保证身体的左右平衡，充分发挥蹬冰力量。

（4）下刀动作

弯道滑跑时，下刀动作与弯道线的切线方向一致，向着滑进方向，并与支撑刀靠近互相平行，用冰刀的中后部位先着冰，而冰刀一着冰就做向前滑进动作。

右腿用积极内压快收的方法收腿时，冰刀刀跟要有向左压的动作，刀尖偏离雪线，刀尖内刃着冰。要防止小腿向前跨和摆动，膝关节要前弓。右腿和身体向左倾斜度一致，两腿冰刀之间的距离越近越好，为左腿蹬冰创造良好条件。

左腿用积极拉收的方法收回时，要先用冰刀中后部外刃贴近右腿冰刀内侧着冰，刀尖要偏离雪线，小腿和身体向左倾斜度一致。

（5）自由滑进动作

在弯道滑跑过程中，右腿冰刀蹬冰结束，正是左腿冰刀自由滑进阶段，身体重心在左腿冰刀的后部。在右腿冰刀抬离冰面、收回靠拢左腿时，身体重心由左腿冰刀的后部移动到冰刀中部。当右腿冰刀继续向左移动准备做下刀动作时，左腿冰刀自由滑进结束。左腿冰刀蹬冰开始，正是右腿冰刀做自由滑进动作时。在两腿冰刀分别做慢性滑进时，身体向左侧的倾斜角度要相对稳定。

（6）全身配合动作

两腿配合动作：右腿冰刀蹬冰结束后，利用冰面对冰刀的反弹力，抬离冰面，马上积极、快速地向左腿摆收靠拢，这时，左腿冰刀要马上快速地做蹬冰动作，右腿做收腿动作的同时，左腿蹬冰。当右腿收回与左腿并拢时，左腿冰刀要以最大力量蹬冰。右腿冰刀在左腿冰刀前面用刀中部内刃着冰时，速度要快，而且要有向前滑的动作，这时，左腿靠近右腿。

两腿和肩部、上体、臀部的配合动作：两腿在收腿、下刀、蹬冰过程中，上体要始终保持与冰面平行，不要左右摇摆、上下起伏。左肩不要低于右肩，肩部不要有意识地向右侧摆动。臀部不要向左侧扭转。

（7）摆臂动作

弯道的摆臂动作是不对称的，左右臂摆法不同。右臂前后摆动，前摆至左前方，手与鼻、膝、刀四点成一线，后摆至后侧，手不要高过肩。左臂摆动幅度小，上臂靠近身体，前臂顺着躯干前后摆动，起着协调平衡的作用。前摆时微屈肘，后摆时不要过肩。

（8）进、出弯道

进入弯道的方法是：先确定入弯道点，左腿蹬冰，在直弯道交接点前结束，右腿冰刀前滑离开雪线 1~2 米处入弯道。身体顺势果断地向左倾倒，左腿冰刀用中后部外刃，贴近右腿冰刀的支撑点下刀。右腿冰刀结束蹬冰抬离冰面，髋前送向左斜，左刀外刃蹬冰。滑到弯道顶点时要紧贴雪线，并加快频率。

入大弯道时，右腿冰刀从直道和弯道交接处滑进，在距离大弯道雪线 1~2 米的地方向弯道里面深入。滑进大弯道的第一步是左腿冰刀。

在左腿完成收腿动作时，身体要大胆、果断地向左侧倾斜。当身体向左倾斜到一定程度时，左腿冰刀的刀尖外刃贴近右腿冰刀内刃着冰，放在新的切线上，并稍偏离雪线，身体不要向前探，肩部不要领先，臀部不要向后坐。

进入弯道时，还要依靠在直道滑跑时获得的速度和进入弯道的半径、身体倾斜角度来进行滑跑。

顺风时入弯道，要离弯道近一些，逆风时要远些。

出弯道时，右腿冰刀在弯道滑跑最后一步，前半步在弯道上，后半步在直道上。上体要和滑进方向一致，身体处于较稳定的动力平衡状态，同时左腿正在做收腿动作。当左腿结束收腿动作、靠近右腿冰刀着冰时，右腿结束蹬冰，进入收腿动作，左腿冰刀支撑身体，在直道上滑出第一步。

滑跑弯道时，要时刻注意含胸、团身，逐渐加快滑跑频率。出弯道时，滑跑频率大于入弯道时的滑跑频率，身体要有一种被甩出弯道的感觉。

17.2 ⚡ 滑雪运动

滑雪运动是指在雪地和冰地进行的运动，是季节性很强的体育项目。滑雪运动有着悠久的历史。古代，生活在寒冷地区的人们学会了在厚厚的雪层上进行滑雪。在我国，滑雪运动深受人们的喜爱，尤其是在东北地区，滑雪运动不仅是专业运动员的挚爱，也是举家出游、朋友聚会的好选择。它集竞技、健身、娱乐于一身，有着极为广泛的群众基础。经常参加滑雪运动，不仅能显著提高人的心血管功能，增强呼吸系统的机能，同时又可以远离城市的喧嚣，与大自然亲密接触，呼吸新鲜空气，领略自然风光，给人们带来极大的乐趣。

17.2.1 滑雪运动简介

滑雪始于北欧的挪威。距今已有 4 000 多年的历史。世界上最早的滑雪俱乐部于 1861 年成立于挪威的翠寒尔。1883 年，挪威滑雪联合会成立，同年在哈斯白山举行了越野和跳台滑雪比赛。1910 年，在挪威滑雪联合会的倡议下，芬兰、瑞典、德国等 10 个国家的 22 名代表，在克里斯蒂安尼（今奥斯陆）举行了一次国际滑雪会议，成立了国际滑雪委员会，并决定起草国际滑雪规则。最早的滑雪规则于 1911 年在斯德哥尔摩会议上通过，1913 年开始被采用。1924 年，在法国沙莫尼举行的第一届冬季奥运会上，北欧滑雪项目被列为比赛项目。

如今，滑雪运动（特别是现代竞技滑雪）项目不断增多，领域也不断在扩展。世界比赛正式的大项目分为：高山滑雪、北欧滑雪、自由式滑雪、冬季两项滑雪、雪上滑板滑雪等。

17.2.2　滑雪运动的分类

1．从历史沿革角度分类

从历史沿革角度分类为四个大类：原始滑雪、古代滑雪、近代滑雪、现代滑雪。

2．从功能的角度分类

从滑雪的功能角度可分四个大类，即实用滑雪、竞技滑雪、大众休闲旅游滑雪、特殊滑雪。

3．竞技滑雪运动的项目

竞技滑雪运动形成的几大门类，是以竞赛为宗旨，每类项目又包括很多小项目。虽然小项目亦在变化调整中，但竞技滑雪的分项很严谨、规范。国内比赛项目、洲际比赛项目、世界性比赛项目、冬奥会比赛项目均有所不同。竞技滑雪通常的项目有以下几种。

（1）高山滑雪（国外称阿尔卑斯滑雪）

内含小项有男滑降、女滑降、超级大回转、大回转、回转、联合（滑降＋回转）。

（2）北欧滑雪

内含大项有越野滑雪、跳台滑雪、北欧两项（越野自由技术＋跳台）滑雪。越野滑雪内含小项有男单人项目、女单人项目、团体接力追逐项目；技术上又分为传统技术项目、自由技术项目。

跳台滑雪只有男子项目，有单人及团体项目。北欧两项滑雪只有男子项目有单人及团体接力项目。

（3）自由式滑雪

内含小项有男空中技巧、女空中技巧、雪上技巧。

（4）单板滑雪

内含小项有男 U 型场地、女 U 型场地及多人大回转平行比赛。

（5）冬季两项滑雪

内含小项有男单人、女单人及团体接力追逐项目。

（6）登山滑雪

登山滑雪是将登山与滑雪结合起来比赛，所含小项男、女均为单人及团体。

17.2.3　初学者的基本技术

滑雪是一项动感强烈、刺激的体育运动。要想真正体验到滑雪的乐趣，必须在具备基本的滑雪技术后，才能在不同难度的滑雪道上享受滑雪的乐趣。

初学者在选择滑雪场地时，坡度不能太陡，6° 左右最好；滑雪道要宽，50 米左右为宜；要有乘坐式索道来运送滑雪者（牵引式索道不利于滑雪者休息）；雪质要好，要有大型雪道机对雪面进行修整和保养。这些对初学者很重要。

1. 直行滑雪

两板与肩同宽，上体与膝盖微往前倾，双手握住雪杖自然下垂，目视前方，两腿均衡用力，保持平行下滑。

2. 犁式制动

在平行下滑的基础上，以脚掌为轴，双脚跟慢慢地将雪板尾部向外推开，呈内八字即犁式制动，又为犁式刹车。将两雪板保持一个小的犁式角度下行即为犁式滑降，又称犁式直滑。膝盖向里扣，板尖间的距离保持10厘米宽。

3. 犁式转弯

保持雪板呈犁式，左转弯则在右腿和右足踝略弯轻施压力，重心放在右脚，左板轻浮在雪面上，向左滑出一道弧线。右转则动作相反。

4. 半犁式摆动

接前向左转时，右雪板保持原姿势，抬起并转动左雪板至右雪板边，使双板平行，紧接着左雪板向外推开回到犁式。向右转时动作则相反。

5. 大回转

两板边间隔10厘米宽平行下滑，双脚呈扇形，拧动使雪板与滑道下划线呈 15°～30°角，以外侧脚雪板内刃滑行。

6. 小回转

动作同上，通过略向前拧动臀部，使角度达 45°～60°，转动频率加快，并保持控制。

17.2.4 注意事项

1. 如何选择安全摔倒

（1）向下蹲。

（2）向身边两侧倒。

（3）向山的上侧倒。

（4）不要挣扎，任其滑动，绝对禁止翻滚。

2. 摔倒后如何站起来

（1）轻微活动一下身体，检查是否受伤。

（2）确认滚落线方向。

（3）将板举向空中后向山下侧放置。

（4）双板平行并与滚落线垂直。

（5）屈身后用手支撑身体，向侧面站起即可。

3. 如何掌握平行移动技术

（1）双板平行与滚落线垂直站立。

（2）抬起一只滑雪板向身体侧面移动一步，然后另一只滑雪板再向同方向移动一步。

这样反复交替进行即可完成向山上或山下的移动。注意：此种方法只适合于沿滚落线方向的移动，在移动过程中滑雪板要与滚落线保持垂直，并用边刃卡住雪面，防止滑动。

4. 如何掌握八字行走技术

（1）面向山的上方站立，滑雪板呈外八字形放置，并用内刃卡住雪面，防止滑动。

（2）向上移动一只滑雪板，呈内八字状放置，并用边刃卡住雪面，再移动另一只滑雪板即可完成一个位移。反复交替使用即可向山上移动。

5. 外八字蹬坡

外八字蹬坡是比横向蹬坡更有效率的一种方法。动作要领是：身体正对滚落线，双板的板头宽、板尾窄，呈外八字形状，双膝内旋以使双板的内刃立起与雪面形成夹角，双手以身后执雪杖的杖头（像老人拄拐棍的姿势）支持，双板轮流交替向上前行，雪杖在身后，自然地轮流支撑。

6. 如何在山坡上调头

利用平行移动和八字行走技术走到山坡的一定程度时，如何能自如地转身滑到山下是一个难点。很多人在调头时掌握不住要领，致使摔倒、倒滑等。

（1）首先利用八字行走技术在半坡站住。

（2）板尾不动，移动板尖，在移动时雪板始终呈八字状，并用边刃卡住雪面。

（3）当坡下板移至与滚落线垂直时停止。坡上板移至与坡下板平行。

（4）板尖不动，移动板尾，在移动时雪板始终呈倒八字状，并用边刃卡住雪。

（5）当移至面向坡下时停止，此时雪板呈倒八字状，身体保持滑雪基本动作。

7. 滑雪器材的挑选

滑雪器材主要由滑雪板、杖、靴、各种固定器、滑雪蜡、滑雪装、盔形帽、有色镜、防风镜等组成。通常滑雪场都会有器材出租，普通的滑雪者租借即可。下面介绍挑选滑雪器材的一些注意事项。

（1）滑雪板。一般滑雪板有木质、玻璃纤维和金属之分，木质的轻而价格便宜，但易受潮变形，使用前应该涂抹特制油脂，使不易粘雪及防止雪水浸入。玻璃纤维滑雪板适合任何雪质的雪地，但价格较高。铝合金的金属滑雪板在轻而燥的深雪及冰面上回转轻便，价格也较高。目前有将这三种材质混合制成的滑雪板，深受滑雪爱好者欢迎。

（2）滑雪杖。简称雪杖，其作用是帮助滑行及维持身体的平衡。最长不过肩，最短不低于胁下。可将手穿过皮手环，握杖挥动称手为佳。

（3）固定器。所有的滑雪板上都有将滑雪靴固定在其上的装置，在滑雪者跌倒时固定器会迅速松脱，因此，它是避免滑雪者受伤害的重要防护器具之一。

（4）滑雪装。应以保暖、防风雪、舒适合身、不妨碍行动及尽量减少风的阻力为原则。专业的滑雪装虽质量精良，但价格昂贵，因此一般穿着普通衣物即可。

（5）滑雪靴。初学者和业余者选择保暖合脚及防水的滑雪靴即可。最好选择靴筒较低的短靴，以免影响足踝的屈转。

（6）有色眼镜不可少。雪地上因阳光反射强烈，必须戴上有色眼镜来保护眼睛。镜架以塑胶制品较为安全，镜片颜色以黄色或茶色为佳。

17.3 🏃 冰球运动

17.3.1 冰球运动简介

　　冰球也称"冰上曲棍球"。冰球运动将多变的滑冰技艺和敏捷娴熟的曲棍球技艺相结合，是对抗性较强的集体冰上运动项目之一。

　　现代冰球运动起源于 19 世纪中叶的加拿大。加拿大早期的冰球比赛没有统一的规则，比赛也缺乏严密组织。此后，这项运动传入欧洲及世界各国并流行起来。1908 年，在巴黎成立了国际冰球联合会；1920 年，冰球运动在第 7 届冬季奥运会上被列为比赛项目。

17.3.2 冰球装备

1．冰球鞋

　　冰球鞋为高腰型，鞋头、鞋帮、两踝、后跟等外层均为硬质。前面的长鞋舌加上硬实的高腰，可将腿踝箍紧，帮助运动员支撑和用力。冰球鞋原为优质牛皮缝制，二十世纪六七十年代出现全塑料模压鞋。现国际上多用尼龙纤维鞋帮、塑料底的冰球鞋。这种鞋比皮制鞋轻，坚硬、耐湿，适合室内冰球场使用。守门员冰球鞋的四周包有特殊加厚的硬皮革，以抗球击打，保护脚部。

2．冰球刀

　　冰球刀原为铁托钢刃，现多采用全塑刀托、优质合金钢刀刃，具有质量轻、抗击打、不易生锈等优点。冰球刀刀身高而短，弧度大，刀刃较厚。刀身高，在运动员急转弯冰刀倾斜时也不会使鞋触及冰面；刀身弧度大，与冰面接触面积小，可以灵活地滑跑和改变方向；刀刃厚，可抗击打而不弯；刀刃带有浅沟可使其锋利持久。守门员冰球刀与运动员冰球刀有较大区别，其全为金属制作，刀身矮而平，刀刃与刀托有多处连接以防漏球。

3．护具

　　为防止在紧张激烈的对抗中受伤,冰球运动员全身穿戴护具。护具包括头盔、面罩、护肩、护胸、护腰、护身、护肘、手套、裤衩、护腿、护踝等。现代冰球护具一般多采用轻体硬质塑料外壳，内衬海绵或泡沫塑料软垫。守门员戴有特制的面罩、手套、加厚的护胸及加厚加宽的护腿等。

4．球杆

　　球杆用木质材料制成，从根部至杆柄端不能长于 147 厘米。杆刃不得长于 32 厘米，宽为 5 ~ 7.5 厘米。守门员球杆杆柄的加宽部分从根部向上不得长于 71 厘米，不宽于 9 厘米，杆刃长不超过 39 厘米，宽不超过 9 厘米。为了减轻重量，现多用碳素材料制成的球杆，在长宽不变的情况下重量减轻，更容易让选手发挥水平。

5．冰球

冰球为用黑色硬橡胶或经国际冰联批准的材料制成。冰球厚为 2.54 厘米，直径为 7.62 厘米，重量为 156 ～ 170 克。

17.3.3 冰球场地

标准冰球场地的最大规格为长 61 米，宽 30 米；最小规格为长 56 米，宽 26 米；四角圆弧的半径为 7 ～ 8.5 米。国际比赛均采用长 61 米、宽 30 米、四角圆弧半径为 8.5 米的场地。

冰球场地四周是以高 1.15 ～ 1.22 米木质或可塑材料制成的牢固界墙。除场地正式标记外，全部冰面和界墙内壁应为白色。在冰场两端，各距端墙 4 米，横贯冰场并延伸到边线界墙，画出宽 5 厘米的两条平行红线为球门线。两个球门固定在球门线的中间。两条 30 厘米宽的蓝线横贯整个冰场并垂直延伸到边线界墙，将两条球门线之间的区域作三等分，自己球门一侧为守区，中间为中区，对方球门一侧为攻区。

在冰场中间，有一条 30 厘米宽的红线平行于蓝线，横贯冰场并垂直延伸到边线界墙，称为中线。中线的中间有一个直径为 30 厘米的蓝点为开球点。此外，在中区和两端区还有 8 个直径为 60 厘米的争球点和 5 个半径为 4.5 米的争球圈。在每个球门前有一个 1.22 米 × 2.44 米、由线宽 5 厘米的红线连成的长方形，称为球门区。在中线附近靠近一侧边线界墙的冰面上还画有半径为 3 米的半圆形裁判区。冰球球门宽为 1.83 米，高为 1.22 米，球门内最深处不大于 1 米或小于 60 厘米。球门支架后面应覆盖门网，门内悬挂垂网，以便把球挡在门内。球门柱、横梁等向外的表面为红色，向内的表面和其余支架、底座的内表面为白色。在冰场一侧的界墙外设有分开的、供比赛队使用的队员席，对面边线界墙外设裁判席和受罚席。

为使比赛顺利进行，冰球场必须备有信号装置、公开计时装置和光线充分良好的照明设备。

17.3.4 冰球技术

冰球技术包括滑行技术，运球技术，传、接球技术，射门技术，抢截球技术，跪挡技术和守门员技术。

1．滑行技术

滑行技术是冰球运动最基本和最常用的技术，其包括直线向前滑行、直线倒滑、正滑转弯滑行、倒滑转弯滑行、单脚内刃转弯、正滑压步、倒滑压步、起跑、急停、转体和跳跃等。

2．运球技术

运球技术也是冰球运动最基本和常用的技术，主要包括拨球、推球、拉杆过人和倒滑运球等。

3. 传、接球技术

传、接球是完成进攻战术配合的主要手段，只有快速、准确和熟练传、接球，才能有效地完成各种进攻战术的配合。传球技术包括正拍传球、反拍传球、弹传、传腾空球和挑传球等。接球技术包括正拍接球、反拍接球、冰刀接球和杆柄接球等。

4. 射门技术

射门技术是重点技术，是决定比赛胜负的关键。射门技术包括正手拉射、反拍推射、弹射、击射、挑射和垫射。

5. 抢截球技术

抢截球技术分用杆抢截和合理冲撞两类。用杆抢截包括戳球、勾球、挑杆抢球和压杆抢球。合理冲撞分肩部冲撞、胸部冲撞、臀部冲撞和向界墙挤贴。

6. 跪挡技术

跪挡技术多用于防守和抢截，包括单腿跪挡和双腿跪挡。

7. 守门员技术

守门员应掌握以下十大防守技术：用球拍挡球、抓球、手挡球、全分腿挡球、分腿挡球、双腿侧躺挡球、蝶式跪挡、侧踢球、刀挡球、戳球。

17.3.5　冰球战术

冰球运动常采用以下战术。

（1）进攻战术，分为1人、2~3人和全队的进攻战术，全队进攻战术又可分为快攻和阵地进攻等。

（2）防守战术，分为个人防守、2~3人防守和全队防守战术。

（3）"多打少"和"少打多"战术。冰球规则有罚出场2分钟和5分钟的规定，场上可能形成6打5或6打4的以多打少的局面，这是得分的最好时机，多打少战术就是针对这一情况采取的一种特殊形式的进攻战术：反之，少打多则是因队员被罚出场而被迫采取的特殊形式的防守战术。

下篇
健康维护

Chapter 18

第18章

运动卫生与运动损伤

课前思考：

1. 运动卫生包括哪些内容？
2. 如何处理常见的运动损伤？

18.1 🏃 运动卫生

运动卫生分心理卫生和生理卫生。本节阐释运动心理卫生和生理卫生。

18.1.1 运动的心理卫生

为使个人保持积极的运动兴趣，预防思想疲劳，促进其身心健康发展而采取的措施、手段、方法等都可以纳入运动心理卫生的范畴。在运动的过程中，由于各人性格不同及其他因素的影响，一些人可能出现心理障碍。要达到运动的心理卫生，就要做到"二有三无"：有运动欲望，有愉快氛围，无厌恶情绪，无胆怯心理，无自卑心态。

1. 要有强烈的运动欲望

大学生在运动前，要存在跃跃欲试的运动欲望；在运动中，要保持积极乐观的运动热情；在运动后，拥有酣畅淋漓的运动满足感。要做到这几点，大学生可以与朋友、亲人等一起参加运动，在运动中互相鼓励，良性竞争；还可以选择自己较为感兴趣的运动项目，尽量使运动与娱乐、健身与悦心相结合。

2. 要有愉快的运动氛围

人体的心理活动直接影响生理机能。大学生在运动时要重视心理调节，包括情绪、心境、意志等的调整，以保持心情舒畅，取得良好的锻炼效果。

3. 避免厌恶情绪

大学生要改变对运动的厌烦，应从培养体育兴趣，确立锻炼目标入手。例如，女生可以从陶冶气质、完善自我的形体运动入手，学习体育舞蹈；男生则可以从塑形、强健体魄的健美运动开始。运动贵在坚持，在长期的体育锻炼中，大学生的厌恶情绪会逐渐减少。

4. 克服胆怯心理

个人因为运动项目过难、运动负荷过大、意志品质薄弱等原因，都可能对运动产生胆怯心理，表现为犹豫不决、半途而废等。大学生在运动中的胆怯心理可以通过与同伴交流、请老师示范等克服，逐步树立勇敢的信念。

5. 消除自卑心态

大学生在运动中产生自卑心态的原因众多：自我评价过低，身心存在缺陷，体育成绩较差，别人过多的指责等。大学生要消除自卑心态，应学会对自己的成绩给予肯定，并就以前和现在的状况进行比较，总结进步的原因，不断增强自信。

18.1.2 运动的生理卫生

运动的生理卫生要求如下。

（1）环境的卫生要求

大学生在运动时应选择空气清新、地面平坦、设施安全的场所。植物具有净化空气的作用，公园里树木较多，是开展运动的极佳场所。运动时忽视环境卫生，不但不能达到健身的目的，甚至会危害健康，导致呼吸系统的疾病。

（2）场地器材的卫生要求

大学生在运动时应注意场地器材的卫生情况，如球场是否有杂物，沙坑是否挖松，单双杠是否牢固等，发现隐患应及时消除。

（3）运动衣着的卫生要求

大学生在运动时选择的服装不仅要满足体育锻炼的基本的需要——轻便、舒适，还要根据不同季节具有散热、透气、保温等功效。

（4）饮水的卫生要求

运动中出汗较多，运动后大学生需要及时补充水分，否则会造成机体缺水，影响正常的生理机能。

① 运动后应坚持少量多次的饮水原则，利于水分的快速吸收，为身体充分补水，并减轻心脏、肾脏等器官的负担。

② 运动后应喝温开水或淡盐水，不宜喝自来水、冰水、饮料等，否则会刺激消化道，不利于健康。

③ 运动前后不宜过量饮水。运动前饮水过多，会使腹部沉重，影响呼吸，不利于运动；运动后，人体需要补充大量的营养物质，饮水太多会把胃内的消化液冲淡，直接影响人体对食物的消化和吸收。

（5）洗澡的卫生要求

运动后不宜立即洗澡，这是因为停止运动后，血液大量流向肌肉的情况仍会持续一段时间，这时如果大学生立即洗热水澡，就会导致其他重要器官血液供应不足（如心脏和大脑的供血不足），极易出现头昏、恶心、全身无力等状况，严重的还会诱发其他疾病。运动后立即洗冷水澡更是弊多利少，这会导致运动时体内产生的大量热量不能很好地散发，形成内热外凉，破坏人体的平衡，极易生病。因此，大学生在运动后应休息 10 ~ 30 分钟（脉搏恢复到接近正常数为宜）后再洗澡，最适宜的水温为 40℃ 左右。

18.2 🏃 运动损伤

本节介绍运动损伤产生的原因、种类和预防方法，讲解擦伤、扭伤、挫伤、肌肉拉伤、脱臼、骨折等大学生常见的运动损伤及处理方法。

18.2.1 运动损伤概述

运动损伤，广义而言就是发生在体育活动过程中的机体伤害，由身体外部或内部的力量或暴力造成。损伤部位与运动项目及专项技术特点有关。

造成运动损伤的原因是多方面的，可分为主观因素和客观因素。主观因素包括缺乏安全意识、体质水平较差、体育基础薄弱、运动情绪低落、准备活动不充分、身体状态不佳等。客观因素包括环境气候恶劣、运动负荷过大、运动技术较难、场地器材不当、违反规则等。

1. 运动损伤的分类

按照不同的标准，运动损伤的分类方法众多。

（1）按损伤病程分：可分为急性损伤和慢性损伤。急性损伤多指运动者一瞬间遭受直接或间接外力造成的损伤，慢性损伤包括劳损伤和陈旧伤。

（2）按损伤性质分：可分为开放性损伤和闭合性损伤。开放性损伤指伤后皮肤和黏膜不再完整，受伤组织有裂口与体表相通；闭合性损伤指伤后皮肤或黏膜仍保持完整，无裂口与体表相通。

（3）按损伤程度分：可分为轻伤、中等伤和重伤。轻伤指运动者仍可正常锻炼，中等伤指运动者需停止或减少伤部的体育活动，重伤指运动者完全不能参加锻炼。

（4）按受伤组织分：可分为皮肤损伤、肌肉与肌腱损伤、关节软骨损伤、滑囊损伤、骨损伤、神经损伤、血管损伤、内脏器官损伤等。

2. 避免运动损伤

伤后治疗不如事先预防。避免运动损伤重在预防，重点可参照以下原则。

（1）遵循科学原则

运动前做好准备活动，运动后进行放松整理；合理设置运动强度，恰当安排运动间歇；选择适宜的场地器材，穿着舒适的运动服装；运动后配以运动按摩，缓解疲劳，增强机体运动能力。

（2）加强自我保护

大学生在运动过程中应抱有防止意外受伤的保护心态，并具有防止损伤的知识和能力。例如，高速跑时不能急刹停顿，应逐渐减速，缓停，否则易使踝、膝、髋、腰等关节严重受挫；由高处下落着地时，应双腿并拢屈膝缓冲，若落地时失重不稳，应低头屈肘团身顺势滚翻，以减轻对踝、膝等关节的剧烈撞击；此外，在对抗性较强的运动中，降低重心，加固根底也是较好的自我防护方法。

（3）坚持自我检查

大学生应根据不同运动项目的特点，自觉进行自我测试，以便尽早发现端倪，及时治疗。例如，易造成肩袖损伤的运动项目应做肩的"反弓试验"。

（4）重视医务监督

除常规的健康检查外，大学生还应根据运动损伤的发生规律，补充针对性检查，如多参加体操、举重者需定期拍摄 X 线脊柱片，热爱篮球、铁饼者应注意是否有髌骨软骨软化等。

（5）强调重点部位

对于脚背外侧、拇指的根部等习惯性易伤部位，大学生除要充分做好准备活动外，还要注意正确使用保护带，如护踝、护指、绷带等。

18.2.2 常见的运动损伤及处理方法

1. 擦伤

（1）定义：表皮受到摩擦导致的损伤。

（2）处理：若创口较浅，面积较小，局部涂上红药水或紫药水即可，黏膜包扎；若创面较脏或渗血较多，可先用生理盐水清洗伤口，伤口周围以 75% 浓度的酒精消毒，出血比较严重者还应进行止血处理；若是关节附近擦伤，经消毒处理后，可采用消炎软膏或抗生素软膏涂抹，并用无菌敷料覆盖包扎。

2. 扭伤

（1）定义：关节部位突然过猛扭转，致使支撑关节的韧带发生损伤、撕裂等。

扭伤是运动中常见的外伤，多发生在踝关节、膝关节、腕关节及腰部。扭伤后可发生多种伤情，包括韧带损伤或断裂、骨折脱位、关节软骨损伤、肌腱损伤或断裂等。扭伤会引起血液及滑液流向关节囊，导致关节肿大，严重时会有瘀血，伤者有较强的疼痛感，活动受限。

（2）处理：抬高受伤部位、冷敷，使血管收缩，减轻局部充血，抑制感觉神经，缓解出血、疼痛等症状；然后在伤处垫上棉花，用绷带加压包扎。受伤 48 小时以后改用热敷，促进瘀血的吸收。

"冷敷"又称冷冻疗法，指利用比人体温度低的冷水、冰块等刺激患处进行初期治疗，有止血、退热、镇痛和消肿的作用。具体方法是将毛巾浸透冷水后放在伤部，两分钟左右换一次毛巾；或者将冰块装入塑料袋内进行外敷。冷敷法适用于急性闭合性软组织损伤，如挫伤、关节韧带扭伤、早期肌肉拉伤等。

"热敷"也称为热攻，是通过热疗，促使局部血管扩张，改善血液和淋巴循环，促进瘀血和渗出液的吸收，具有消肿、散瘀、解疼、镇痛、减少粘连和促进损伤愈合的作用。具体方法是将毛巾浸透热水或热醋后放于伤部，每次敷 30 分钟左右。热敷法适用于急性闭合性软组织损伤的中期、后期和慢性损伤。

3. 挫伤

（1）定义：身体某部由于受到钝性暴力而引起的组织损伤。

（2）处理：轻者仅是皮下组织（如肌肉、韧带等）损伤，不需特殊处理，可进行冷敷，24小时后可服用活血化瘀、消肿止痛的中成药，辅以理疗；重者常因某些器官的严重损伤而休克。较常见的挫伤有股四头肌和小腿前部挫伤，应及时送往医院就诊。

4. 肌肉拉伤

（1）定义：肌纤维撕裂而致的损伤。

（2）处理：在痛点上进行冷敷，切忌搓揉及热敷。

5. 脱臼

（1）定义：即关节脱位，指关节面间失去正常的连接。

关节脱位的同时，常常伴有关节囊、周围韧带及软组织损伤，甚至可能伤及神经、血管等。局部会出现疼痛、肿胀、无法活动等症状。

（2）处理：用夹板和绷带临时固定受伤部位，尽快送医院治疗，不可揉搓脱臼部位。

肩关节脱位的临时固定方法：使用两条长毛巾或布带，一条兜住伤肢前臂并挂在颈部，另一条将伤肢固定于胸壁。肘关节脱位的临时固定方法：将伤肢用布条、绷带等固定在夹板上，再将前臂挂起。如无夹板，也可用宽布带将伤肢悬挂在胸前。

6. 骨折

（1）定义：若皮肤没有伤口，断骨不与外界相通，为闭合性骨折；若骨头尖端刺穿皮肤，有伤口与外界相通，为开放性骨折。

（2）处理：对开放性骨折，不可用手还纳，以免引起骨髓炎；对脊柱骨折者，不能抬其头部，以免损伤脊髓；对颈椎骨折者，需扶持其头颈部，用木板抬起伤者，尽快送往医院就诊。